Studiebok till campus kabbala

Kabbalans andliga hemlighet

Rav Yehuda Ashlag (Baal HaSulam)
Rav Baruch Shalom HaLevi Ashlag (Rabash)

Studiebok till campus kabbala

Copyright © 2016 Michael Laitman
Alla rättigheter förbehållna
Publicerad av Laitman Kabbalah Publishers
info@kabbalakurser.info

Ingen del av denna bok får användas eller reproduceras på något vis utan förläggarens skriftliga tillåtelse, utom korta citat i artiklar eller recensioner.

Artiklar av: Rav Yehuda Ashlag, Rav Baruch Shalom HaLevi Ashlag
Översättning: Erika Wolf, Mikael Folkesson, Martin Olsen
Korrekturläsning: Mikael Folkesson
Omslag: Arturas Araninas
Redigering och grafisk form: Mikael Folkesson

ISBN 978-91-637-8001-1
Första upplagan: Januari 2016

Innehållsförteckning

Essensen av kabbalans visdom 1

Fred i världen 15

Introduktion till boken Zohar 39

Förord till boken Zohar, utvalda stycken 97

Utvalda stycken ur Introduktion till TES 211

Förord till kabbalans visdom (Pticha), par. 1-30 231

Freden 257

Friheten 281

600 000 själar 319

Shamati #1 Det finns ingen annan än Han 325

Shamati #25 Saker som kommer från hjärtat 331

Shamati #40 Tron på Rav, vad är måttet 333

Gruppens syfte (1) 337

Arvut - ömsesidig garanti 341

Ett tal till fullbordandet av Zohar (utdrag) 357

Essensen av kabbalans visdom

Innan jag börjar klargöra den kabbalistiska visdomens historia, diskuterad av många, finner jag det nödvändigt att börja med ett grundligt klargörande av denna visdoms essens, som jag tror väldigt få känner till. Och naturligtvis är det omöjligt att tala om någots historia innan vi känner till saken själv.

Trots att denna kunskap är vidare och djupare än havet, ska jag göra min yttersta ansträngning, med all styrka och kunskap som jag har tillägnat mig inom detta fält, för att klargöra och belysa den från alla vinklar, nog för vilken själ som helst att dra rätt slutsatser, som de verkligen är, och inte lämna något utrymme för fel, som så ofta är fallet i sådana sammanhang.

VAD KRETSAR VISDOMEN KRING?

Denna fråga kommer till varje förståndig persons medvetande. För att korrekt adressera den ska jag ge en pålitlig och varaktig definition: denna visdom är varken mer eller mindre än en sekvens av rötter, som hänger ner i orsak och verkan, genom fasta, bestämda regler, som sammanbinds i ett enda, upphöjt mål som beskrivs som "uppenbarelsen av Hans Gudomlighet för Hans skapelser i denna värld."

Och här finns skeenden av enskilt och allmänt:

Generellt – hela mänskligheten, förpliktigad att till slut komma till denna oändliga utveckling, som det står skrivet, "ty landet skall vara fullt av Herrens kunskap, likasom havsdjupet är fyllt av vattnet." (Jesaja 11:9). "Då skola de icke mer behöva undervisa varandra, icke den ene brodern den andre, och säga: "Lär känna HERREN"; ty de skola alla känna mig, från den minste bland dem till den störste" (Jeremia 31:33). "Men sedan skola dina lärare icke mer sättas å sido, utan dina ögon skola se upp till dina lärare." (Jesaja 30:20).

Särskilt – att även innan fulländningen av hela mänskligheten, är denna regel tillämpad i några få utvalda individer i varje generation. Dessa är de som är begåvade, i varje generation, med vissa grader av uppenbarelse av Hans Gudomlighet. Och dessa är profeterna och Guds folk.

Och våra visa sade, "Det finns ingen generation utan sådana som är som Abraham och Jakob". Ni ser därför att uppenbarelsen av Hans Gudomlighet är införlivad i varje generation, som våra visa, som vi ser som pålitliga, kungör.

MÅNGFALDEN AV PARTZUFIM, SFIROT, OCH VÄRLDAR

Men enligt ovan, väcks en fråga – då visdomen endast har en speciell och tydlig roll, varför finns då frågan om mångfalden av *partzufim*, *sfirot*, och ombytliga kontakter, som det finns så rikligt av i kabbalistiska böcker?

Så sant, ta ett litet djurs kropp, vars enda uppgift är att nära sig själv så att den kan existera i den här världen länge nog för att kunna fortplanta sig och föra sin art vidare, och du kommer finna en komplex struktur av miljoner av fibrer och senor, som fysiologer och anatomer har upptäckt. Och det finns mycket kvar där för människan att upptäcka. Från ovan, kan ni dra slutsatsen av den stora mångfalden av frågor och kanaler som måste sammanlänkas för att uppnå och uppenbara det sublima målet.

TVÅ TILLVÄGAGÅNGSSÄTT – OVANIFRÅN NER OCH NERIFRÅN UPP

Denna visdom delas generellt upp i två parallella, identiska ordningar, som två droppar i en damm. Den enda skillnaden mellan dem är att den första ordningen sträcker ut sig ovanifrån ner, till denna värld, och den andra ordningen går nerifrån upp, just längs samma rutter och uppkomster som inpräntats vid roten när de trädde fram ovanifrån ner.

Den första ordningen kallas "ordningen för nedstigningen av världarna, *partzufim* och *sfirot*" i alla deras skeenden, oavsett om de är bestående eller övergående. Den andra ordningen kallas "insikter eller grader av profetia och helig ande". Den som belönas med den måste följa samma stigar och öppningar, och gradvis uppnå varje detalj och varje grad, precis enligt de regler som inpräntades i dem vid deras emanation ovanifrån ner.

En uppenbarelse av Gudomligheten framträder inte med en gång, utan gradvis, under en tidsperiod, beroende på den uppnåendes renande, tills man upptäcker alla grader ovanifrån ner. Och eftersom de kom i en ordning av insikt, den ena efter den andra, och den ena ovan den andra, som en steges pinnar, kallas de "grader" (steg).

ABSTRAKTA NAMN

Många tror att alla världar och namn i den kabbalistiska visdomen är en sorts abstrakta namn. Detta på grund av att den ägnar sig åt Gudomlighet och andlighet, som är ovan tid och rum, där vår föreställningsförmåga inte har något grepp. Av denna anledning har de bestämt att dessa ämnen säkerligen bara talar om abstrakta namn, eller ännu mer sublima och upphöjda ämnen än abstrakta namn, då de från början och fullständigt är utan föreställda beståndsdelar.

Men så är inte fallet. Tvärtom använder kabbala bara namn och benämningar som är konkreta och verkliga. Det är en oböjlig regel för kabbalister att, "Allt vi inte uppnår, definierar vi inte med ett namn och ett ord".

Här måste du känna till att ordet "uppnående" [heb: *hasaga*] antyder den ultimata graden av förståelse. Det kommer från frasen, "det din hand skall nå" [heb: *ki tasig yadcha*]. Det betyder att innan något blir fullständigt tydligt, som i min hand, anser inte kabbalister det vara uppnått, utan förstått, begripet, och så vidare.

DEN KABBALISTISKA VISDOMENS AKTUALITET

Verkliga saker hittas även i den kroppsliga världen framför våra ögon, fast vi varken har perception eller en bild av deras existens. Så är det med elektricitet och magnetism, som kallas "fluidum".

Dock, vem kan säga att dessa namn inte är verkliga, när vi på ett livfullt och tillfredsställande sätt känner deras handlingar? Vi kunde inte vara mer likgiltiga inför det faktum att vi inte har någon perception av själva sakens essens, det vill säga elektriciteten själv.

Detta namn är lika påtagligt och nära oss som om det vore helt uppfattat av våra sinnen. Även små barn är hemma med ordet "elektricitet", såväl som de är hemma med ord som bröd, socker, och så vidare.

Vidare, om du önskar öva upp din förmåga att klargöra en aning, så kan jag berätta för dig att det på det stora hela, eftersom det inte finns någon perception av Skaparen över huvud taget, är omöjligt att nå essensen av någon av Hans skapade varelser, även gripbara objekt som vi kan känna med våra händer.

Därför är allt vi känner till om våra vänner och släktingar i världen av handlingar framför oss, inget annat än "bekantskap med deras handlingar". Dessa är utlösta och födda av föreningen av deras möte med våra sinnen, som ger oss total tillfredsställelse även då vi inte har någon som helst perception av sakens essens.

Dessutom, har du ingen som helst uppfattning eller insikt om ens din egen essens. Allt du vet om din egen essens är inget annat än en serie handlingar som sträcker ut sig från din essens.

Nu kan du enkelt dra slutsatsen att alla namn och alla benämningar som uppträder i kabbalas böcker verkligen är verkliga och faktiska, även om vi inte på något sätt har uppnått sakens materia. Det är så eftersom de som engagerar sig i det har den kompletta tillfredsställelsen med deras omfattande perception av dess ultimata helhet, det vill säga en ren perception av handlingar, utlöst och född av förbindelsen med det Övre Ljuset och de som uppfattar det.

Men detta är helt tillräckligt, för detta är regeln: "Allt som mäts och utvinns ur Hans Försyn för att realiseras i Skapelsens natur, är helt tillfredsställande". På ett liknande sätt, kan man inte önska sig ett sjätte finger på sin hand, för de fem fingrarna är helt tillräckliga.

DE KROPPSLIGA TERMERNA OCH DE FYSISKA NAMNEN I DE KABBALISTISKA BÖCKERNA

Vilken resonabel person som helst förstår att vi när vi talar om andliga ting, och ännu mindre om Gudomligheten, inte har några ord eller bokstäver med vilka vi kan begrunda. Detta beror på att hela vår vokabulär endast består av kombinationer av våra sinnens och fantasiers bokstäver. Men hur skulle dessa kunna vara till hjälp där det varken finns fantasi eller sinnen?

Även om vi tar det mest subtila ord som kan användas i sådana sammanhang, det vill säga ordet "Övre Ljus", eller till och med "enkelt Ljus", så kommer det fortfarande från vår fantasi och är lånat från solens ljus, eller ett stearinljus, eller ett ljus av tillfredsställelse man kan känna när man upplöst något stort tvivel. Men hur kan vi använda dessa i andliga sammanhang och på Gudomliga vis? De erbjuder betraktaren inget annat än falskhet och bedrägeri.

Det är speciellt så då man behöver finna något rationellt i dessa ord för att få hjälp i sedvanliga förhandlingar i undersökandet av visdomen. Här måste de visa använda rigoröst ackurata definitioner för betraktarens ögon.

Och skulle den vise misslyckas med ett endaste felaktigt ord, så är det säkert att han förvirrar och leder läsarna på avvägar. De kommer inte alls förstå vad han säger där, innan det, efter det, och allt som är knutet till det ordet, vilket är känt av alla som undersöker visdomens böcker.

Därför bör man fråga sig hur det är möjligt för kabbalister att använda falska ord för att förklara kopplingarna i denna visdom? Det är också känt att det inte finns någon definition genom ett falskt namn, för lögnen har inga ben och ingen ställning.

Sannerligen, här behöver du ha tidigare kunskap om "lagen om rot och gren", genom vilken världarna relaterar till varandra.

LAGEN OM ROT OCH GREN GENOM VILKEN VÄRLDARNA ÄR RELATERADE TILL VARANDRA

Kabbalister har funnit att formen av de fyra världarna, kallade *Atzilut*, *Bria*, *Yetzira*, och *Assiya*, med början i den första, högsta världen, kallad *Atzilut*, och med slut i denna kroppsliga, greppbara värld, kallad *Assiya*, är exakt de samma i varje föremål och händelse. Detta betyder att allt som utfaller och inträffar i den första världen återfinns oförändrat i nästa värld, och under den likaså. Det är på samma sätt i alla världar som följer den, ner till denna greppbara värld.

Det finns ingen skillnad mellan dem, utan bara en annan grad, uppfattad i substansen av elementen av verkligheten i varje värld. Substansen av elementen i verkligheten i den första, högsta världen, är renare än i alla därunder. Och substansen av elementen i verkligheten i den andra världen är grövre än i den första världen, men renare än allt som är av en lägre grad.

Detta fortsätter på liknande sätt ner till denna värld framför oss, vars substans av verklighetens element är grövre och mörkare än i alla världar som föregår den. Men formerna och elementen i verkligheten och alla dess tilldragelser kommer oförändrade och jämlika i varje värld, både i kvantitet och kvalitet.

De jämförde det med hur det går till med en stämpel och dess avtryck: alla former i stämpeln är i minsta detalj och komplexitet perfekt överförda till det avtryckta objektet. Så är det med världarna, där varje lägre värld är ett avtryck från världen över den. Därav är alla former i den Övre världen noggrant kopierade, både i kvantitet och kvalitet, till den lägre världen.

Därför finns det inte ett enda element i verkligheten, eller någon företeelse av verkligheten i en lägre värld, vars likhet man inte kan hitta i värden över den, lika identiska som två droppar i en damm. Och de kallas "rot och gren". Det betyder att föremålet i den lägre världen anses vara en gren av dess mönster, hittat i den Högre världen, som är roten till det lägre elementet, eftersom det var här föremålet i den lägre världen blev avtryckt och kom till sitt varande.

Detta var våra visas avsikt när de sa, "Du har inte ett grässtrå nedan som inte har ett öde och en vakt ovan som präglar det och säger till det, 'väx'!" (*Omissions of The Zohar*, s. 251a, Bereshit Rabba, kapitel 10). Det följer att roten, kallad "öde", tvingar det att växa och uppnå sitt attribut i kvantitet och kvalitet, som med stämpeln och avtrycket. Detta är lagen om rot och gren, som kan appliceras på varje detalj och händelse i verkligheten, i varje enstaka ord, i relation till världen Ovan den.

KABBALISTERNAS SPRÅK ÄR ETT GRENARNAS SPRÅK

Detta betyder att grenarna pekar på sina rötter, eftersom de är deras gjutform som nödvändigtvis existerar i den Övre världen. Detta beror på att det inte finns något i den lägre världens verklighet som inte stammar från dess överordnade värld. Som med stämpeln och avtrycket, roten i den Övre världen tvingar dess gren i den lägre att avslöja hela sin form och funktion, som våra visa sade, att ödet i världen Ovan, i relation till gräset i världen nedan, präglar det, tvingar det att fullfölja sitt växande. På grund av detta, definierar varje gren i denna värld väl sin gjutform, som finns i den Högre världen.

Härutav, har kabbalister hittat en bestämd och kommenterad vokabulär, tillräcklig för att skapa ett utmärkt talat språk. Det möjliggör för dem att konversera med varandra om sakerna i de andliga rötterna i den Övre världen genom att endast nämna den lägre, greppbara grenen i den här världen, som är väl definierad för våra kroppsliga sinnen.

Lyssnarna förstår den övre roten till vilken den kroppsliga grenen pekar eftersom den är relaterad till den, och är dess avtryck. På så vis, har alla varelser i den greppbara skapelsen och alla deras instanser blivit för dem likt väldefinierade ord och namn, som påvisar de högre andliga rötterna. Även då det inte kan finnas ett verbalt uttryck i deras andliga ställe, då det är utanför alla föreställningar, har de tilltjänat sig rätten att uttryckas genom uttryck av deras grenar, arrangerade framför våra sinnen här i den greppbara världen.

Det är naturen hos det språk som talas bland kabbalister, genom vilket de förmedlar sina andliga insikter från person till person och från generation till generation, både muntligt och i skrift. De förstår varandra helt, med precisa definitioner som det inte går att misslyckas med. Det är så, för varje gren har sin egen naturliga, unika definition, och denna absoluta definition indikerar sin rot i den Högre Världen.

Kom ihåg att detta grenarnas språk i kabbalans visdom är bättre ämnat till att förklara termerna i visdomen än alla våra vanliga språk. Det är känt från teorin om nominalism att språken har bringats i oordning i allmänhetens munnar. Med andra ord, på grund av utbrett användande av orden, har de blivit tömda på sitt rätta innehåll, vilket resulterat i stora svårigheter att förmedla precisa härledningar från en till en annan genom tal eller skrift.

Detta är inte fallet med kabbalas språk av grenar: det härstammar från namnen på skapelserna och deras tilldragelser, som finns framför våra ögon, och definieras av naturens oföränderliga lagar. Läsarna och lyssnarna kommer aldrig att missledas till missförståelser av orden som presenteras för dem, eftersom de naturliga definitionerna är ytterst orubbliga och inte kan överträdas.

FÖRMEDLANDET FRÅN EN VIS KABBALIST TILL EN FÖRSTÅENDE MOTTAGARE

Så skrev RAMBAM i sin introduktion till sin kommentar på Toran: "Och jag bringar med sant åtagande till alla som granskar denna bok, att om alla ledtrådar som jag skriver i Torans hemligheter, hävdar jag bestämt att mina ord inte kommer att förstås av något förstånd eller intelligens, utom från en vis kabbalists mun till en förstående mottagares öra". På detta sätt, skrev Rav Chaim Vital i sin introduktion till *Livets Träd*, och också, i de visas ord (*Hagiga*, 11): "Man studerar inte kabbala på egen hand, om man inte är vis och förstår med sitt eget förstånd".

Deras ord är grundligt förstådda när de säger att man måste ta emot från en vis kabbalist. Men varför nödvändigheten av att lärjungen först ska vara vis och förstå med sitt eget förstånd? Dessutom, om han inte är det, då bör han inte undervisas, även om han är den mest rättfärdige personen i världen. I förlängningen, om man redan är vis och förstår med sitt eget förstånd, vad har man då att lära från andra?

Från det tidigare sagda, kan deras ord förstås med stor enkelhet: vi ser att alla ord och yttranden våra läppar uttalar inte kan hjälpa oss att förmedla ens ett enda ord från andligheten, Gudomliga ting, ovan den imaginära tiden och rummet. Istället finns det ett speciellt språk för dessa ting, som är grenarnas språk, som pekar ut deras relation till de Övre rötterna.

Men detta språk, även om det är ytterst lämpligt för sin uppgift att dyka in i studierna av visdomen, mer så än andra språk, så är det bara det om lyssnaren själv är vis, det vill säga, känner och förstår sättet grenarna relaterar till rötterna på. Det är så på grund av att dessa relationer inte alls är tydliga vid betraktande nerifrån upp. Med andra ord är det omöjligt att hitta någon härledning eller likhet i de Övre rötterna genom att observera de lägre grenarna.

Raka motsatsen, det lägre studeras från det högre. Därmed måste man först uppnå de Övre rötterna, det sätt på vilket de är i andligheten, ovan varje föreställning, men med ren insikt. Och när man grundligt har uppnått de Övre rötterna med sitt eget medvetande, kan man undersöka de påtagliga grenarna i den här världen och veta hur varje gren står i samband med dess rot i den Övre världen, i alla dess ordningar, i kvantitet och kvalitet.

När man vet och grundligt begriper allt detta, finns det ett gemensamt språk mellan en själv och ens lärare, nämligen grenarnas språk. Genom att använda det, kan den kabbalistiske vise förmedla studierna i visdomen, genomförda i de Övre, andliga världarna, både de han fått från sina lärare, så väl som hans egen utökning av visdomen, som han själv upptäckt. Detta för att de nu har ett gemensamt språk och de förstår varandra.

Men när en lärjunge inte är vis och inte själv begriper språket, det vill säga hur grenarna pekar på sina rötter, kan läraren naturligtvis inte förmedla ens ett enda ord av denna andliga visdom, ännu mindre överlägga med honom i undersökningen av visdomen. Det är så för att de inte har något gemensamt språk som de kan använda, och de blir som stumma. Därmed är det nödvändigt att den kabbalistiska visdomen inte lärs ut om man inte är vis och förstår med sitt eget medvetande.

Vi måste vidare ställa frågan: Hur har då lärjungen vuxit sig så vis, och känner till relationerna mellan grenar och rötter genom att spåra de Övre rötterna? Svaret är att ens ansträngningar här är förgäves; det är Skaparens hjälp vi behöver! Han fyller de som fångar Hans ömhet med visdom, förståelse, och kunskap att erhålla sublima insikter. Här är det omöjligt att få hjälp av något kött och blod!

Det är sannerligen så att när Han har blivit förtjust i en, och har begåvat en med den sublima insikten, då är man redo att komma och ta emot den kabbalistiska visdomens väldighet från en vis kabbalist, för först nu har de ett gemensamt språk.

BENÄMNINGAR FRÄMMANDE FÖR DEN MÄNSKLIGA ANDEN

Med allt det som sagts ovan, kommer du att förstå varför vi ibland hittar benämningar och termer som är tämligen främmande för den mänskliga anden i kabbalistiska böcker. De är rikligt förekommande i kabbalans grundläggande böcker, som är *Zohar*, *Tikkunim*, och Aris böcker. Det är verkligen förundrande varför dessa visa använde så låga benämningar för att uttrycka så upphöjda, heliga begrepp.

Men du kommer till fullo att förstå det när du har erhållit de ovan nämnda begreppsbilderna. Detta på grund av att det nu är tydligt att inget språk i världen kan användas för att förklara visdomen, förutom ett som är avsett för just detta ändamål, nämligen grenspråket, som påvisar sambandet med deras Övre rötter.

Därmed bör, naturligtvis, ingen gren eller instans av en gren försummas för dess underlägsna grad, eller inte användas för att uttrycka det önskade begreppet i förbindelserna i visdomen, då det inte finns någon annan gren i vår värld som kan ta dess plats.

På samma sätt som inga två hår suger från samma hårsäck, har vi inte två grenar som står i samband med en enda rot. Därmed förlorar vi, genom att lämna en incident oanvänd, det andliga begrepp som står i överensstämmelse med det i den Övre världen, då vi inte har ett enda ord vi kan yttra i dess plats och peka på den roten. Dessutom, en sådan incident skulle skada hela visdomen i all dess vidsträckthet, eftersom det nu finns en saknad länk i visdomens kedja som är kopplad till det begreppet.

Detta stympar hela visdomen, för det finns ingen annan visdom i världen där saker är så sammansmälta och sammanflätade genom orsak och verkan, primära och indirekta, som i den kabbalistiska visdomen, kopplade huvud till tå precis som i en lång kedja. Därför, vid en tillfällig förlust av blott en liten detalj, mörknar hela visdomen framför våra ögon, för alla dess ämnen är mycket starkt knutna till varandra, och smälter bokstavligen samman till en.

Nu kommer du inte att undra över det sporadiska användandet av främmande benämningar. De har ingen fri vilja med benämningarna, att ersätta en dålig med en bra, eller en bra med en dålig. De måste alltid använda den rot eller den incident som precis pekar på dess Övre rot i hela dess nödvändiga mått. Dessutom måste ämnena förklaras på så vis att en korrekt definition förses för deras medobservatörers ögon.

Fred i världen

"Nåd och sanning möts, fred och rättvisa omfamnar varandra. Sanning spirar ur jorden, rättvisa blickar ner från himlen. Herren själv skall ge allt gott, vårt land skall ge sin gröda."

— Psalm 85

Allting bedöms enligt graden av utveckling, inte enligt dess framträdande vid ett givet ögonblick

Allt i verkligheten, gott som ont, till och med det mest skadliga i världen, har rätt att existera och bör inte förstöras eller utrotas från världen. Vi bör endast förbättra och reformera det, för allt iakttagande av Skapelsearbetet är tillräckligt för att lära oss om storheten och perfektionen hos dess Operatör och Skapare. Därför måste vi förstå och vara väldigt försiktiga när vi tillskriver brister till något i skapelsen, eller säger att det är överflödigt eller onödigt, eftersom det skulle innebära förtal av dess Operatör.

Det är allmänt känt att Skaparen inte fullbordade skapelsen när Han skapade den. Och överallt i verkligheten, i det allmänna liksom i det enskilda, kan vi se att den håller sig till gradvisa utvecklingslagar, från frånvaro till tillväxtens fullbordan. Av detta skäl anses inte en frukts bitterhet i början av dess tillväxt vara en brist hos frukten, eftersom vi alla känner till anledningen: frukten har ännu inte fullbordat sin utveckling.

Och så är det i varje element i verkligheten: när något element verkar vara dåligt och skadligt för oss vittnar det inte om något annat än elementet i fråga själv; att det ännu befinner sig i ett övergångsstadium – i sin utvecklingsprocess. Därför kan vi inte bestämma att det är dåligt och det är inte vist av oss att tillskriva det brister.

"Världsreformatorers" svaghet

Detta är nyckeln till förståelsen av världsreformatorernas svaghet genom alla generationer. De betraktar människan som en maskin som inte fungerar på rätt sätt, och som behöver repareras, det vill säga ta bort de fördärvade delarna och ersätta dem med bra delar.

Det är alla världsreformatorers tendens att utrota allt dåligt och skadligt i mänskligheten, och det är sant att om Skaparen inte hade stått upp emot dem skulle de med all säkerhet redan ha rensat människan fullständigt och endast lämnat det goda och användbara.

Men på grund av att Skaparen noggrant bevakar alla element i Sin Skapelse, och inte låter någon förstöra en enda sak i Hans Domän utan endast reformera den och göra den användbar och god, så kommer alla reformatorer av ovan nämna sort att försvinna från jordens yta, medan onda tendenser inte kommer att försvinna. De fortlever och räknar graderna de ännu måste genomgå tills de fullbordar sin mognad.

Då kommer de dåliga attributen själva att omvändas till goda och användbara, såsom Skaparen inledningsvis uppfattat dem, likt frukten på trädet som sitter och väntar och räknar dagarna och månaderna den ännu måste vänta tills mognaden fullbordas, då dess smak och sötma blir uppenbar för varje människa.

Belönad – jag ska påskynda det, Ej belönad – i sinom tid

Vi bör känna till att den ovan nämnda utvecklingslagen, som är utspridd över hela verkligheten, är garanterad att återställa allt ont till goda och användbara handlingar genom kraften hos Himlens styrande Ovan, det vill säga, utan att fråga människorna som bebor jorden om lov. Men Skaparen lade kunskap och auktoritet i händerna på människan och tillät denna att acceptera den ovan nämnda utvecklingslagen under sin egen auktoritet och sin egen myndighet, och gav människan förmågan att påskynda utvecklingsprocessen enligt egen önskan, fritt och fullständigt oberoende av tidsgränser.

Det visar sig att det finns två auktoriteter här, som handlar enligt ovanstående uppträdande i utvecklingen: en är Himlens auktoritet, som med säkerhet vänder allt skadligt och ont till gott och användbart, men det kommer att inträffa i sinom tid, på sitt eget sätt, på ett krångligt vis och efter en lång tid. Sedan finns även jordens auktoritet. Och när "objektet under utveckling" är ett levande väsen lider det fruktansvärda kval under "utvecklingens press", en press som ristar sin väg skoningslöst.

Men "jordens auktoritet" utgörs av människor som har tagit denna ovanstående lag under sin egen myndighet och alltså kan frigöra sig själva helt och hållet från tidens bojor, och som i hög grad accelererar tiden, mognadens fullbordande och objektets korrigering, som är dess utvecklings slut.

Så lyder orden som våra vise uttalade (*Sanhedrin* 98) om Israels fullständiga frigörelse och korrigering. Och därmed klargjorde de versen "Jag Herren skall påskynda det i sinom tid" (Jesaja 60:22): Belönad – jag skall påskynda det, inte belönad – i sinom tid.

Därför är det så att om Israel belönas och antar utvecklingslagen som deras dåliga attribut måste gå igenom i syfte att omvända dem till goda, kommer de att föra den under sin egen myndighet. Med andra ord kommer de själva att ställa in sina sinnen och hjärtan på att korrigera alla de dåliga attributen i sig och omvända dem till goda. Då infinner sig "jag ska påskynda det" det vill säga att de fullständigt kommer att frigöras från tidens bojor. Och från och med nu beror detta slut på deras egen vilja, det vill säga, enbart på storheten i gärningen och medvetenheten. Följaktligen påskyndar de slutet.

Men om de inte belönas med att utveckla sina dåliga attribut under sin egen myndighet, utan lämnar det till Himlens auktoritet, är de ändå försäkrade att uppnå slutet av sin befrielse och slutet av sin korrigering. Detta beror på att det finns en fullständig försäkran i Himlens styrande, som verkar enligt lagen om successiv utveckling, grad för grad, tills den omvänder allt ont och skadligt till gott och användbart, likt frukten på ett träd. Slutet är garanterat, men i sinom tid, det vill säga att det är fullständigt sammanlänkat till, och beroende av, tid.

Enligt lagen om successiv utveckling måste man genomgå många grader, vilka har en tendens att komma tungt och väldigt långsamt och utdraget, och sträcker sig över en väldigt lång tid innan man når slutet. Eftersom objekten vi diskuterar är utvecklande, kännande och levande väsen måste de också lida stora kval och plågor i dessa utvecklingsstadier, eftersom den tvingande kraften, som existerar i dessa grader i syfte att höja människan från en lägre grad till en Högre, inte är något annat än en pådrivande kraft av plågor och kval som har ackumulerats i den lägre graden och som inte längre kan tolereras. På grund av detta måste vi lämna den graden och höja oss till en Högre. Det är som våra vise sade: "Skaparen placerar över dem en konung, vars domar är lika hårda som Hamans, Israel känner ånger och reformeras."

Därför är det säkert att slutet kommer till Israel genom den ovan nämnda lagen om gradvis utveckling, och det kallas för "i sinom tid", det vill säga bundet till tidens bojor. Och genom att ta utvecklingen av sina attribut under sin egen auktoritet kallas Israels garanterade slut för "jag ska påskynda det", det vill säga fullständigt oberoende av tid.

Gott och ont bedöms enligt individens handlingar gentemot samhället

Innan vi undersöker korrigeringen av ondska i mänskligheten måste vi först bestämma värdet på de abstrakta termerna "gott" och "ont". När vi definierar en handling eller ett attribut som gott eller ont bör vi klargöra vem attributet eller handlingen gagnar.

För att förstå detta måste vi ingående känna till det proportionella värdet mellan individen och kollektivet, mellan individen och kollektivet som individen lever i och hämtar näring från, både kroppsligt och andligt.

Verkligheten visar att en ensam individ inte har någon rätt att existera om det inte finns ett tillräckligt antal människor omkring honom som tjänar honom och förser honom med hans behov. Följaktligen är en människa till att börja med född till att leva ett socialt liv. Och var och en av individerna i samhället är som ett hjul som är länkat till flera andra hjul, placerade i en maskin. Och detta enskilda hjul har ingen rörelsefrihet i och av sig själv, utan fortsätter med de övriga hjulens rörelse i en viss riktning, för att kvalificera maskinen till att utföra sin allmänna roll.

Och om något i hjulet går sönder bedöms inte felet i relation till hjulet själv, utan enligt dess tjänst och roll avseende hela maskinen.

Och i vårt ämne bedöms inte var och en av människorna i ett kollektiv enligt sin egen godhet, utan enligt sina tjänster gentemot allmänheten. Och vice versa: vi mäter varje individs onda attribut enbart i enlighet med skadan denne förorsakar allmänheten generellt, inte avseende det egna individuella värdet.

Dessa saker är kristallklara både från sanningens perspektiv i dem, och från det godas perspektiv i dem. Det beror på att det som finns i kollektivet bara är det som finns i individen. Och det som gagnar kollektivet gagnar var och en av individerna: den som skadar kollektivet får sin del av skadan, och den som gagnar kollektivet får sin del av nyttan, eftersom individer är delar av helheten, och helheten är inte på något sätt värd mer än summan av dess delar.

Det visar sig att kollektivet och individen är en och samma sak. Individen skadas inte av sin förslavning under kollektivet, eftersom även kollektivets frihet och individens frihet är en och samma sak. Och såsom de delar det goda delar de även friheten.

Följaktligen bedöms goda attribut och onda attribut samt goda handlingar och onda handlingar enbart i enlighet med nyttan för allmänheten.

Naturligtvis gäller ovanstående ord om alla individer utför sin roll gentemot allmänheten till fullo, utan att ta emot mer än man förtjänar och utan att ta mer än ens väns del. Men om en del av kollektivet inte uppför sig i enlighet därmed visar det sig att de inte bara skadar kollektivet utan även sig själva.

Vi bör inte diskutera vidare kring något som alla känner till, och det tidigare sagda är enbart för att visa missförhållandet, platsen som behöver korrigering, och den är att varje individ kommer att förstå att ens egen behållning och kollektivets behållning är en och samma sak. I detta kommer världen att nå sin fullkomliga korrigering.

De fyra attributen barmhärtighet, sanning, rättvisa och fred i individen och i kollektivet

När vi till fullo känner till det önskade attributet godhet bör vi undersöka de saker och medel som står till vårt förfogande för att påskynda detta välbehag och denna lycka.

Fyra egenskaper tillhandahålls för detta syfte: barmhärtighet, sanning, rättvisa och fred. Dessa attribut har använts av alla världsreformatorer hittills. Det är mer korrekt att säga att det är med dessa fyra attribut som den mänskliga utvecklingen har avancerat så här långt genom Himlens styrande, längs med en successiv väg, tills den fört mänskligheten till dess nuvarande tillstånd.

Det har redan skrivits att det skulle vara bättre för oss att ta utvecklingslagen i våra egna händer och under vår egen myndighet, eftersom vi då kommer att göra oss av med alla kval som utvecklingshistorien har förberett för oss från och med denna dag. Därför bör vi granska och undersöka dessa fyra egenskaper med syftet att i grunden förstå vad vi givits hittills, och genom dessa kommer vi att veta vilken hjälp vi kan väntas få från dem i framtiden.

Praktiska svårigheter med att avgöra sanningen

När vi diskuterar goda attribut finns det i teorin sannerligen inget bättre attribut än sanningens attribut. Detta beror på att all godhet, som vi har preciserat ovan i relationen mellan individen och kollektivet, är när individen ger och till fullo spelar sin roll gentemot kollektivet, men även tar sin del från kollektivet på ett rättvist och ärligt sätt. Allt detta är inget annat än sanningen, men haken är att kollektivet faktiskt inte accepterar denna egenskap alls. Därför bevisar den ovan nämnda sanningens praktiska svårighet sig själv: det finns en hake och en orsak här som gör den oacceptabel för kollektivet. Och vi måste undersöka vilken denna hake är.

När man noggrant undersöker den ovan nämnda sanningen ur perspektivet av dess praktiska genomförbarhet, finner man den nödvändigtvis oklar och komplicerad, och det är omöjligt för ett mänskligt öga att fingranska den. Det vill säga att sanningen medför att vi måste likställa alla individer i kollektivet för att de ska ta emot sin del i enlighet med sitt arbete, varken mer eller mindre. Och detta är den enda sanna grunden, som inte kan betvivlas, för det är tydligt att handlingarna hos den som önskar avnjuta sin väns arbete går emot det ovan nämnda skälet och den uppenbara sanningen.

Men hur tänker vi att vi kan klargöra denna sanning på ett sätt som är acceptabelt för kollektivet? Om vi till exempel bedömer något i enlighet med det uppenbara arbetet, det vill säga enligt antalet timmar, och vi tvingar var och en att arbeta samma antal timmar, kommer vi fortfarande inte att upptäcka sanningens attribut över huvud taget.

Dessutom finns det av två skäl en uppenbar lögn här: det första är den fysiska aspekten hos arbetaren, och det andra är den mentala aspekten hos arbetaren.

Detta beror på att förmågan att arbeta av naturen inte är jämlik från person till person. En människa i samhället anstränger sig under en timmes arbete på grund av sin svaghet mycket mer än hans vän som arbetar två timmar eller mer.

Och det förekommer även en psykologisk fråga här, för den som av naturen är väldigt lat blir mer utmattad efter en timmes arbete än hans vän blir efter två timmar eller mer. Och i enlighet med den uppenbara sanningens perspektiv bör vi inte tvinga en del av samhället att anstränga sig mer än den andra för uppfyllandet av deras livsbehov. Faktum är att de naturligt starka och flinka i samhället drar nytta av andras arbete och illvilligt utnyttjar andra tvärtemot sanningens attribut, för de anstränger sig väldigt lite i jämförelse med de svaga och de lata i samhället.

Och om vi även beaktar den naturliga lagen "att ta efter majoriteten" är en sådan sanning som tar antalet uppenbart arbetade timmar som bas fullständigt ogenomförbar, eftersom de svaga och de lata alltid utgör den stora majoriteten i samhället, och de kommer inte att låta den flinka och starka minoriteten utnyttja deras styrka och arbete. Man ser därför att den ovan nämnda grunden, som utgörs av individens arbete under den uppenbara sanningens villkor, och med den samhällets majoritet, är fullständigt ogenomförbar, eftersom den inte kan undersökas eller bedömas på något vis.

Man ser därför att sanningens attribut inte har någon praktisk förmåga att organisera individens eller kollektivets väg på ett absolut eller tillfredsställande vis. Det är också fullständigt otillräckligt för att organisera livet vid världens slutliga korrektion.

Dessutom finns det ännu större svårigheter här för det finns ingen tydligare sanning än naturen själv. Och det är naturligt att varje individ endast känner sig själv i Skaparens värld, som en enskild härskare, och att alla andra endast skapades för att underlätta och förbättra ens liv, utan att man känner någon som helst förpliktelse att ge någonting tillbaka.

Förenklat kan vi säga att varje människas natur är att utnyttja världens alla andra människor för egen vinnings skull. Och allt man ger en annan är endast av nödvändighet; till och med då finns utnyttjande av andra i det, men det utförs med list, så att vännen inte märker det och ger efter frivilligt.

Skälet till detta är att varje grens natur är nära dess rot. Och eftersom människans själ utsträcker sig från Skaparen, som är En och Unik, och allting är Hans, så känner människan, som utsträcker sig från Honom, att alla människor i världen borde lyda under sin egen myndighet och för ens egen privata nytta. Och detta är en obrytbar lag. Den enda skillnaden finns i människors val: en väljer att utnyttja människor genom uppnåendet av lägre begär, en annan genom uppnående av makt, och en tredje genom uppnående av respekt. Dessutom skulle man, om man kunde göra det utan mycket möda, gå med på att utnyttja världen med alla tre tillsammans – välstånd, makt och respekt. Men man är tvungen att välja enligt sina möjligheter och förmågor.

Denna lag kan kallas för "lagen om singularitet i människans hjärta". Ingen människa undflyr den, och var och en får sin del av lagen: den store i enlighet med sin storlek, och den obetydligare i enlighet med sin storlek.

Därför varken fördöms eller lovordas lagen ovan om singulariteten i varje människas natur, eftersom det är en naturlig realitet och har rätt att existera som alla delar av verkligheten. Och det finns inget hopp om att utrota den från världen, eller ens otydliggöra dess form det minsta, precis som det inte finns något hopp om att utrota hela mänskligheten från jordens yta. Därför ljuger vi inte alls om vi skulle säga om denna lag att den är den absoluta sanningen.

Och eftersom det utan tvivel är så, hur kan vi då ens försöka lugna ner någon genom att lova honom jämlikhet med alla människor i kollektivet? För inget är längre från den mänskliga naturen än det, när ens enda böjelse är att sväva högre, över hela kollektivet.

Således har vi grundläggande klargjort att det inte finns någon verklig möjlighet att förorsaka goda och glädjande uppföranden i individens och kollektivets liv genom att följa sanningens attribut på ett sätt så att det lugnar ner varje individ, så att man fullständigt kan hålla med om det, som det borde vara vid korrektionens slut.

I frånvaron av förmågan att inrätta sanningens attribut försökte de inrätta de förnäma attributen

Låt oss nu vända oss till de återstående tre attributen: barmhärtighet, rättvisa och fred. Till att börja med verkar det som om de endast skapades i syfte att användas som stöd för sanningens svaga attribut i vår värld. Och här började utvecklingshistorien att klättra sina långsamma och eftersläntrande grader i sin utveckling mot att organisera kollektivets liv.

I teorin gick alla villigt med på det och tog på sig att inte på något vis avvika från sanningen. Men faktum är att de uppförde sig helt motsatt sanningen. Och sedan dess har det varit sanningens öde att alltid vara i händerna på de mest bedrägliga, och aldrig i händerna på de svaga och de rättfärdiga, så de ens på något vis kunde bli bistådda av sanningens attribut.

När de inte kunde inrätta sanningens attribut i kollektivets liv ökade antalet utnyttjade och svaga i samhället, härur uppstod barmhärtighetens och rättvisans attribut som utförde sina handlingar i samhällets hållning, för hela samhällets existens tvingade de lyckosamma bland dem att stötta de svaga, för att inte skada samhället i allmänhet. Därför behandlade de dem med överseende, det vill säga med barmhärtighet och välgörenhet.

Men det är bara naturligt att andelen svaga och utnyttjade ökar under sådana villkor, tills det finns tillräckligt av dem för att protestera mot de lyckosamma och starta gräl och strider. Och härur uppstod attributet "fred" i världen. Härav följer att alla dessa attribut – barmhärtighet, välgörenhet, och fred – uppstod och föddes ur sanningens svaghet.

Det är detta som förorsakade att samhället delades i falanger. Några antog attributen barmhärtighet och välgörenhet och gav av sina egna ägodelar till andra, några antog sanningens attribut, det vill säga "det som är mitt är mitt och det som är ditt är ditt".

Med enklare ord kan vi dela upp de två falangerna i "konstruktörer" och "destruktörer". Konstruktörer är de som söker att bygga upp, fördelar för kollektivet, för vilket de ofta är villiga att ge av sina egna ägodelar till andra. Men de som av naturen har benägenhet för destruktion och slöseri trivs bättre med att hålla fast vid sanningens attribut, det vill säga "det som är mitt är mitt och det som är ditt är ditt" för deras egen vinnings skull, och de skulle aldrig vilja ge upp något som är deras för andras skull utan en tanke på om det skulle äventyra kollektivets välbefinnande, för de är av naturen destruktörer.

Hopp om fred

När väl dessa villkor fört med sig en hel del problem och äventyrade samhällets välmående framträdde "fredsmäklarna" i samhället. De har åtagit sig kontroll och makt och förnyat det sociala livet baserat på nya villkor, som de anser vara sanna, för att förse samhället med en fredlig tillvaro.

Men majoriteten av dessa fredsmäklare, som dyker upp efter varje dispyt, kommer naturligtvis från förstörarna, det vill säga från sanningssökarna, genom "det som är mitt är mitt och det som är ditt är ditt". Detta beror på att de är de mäktiga och modiga i samhället, som kallas "hjältar", för de är alltid villiga att ge upp sina egna liv och hela kollektivets liv, om kollektivet inte håller med om deras åsikt.

Men konstruktörerna i samhället, som är barmhärtighetens och välgörenhetens män, som bryr sig om sina egna liv och hela kollektivets liv, vägrar att riskera sig själva eller allmänheten i syfte att tvinga på andra sin åsikt. Därför står de alltid på de svagas sida i samhället, kallade de "vekhjärtade" och "ynkryggarna".

Därför är det uppenbart att de modiga utsvävarnas händer alltid kommer att ha övertaget, och det är naturligt att fredsmäklarna kommer att komma från förstörarna och inte från konstruktörerna.

Således ser vi hur hoppet om fred, som vår generation längtar så efter, är meningslöst, både från subjektets perspektiv och från predikatets perspektiv.

Subjekten, som är vår tids och alla generationers fredsmäklare, det vill säga de som har makten att skipa fred i världen, är för evigt formade av den mänskliga substans vi kallar "destruktörer", för de är sanningssökare, det vill säga att de vill inrätta attributet "det som är mitt är mitt och det som är ditt är ditt" i världen.

Det är naturligt att dessa människor hårt försvarar sina åsikter, så till den grad att de riskerar sina egna och hela kollektivets liv. Och det är det som ger dem kraften att alltid uthärda ovan den mänskliga substans som kallas "konstruktörer", barmhärtighetens och välgörenhetens sökare, som är villiga att ge upp sig själva till förmån för andra, i syfte att rädda världen, för de är de vekhjärtade och ynkryggarna.

Det visar sig att sökandet efter sanningen och världens undergång är en och samma, och begäret efter barmhärtighet och världens uppbyggande är också en och samma sak. Därför bör vi inte förvänta oss av förstörarna att de ska inrätta fred.

Och det är hopplöst att hoppas på fred från predikatet, det vill säga genom fredens egna villkor. Detta beror på att de rätta förutsättningarna för individens och kollektivets välbefinnande, enligt sanningskriteriet som dessa fredsmäklare så önskar, ännu inte har inrättats. Och det är ett måste att det alltid ska finnas en stor minoritet i samhället som är otillfredsställda med de villkor som erbjudits dem, enligt svagheten i sanningen som vi visat ovan. Denna minoritet kommer därför alltid att förbli ett villigt bränsle som står redo för de nya stridslystna människorna och de nya fredsmäklarna som alltid kommer att följa.

Ett visst kollektivs välmående och hela världens välmående

Var inte förvånad om jag blandar ihop ett visst kollektivs välmående med hela världens välmående, för vi har verkligen kommit till en sådan grad att hela världen anses vara ett kollektiv och ett samhälle. Det vill säga att eftersom varje människa i världen hämtar sin livsmust och sitt uppehälle från alla världens människor är man tvungen att tjäna och sörja för hela världens välmående.

Vi har visat ovan att individens totala underordnande under kollektivet är som ett litet hjul i en maskin. Man hämtar sitt liv och sin lycka från det kollektivet, därför är kollektivets och ens eget välmående en och samma sak och vice versa. I den utsträckning en människa är sin egen slav blir man därför nödvändigtvis förslavad under kollektivet, som vi ingående har förklarat ovan.

Och vilken är detta kollektivs utsträckning? Det bestäms av omkretsen på individens användande av det. I forna tider utgjordes till exempel denna omkrets endast av en familj, det vill säga att individen endast behövde hjälp av sina egna familjemedlemmar. Då behövde man endast underordna sig sin egen familj.

Senare samlades familjer i städer och län, och individen blev förslavad under sin stad. Senare, när städer och län förenades i stater, stöttades individen av alla sina landsmän för sitt livs lycka. Han blev således förslavad under alla människor i landet. I vår generation, när varje människa hjälps för sin lycka av alla länder i världen, är det därför nödvändigt att individen i samma utsträckning förslavas under hela världen, som ett hjul i en maskin.

Därför är möjligheten att forma goda, lyckliga och fredliga beteenden i en stat obegriplig när det inte är så i alla länder i världen, och vice versa. I vår tid är alla länder sammanlänkade genom tillfredsställandet av sina livsbehov, såsom individer tidigare var inom sina familjer. Därför kan vi inte längre tala om eller ha att göra med rättvisa beteenden som garanterar ett lands eller en nations välmående utan endast hela världens välmående, för varje människas behållning eller skada beror på och mäts genom alla världens människors behållning.

Och fastän man faktiskt vet detta och känner det, har människorna i världen ännu inte begripit det ordentligt. Varför? För sådan är utvecklingen i naturen, att handlingen föregår förståelsen, och endast handlingar kommer att påvisa det och skjuta på mänskligheten framåt.

I det praktiska livet motsäger de fyra attributen varandra

Om de praktiska svårigheterna ovan, som stör oss hjälplösa människor på vår väg, inte skulle vara nog har vi dessutom ännu en förvirring och en betydande kamp om de psykologiska anlagen, det vill säga attributen själva inom var och en av oss individuellt, vilka är unika och motsägelsefulla. För de fyra attributen barmhärtighet, sanning, rättvisa och fred, som delats upp i människors natur, antingen genom utveckling eller uppfostran, är i och för sig själva motsatta varandra. Om vi till exempel tar attributet barmhärtighet i dess abstrakta form finner vi att dess reglering motsäger alla andra attribut, det vill säga att det enligt lagarna i barmhärtighetens styre inte finns något utrymme för framträdandet av de andra attributen i vår värld.

Vad är barmhärtighetens attribut? Våra vise definierade det som att "det som är mitt är ditt och det som är ditt är ditt" – *chassid*.[1] Och om alla människor i världen skulle bete sig enligt denna kvalitet, skulle det annullera all ära i attributet sanning och dom, för om var och en naturligt vore villig att ge allt man hade till andra och inte ta något från någon annan skulle hela intresset i att ljuga för varandra försvinna. Det skulle också vara irrelevant att diskutera sanningens kvalitet, eftersom sanning och lögn står i relation till varandra. Om det inte fanns lögn i världen skulle inte begreppet sanning finnas. Självfallet skulle alla andra attribut, som endast uppstod för att styrka sanningens attribut på grund av dess svaghet, annulleras.

Sanning definieras med orden "det som är mitt är mitt och det som är ditt är ditt". Det motsäger barmhärtighetens attribut och kan inte ens tolerera det, eftersom det sannerligen är orättvist att arbeta och streta för en annan, för förutom att svika sin vän och vänja honom vid att utnyttja andra, dikterar sanningen att varje människa bör spara lägga undan egna tillgångar för tider av nöd, så att man inte behöver vara en börda för sina medmänniskor.

Dessutom finns inte en människa utan släktingar eller arvingar som faktiskt borde komma före andra, för naturen dikterar att den som ger sin egendom till andra ljuger för sina släktingar och naturliga arvingar genom att inte efterlämna dem någonting.

Fred motsäger även rättvisa eftersom det för att det ska råda fred bland allmänheten måste finnas förutsättningar som genom sitt innehåll lovar de flinka och skärpta, som investerar sin energi och

---

[1] Översättarens anmärkning: *chassid* betyder en med kvaliteten *chesed* (barmhärtighet).

visdom, att de ska bli rika, och de som är försumliga och naiva att de ska vara fattiga. Följaktligen tar den som är mer handlingskraftig sin egen del och även sin försumlige väns del och avnjuter ett sådant gott liv att det inte finns tillräckligt kvar för de försumliga och naiva att ens förse sig med sitt nödvändiga uppehälle. Följaktligen förblir de helt utblottade och nödlidande på många sätt.

Det är sannerligen orättvist att straffa de försumliga och naiva så hårt utan att de gjort något ont, för vilken är deras synd och vilket är brottet dessa olyckliga människor begått, om Försynen inte förunnat dem kvicktänkthet och skarpsinne, så att de ska straffas med kval värre än döden?

Därför finns ingen rättvisa över huvud taget i fredens villkor. Fred motsäger rättvisa och rättvisa motsäger fred, för om vi ordnar uppdelandet av egendom på rätt sätt, det vill säga ger till de försumliga och naiva en ansenlig portion av delen som de vakna och handlingskraftiga har, så skulle dessa mäktiga och företagsamma människor med säkerhet inte vila tills de har störtat regeringen som förslavar de betydelsefulla, de handlingskraftiga, och utnyttjar dem till de svagas fördel. Därför finns inget hopp om fred för allmänheten. Rättvisa motsäger således fred.

Attributet singularitet i egoismen leder till undergång och fördärv

Så ser du hur våra attribut krockar och bekämpar varandra, inte bara mellan falanger utan inom varje människa, de fyra attributen dominerar en alla på en gång eller ett i taget och kämpar inom en tills det är omöjligt för förnuftet att organisera dem och föra dem till fullständigt samtycke.

Sanningen är att roten till hela denna oreda inom oss inte är mer än det ovan nämnda attributet singularitet, som existerar i oss alla antingen mer eller mindre.

Även om vi har klargjort att det kommer från ett upphöjt förstånd, att detta attribut utsträcker sig till oss direkt från Skaparen, som är unik i världen och roten till alla skapelser, är det ändå så, utifrån känslan av singularitet, när den sitter inom vår trånga egoism, att den leder till undergång och fördärv tills den blir källan till all undergång som någonsin funnits eller kommer att finnas i världen.

Det finns sannerligen inte en enda människa i världen som är fri från den, och alla skillnader ligger bara i sättet den används på – för hjärtats begärs skull, för att kunna härska, eller för ära – och det är detta som separerar människor från varandra.

Men det som är lika människor emellan världen över är att var och en av oss är redo att utnyttja och exploatera alla andra med alla möjliga medel för vår egen privata vinnings skull, utan att ta i beaktande att man bygger sig själv på sin väns undergång. Och det är ologiskt vilka överseenden vi ger oss själva efter vår valda inriktning, eftersom begäret är sinnets rot och inte sinnet begärets rot. Sannerligen är det så att ju mer betydelsefull och framstående en människa är, precis så är också dennes attribut av singularitet större och mer iögonfallande.

Att använda singularitetens natur som ett föremål för evolution i kollektivet och i individen

Nu ska vi tränga in i förståelsen av de direkta villkor som slutligen kommer att accepteras av mänskligheten vid tiden för världsfredens infinnande, och lära oss hur dess villkor är av nytta för att kunna föra ett lyckligt liv till individen och kollektivet, och mänsklighetens vilja att slutligen lasta sig själva med dessa speciella villkor.

Låt oss återvända till frågan om den singularitet i varje människas hjärta som håller fast vid att svälja hela världen för sin egen njutning. Dess rot utsträcker sig direkt från den Unike till människorna, som är Hans grenar. Här finns en fråga som kräver svar: "Hur kan en sådan korrumperad form framträda i oss så pass att den blir ursprunget till all skada och allt förfall i världen, och hur kan källan till allt fördärv utsträcka sig från Källan till allt uppbyggande?" Vi kan inte lämna en sådan fråga obesvarad.

Det finns sannerligen två sidor av myntet gällande den ovan nämnda singulariteten. Om vi undersöker den ovanifrån, från sidan av dess likhet med den Unike, så fungerar den endast i form av givande till andra, för Skaparen är bara givande och har ingen form av mottagande, eftersom Han inte saknar något och inte behöver ta emot något från varelserna Han skapat. Därför måste singulariteten som utsträcker sig från Honom till oss också bara verka i form av givande till andra, och inte ta emot något för oss själva.

På den andra sidan av myntet, det vill säga hur den faktiskt fungerar i oss, finner vi att den verkar i fullständigt motsatt riktning, för den verkar endast i former av mottagande för sig själv, så som begäret att vara den enda betydelsefulla och rika människan i hela världen. Följaktligen är ovan nämnda två sidor så långt från varandra som öst är från väst.

Det ger oss svaret på vår fråga: "Hur är det möjligt att just denna singularitet, som kommer till oss från Honom som är Unik i världen, som är Källan till allt uppbyggande, i oss tjänar som källan till allt fördärv?" Det har blivit så för att vi använder detta värdefulla verktyg i motsatt riktning, det vill säga mottagande för sig själv. Och jag säger inte att singulariteten i oss aldrig kommer att verka i givandets form i oss, för man kan inte förneka att det bland oss finns människor vars singularitet verkar i dem i form av givande till andra också, så som de som lägger alla sina pengar på det gemensamma bästa, och de som lägger all sin kraft på det gemensamma bästa, etc.

Men dessa bägge sidor av myntet jag beskrivit talar endast om skapelsens två utvecklingsmoment, som för allting till fullbordan och som börjar i frånvaro men successivt klättrar uppför utvecklingens grader, från en grad till nästa Högre upp och därifrån ännu Högre, tills toppen nås, som är dess förutbestämda mått av perfektion. Och där kommer den att förbli för evigt.

Dessa två moments utvecklingsföljd är:

1) Startpunkten, den lägsta graden, som är nära fullständig frånvaro. Den beskrivs som andra sidan av myntet.
2) Toppen, där den vilar och existerar för evigt. Och den beskrivs som den första sidan på myntet.

Men det tidsskede vi befinner oss i har redan utvecklats i stor utsträckning och har redan stigit många grader. Det har redan stigit ovan dess lägsta fas, som är den ovan nämnda andra sidan, och har hamnat betydligt närmre den första sidan.

Därför finns det redan människor bland oss som använder sin singularitet i form av givande till andra. Men de är ännu få, eftersom vi fortfarande befinner oss mitt i utvecklingens gång. När vi kommer till gradernas Högsta punkt kommer vi alla endast att använda vår singularitet i form av givande till andra, och det kommer aldrig förekomma något fall där en människa använder den i form av mottagande för sig själv.

Med dessa ord finner vi möjligheten att undersöka livsvillkoren för den sista generationen – världsfredens tid, när hela mänskligheten uppnår den första sidans nivå och kommer att använda sin singularitet endast i form av givande till andra, och inte alls i form av mottagande för sig själva. Det kan vara bra att här kopiera den ovan nämnda livsformen så att den kan tjäna som en läxa och en förebild för oss att fästa våra sinnen vid under vårt livs flodvågor. Kanske det är värt och möjligt också i vår generation att experimentera med att efterlikna denna livsform.

Livsvillkoren för den sista generationen

Först måste var och en grundligt förstå och förklara för sin omgivning att samhällets välmående, som är statens välmående och världens välmående, är fullständigt beroende av varandra. Så länge samhällets lagar inte är tillfredsställande för varje individ i staten, utan efterlämnar en minoritet som inte är nöjda med statens ledning, sammansvärjer sig denna minoritet mot statens regering och försöker störta den.

Och om dess styrka inte är tillräcklig för att bekämpa regeringen ansikte mot ansikte kommer de att vilja störta den indirekt, till exempel genom att provocera länder mot varandra och föra dem i krig, för det är naturligt att det i krigstider finns många fler otillfredsställda människor med vilka de hoppas uppnå den kritiska massan för att störta regeringen och inrätta ett nytt ledarskap som passar dem. Följaktligen är individens fred en direkt orsak till statens fred.

Om vi dessutom tar i beaktande att denna del av staten, vars konst är krig, vilken staten alltid har, och allt deras hopp om framgång, så som strateger och de som lever av att förse ammunitionen, vad gäller den sociala kvaliteten alltid utgör en väldigt betydande minoritet, och om vi lägger till dem till minoriteten som är missnöjd med den nuvarande ledningen, så får man vid varje givet tillfälle en stor mängd människor som vill ha krig och blodsutgjutelse.

Därför är världsfred och statens fred beroende av varandra. Vi finner med nödvändighet att även den del av staten som för tillfället är nöjda med sina liv, vilka är de flinka och de skärpta, ännu har mycket att bekymra sig för angående deras livs säkerhet, på grund av spänningarna med dem som strävar efter att störta dem. Och om de förstod fredens värde skulle de gladeligen anta den sista generationens levnadssätt, för "allt människan har kommer han att ge för sitt liv".

Smärta vs. njutning i mottagandet för en själv

När vi undersöker och grundligt förstår planen ovan, kommer vi därför se att hela svårigheten ligger i att ändra vår natur från ett begär att ta emot för oss själva till ett begär att ge till andra, eftersom dessa två saker förnekar varandra. Vid en första anblick verkar planen utopisk, som någonting som är ovan den mänskliga naturen. Men när vi gräver djupare i den ser vi att motsättningen mellan mottagande för en själv och givande till andra inte är något annat än en psykologisk fråga, för vi ger faktiskt till andra utan att vi själva får något för det. Detta beror på att även om mottagande för en själv manifesterar sig i oss på olika sätt, så som egendom, ägodelar för att tillfredsställa hjärtat, ögat, gommen etc., definieras alla dessa med ett namn: "njutning". Följaktligen är essensen av mottagandet för en själv som man begär inget annat än begäret efter njutning.

Föreställ dig nu att vi skulle samla alla njutningar man känner under sina sjuttioåriga liv och lägga dem på ena sidan, och samla all smärta och sorg man känner på andra sidan; om vi då kunde se resultatet skulle vi föredra att inte ha fötts överhuvudtaget. Och om det är så, vad tar man då emot under sitt liv? Om vi antar att man uppnår tjugo procent njutning under sin livstid och åttio procent smärta, och vi lägger dem på motsatta sidor, så skulle det fortfarande förbli sextio procent lidande som inte lönar sig.

Men allt detta är privata beräkningar, som när man arbetar för sig själv. Men i en global beräkning producerar individen mer än han tar för sin egen njutning och sitt eget uppehälle. Så om riktningen skulle ändras från mottagande för sig själv till givande skulle individen uppskatta allt han producerar utan mycket smärta.

Introduktion till boken Zohar

1) I denna introduktion vill jag klargöra saker som är till synes enkla. Alla har försökt utreda dessa saker, och mycket bläck har spillts i försök att klargöra dem. Vi har dock än idag inte nått en konkret och tillräcklig kunskap om dem. Frågorna lyder:

- Vad är vår essens?
- Vad är vår roll i verklighetens långa kedja, i vilken vi endast är små länkar?

När vi granskar oss själva, finner vi att vi är så korrumperade och så låga som det är möjligt. Och när vi granskar operatören som har gjort oss, manas vi att komma till den högsta graden, för det finns ingen så berömvärd som Han. För det är nödvändigt att bara fulländade handlingar stammar från en fulländad operatör.

Vårt medvetande gör det nödvändigt att Han är i det yttersta välvillig, utan jämförelse. Hur kunde han då skapa så många varelser som lider och plågas genom hela sina liv? Är det inte den godas väg att göra gott, eller att åtminstone inte göra någon skada?

Hur är det möjligt att det oändliga, som varken har början eller slut, skapar finita, dödliga, och med fel besuttna varelser?

2) För att klara upp allt detta behöver vi ställa oss några inledande frågor. Och inte, Gud förbjude, där det är förbjudet, i Skaparens essens, om vilken vi inte har någon som helst tanke eller perception, och därför inte har någon tanke eller yttrande om Honom, utan där frågan är en *mitzva* (budord/god gärning), frågan om Hans gärningar. Det är som Toran kommenderar oss: "Känn du din faders

Gud och tjäna Honom", och som det sägs i *Dikten om förening*, "Genom dina handlingar känner vi dig".

Fråga nr. 1: Hur kan vi framför oss se en ny skapelse, något nytt som inte är inkluderat i Honom innan Han skapar den, när det är uppenbart för varje iakttagare att det inte finns något som inte är inkluderat i Honom? Det sunda förnuftet föreskriver det, för hur kan man ge det man inte har?

Fråga nr. 2: Om du säger att Han, från aspekten av Hans allsmäktighet, verkligen kan skapa existens ur frånvaro, något nytt som inte finns i Honom, då uppstår frågan - vad är den verkligheten, som kan fastslås som något som inte har någon plats i Honom alls, utan som är helt ny?

Fråga nr. 3: Detta behandlar vad kabbalisterna sagt, att ens själ är en del av Gud Ovan, på ett sådant sätt att det inte finns någon skillnad mellan Honom och själen, att han är "helheten" och själen är en "del". Och de jämförde det med ett stenblock uthugget ur ett berg. Det finns ingen skillnad mellan stenblocket och berget, förutom att Han är det "hela" och att stenblocket är en "del". Vi måste därför fråga: det är en sak att ett stenblock uthugget ur berget är separerat från det med en yxa tillverkad för det ändamålet, skapandes separation av "delen" från "helheten". Men hur kan man se detta hos Honom, att han separerar en del av sin essens tills den lämnar Hans essens och blir separerad från Honom, det vill säga en själ, till den punkt då den bara kan uppfattas som en del av Hans Essens?

3) Fråga nr. 4: Då *sitra achras* (andra sidans) och *klipots* (skalens) triumfvagn är så långt borta, i andra änden av Hans Helighet, till en

sådan avlägsenhet att den är ouppfattbar, hur kan den vara utvunnen ur och vara gjord av Helighet, ännu mindre att Hans Helighet underhåller den?

Fråga nr. 5: Frågan om de dödas återuppståndelse: Eftersom kroppen är så föraktlig, är den genast vid födseln dömd att förgås och begravas. Dessutom talar *Zohar* om för oss att innan kroppen helt ruttnar, kan själen inte stiga till sin plats i Edens lustgård, medan det fortfarande finns rester av den. Varför måste den då återvända och återuppstå från de döda? Kan inte Skaparen ge glädje åt själarna utan den?

Ännu mer förvirrande är det som våra visa sade, att de dödas öde är att stiga med sina fel, så att de inte misstas för någon annan, och att Han efter det ska bota deras fel. Vi måste förstå varför Gud skulle bry sig om att de inte ska misstas för någon annan, att Han för den sakens skull återskapar deras fel och sen måste bota dem.

Fråga nr. 6: Angående vad våra visa sade, att människan är verklighetens centrum, att de Övre världarna och denna kroppsliga värld och allt i dem skapades endast för henne (*Zohar*, *Tazria*, 40), och förpliktigade människan att tro att världen hade skapats för henne (*Sanhedrin* 37). Det är till synes svårt att förstå att Skaparen för denna obetydliga människa, vars värde inte är mer än ett halmstrå med hänsyn till alla de Övre världarna, vars höjd och sublimitet är omätbar, besvärat sig med att skapa allt detta åt henne. Och dessutom, varför skulle människan behöva allt det?

4) För att förstå dessa frågor och frågeställningar, är den enda taktiken att undersöka handlingens slut, det vill säga, skapelsens syfte. För inget kan förstås mitt i en process, utan bara i dess slut. Och det är

uppenbart att det inte finns någon handling utan ett syfte, för bara den sinnesrubbade kan handla utan syfte.

Jag vet att det finns de som kastar bördan av Tora och *mitzvot* (plural för *mitzva*) över axeln, som säger att Skaparen har skapat hela verkligheten, och sedan lämnat den ensam, att det på grund av skapelsernas värdelöshet inte är passande för den upphöjda Skaparen att vakta över deras småsinta förehavanden. Sant är att de talat utan kunskap, för det är omöjligt att kommentera vår låghet och tomhet innan vi bestämmer att vi har skapat oss själva med alla våra korrumperade och vämjeliga egenskaper.

Men medan vi fastslår att Skaparen, som är ytterst fulländad, är Den som skapade och utformade våra kroppar, med alla deras beundransvärda och föraktliga attribut, så kan det säkerligen aldrig uppstå en ofulländad handling under den perfekte arbetarens hand, eftersom varje handling vittnar om sin utförare. Och vad har ett dåligt plagg gjort för fel, om en dålig skräddare har gjort det?

Vi finner sådana saker i *Masechet Taanit*, 20: En historia om Rabbi Elazar som träffade på en mycket ful man. Han sade till honom: "Så ful denne man är." Mannen svarade: "Gå och säg det till hantverkaren som tillverkat mig, 'Så fult detta instrument är som du skapat'." Det är därför de som hävdar att det på grund av vår låghet och tomhet inte är passande för Honom att vaka över oss och att Han därför lämnat oss inte gör något annat än att visa på sin egen okunskap

Försök att föreställa dig att du skulle träffa en person som skapar varelser bara för att de ska lida och plågas hela sina liv så som vi gör, och inte bara det, han kastar dem över axeln ovillig att ens se efter dem och hjälpa dem en aning. Hur föraktlig och låg du skulle anse honom vara! Kan något sådant tänkas om Honom?

5) Därför påbjuder det sunda förnuftet vad vi uppfattar som motsatsen till det som tillsynes finns på ytan, och fastslår att vi verkligen är nobla och värdiga varelser, av omätlig vikt, verkligen värdiga Arbetaren som har gjort oss. För varje fel du önskar uppfatta i våra kroppar, bakom alla ursäkter du ger från dig själv, faller enbart på Skaparen, som skapade oss och naturen inom oss, för det är uppenbart att Han skapade oss och inte vi.

Man känner också allt som stammar från den onda naturen och attributen Han har skapat i oss. Det är så som vi har sagt att vi måste beakta slutet av handlingen, då kommer vi kunna förstå allting. Det är som man brukar säga, "Visa inte en dåre ett halvgjort arbete".

6) Våra visa har redan sagt att Skaparen skapade världen för inget annat skäl än att skänka glädje till sina skapelser. Och det är här vi måste placera våra medvetanden och alla våra tankar, för detta är i slutändan syftet med handlingen som skapade världen. Och vi måste ha i åtanke att eftersom skapelsetanken var att ge till sina skapelser, måste han i själarna skapa ett stort mått av begär att ta emot det som Han hade att ge dem. För måttet av varje njutande och glädje beror på måttet av viljan att ta emot i det. Ju större vilja att ta emot, desto större njutande, och ju mindre vilja, desto mindre njutande av mottagandet.

Därför beordrar Skapelsetanken nödvändigtvis skapelsen att äga en omåttlig vilja att ta mot i själarna, för att passa den oändliga njutning som Hans Allsmäktighet avsåg att ge själarna. För det stora behaget och det stora begäret att ta emot går hand i hand.

7) När vi lärt oss det, kommer vi till full förståelse av den andra frågeställningen, i fullständig klarhet. För vi har lärt oss vad verkligheten är, som tydligt kan fastställas, som inte är en del av Hans essens, till den grad att vi kan säga att det är en ny skapelse, existens ur frånvaro. Och nu vet vi säkert att Skapelsetanken, att skänka glädje till sina skapelser, nödvändigtvis skapade ett mått av viljan att från Honom ta emot allt det goda och all behaglighet som Han hade planerat åt dem, att viljan att ta emot uppenbarligen inte var inkluderad i Hans essens innan Han hade skapat den i själarna, för från vem kunde han ta emot? Det följer att Han hade skapat något nytt, som inte finns i Honom.

Och ändå förstår vi att det enligt Skapelsetanken inte fanns något behov av att skapa något annat än viljan att ta emot. Det är så eftersom den nya skapelsen är tillräcklig för Honom att fylla hela skapelsetanken, som Han tänkte ge åt oss. Men all fyllnad i skapelsetanken, alla förmåner som Han hade planerat att erlägga oss, stammar direkt från Hans essens, och Han har ingen anledning att återskapa dem, eftersom de redan har utvunnits, existens ur existens, åt den stora viljan att ta emot i själarna. Därför ser vi här att all materia i den frambringade skapelsen, från början till slut, endast är "viljan att ta emot".

8) Nu kan vi förstå kabbalisternas ord i deras tredje frågeställning. Vi undrade hur det var möjligt att säga om själarna att de var en del av Gud Ovan, likt en sten uthuggen ur ett berg, att det inte finns någon skillnad mellan dem förutom att den ena är en "del" och den andra är en "helhet". Och vi undrade: det är en sak att säga att stenen som är uthuggen ur berget blir separerad av en yxa avsedd för ändamålet, men hur kan du säga samma sak om Hans essens? Och vad separerade

själarna från Hans essens och uteslöt dem från Skaparen, för att bli skapelser?

Från detta ovan, kan vi tydligt förstå att så som yxan hugger och delar ett fysiskt objekt i två, delar olikheten i form det andliga i två. Till exempel säger man när två personer älskar varandra att de är anslutna till varandra som en kropp. Och när de hatar varandra, då säger man att de är så långt ifrån varandra som öst från väst. Men här finns inte frågan om närhet eller avlägsenhet i rum. Snarare antyder detta likhet i form: när de är lika i form, och båda älskar det den andre älskar och hatar det den andre hatar, då älskar de varandra och är anslutna till varandra.

Och om det finns någon olikhet i form mellan dem, och en av dem tycker om något som den andra hatar, då blir de, i den mån de är olika i form, avlägsna och hatfulla mot varandra. Och om de till exempel är motsatta i form, och allt som en tycker om, hatar den andre, och allting som den andre hatar tycks om av den förste, då är de dömda att vara så avlägsna som öst från väst, det vill säga från en ände till den andra.

9) Vi finner att formolikheten i andligheten fungerar som en yxa som separerar i den kroppsliga världen, och distansen mellan dem är proportionell till motsatsen i form. Från detta lär vi oss, eftersom viljan att ta emot Hans behag har inpräntats i själarna, och vi har visat att denna form är frånvarande i Skaparen, för från vem skulle han ta emot, att olikheten i form fått själarna att separera från Hans essens, som yxan som hugger ut en sten från berget. Och på grund av den olikheten i form separerades själarna från Skaparen och blev skapelser. Dock, allt själarna får av Hans Ljus utgår från Hans essens, existens ur existens.

Det visar sig därför att med hänsyn till Hans Ljus, som de tar emot i deras *kli* (kärl), som är viljan att ta emot, finns det ingen som helst skillnad mellan dem och Hans essens. Detta beror på att de tar emot det som existens ur existens, direkt från Hans essens. Och den enda skillnaden mellan själarna och Hans essens är att själarna är en del av Hans essens.

Detta betyder att den mängd Ljus de tar emot i sitt *kli*, som är viljan att ta emot, redan är separerad från Skaparen, eftersom det är grundat på olikheten i form i viljan att ta emot. Och denna olikhet i form gjorde den en del genom vilken de separerades från "helheten" och blev en "del". Den enda skillnaden mellan dem är därför att en är en "helhet" och den andra är en "del", som en sten som är uthuggen ur ett berg. Och begrunda detta noggrant, för det är omöjligt att ytterligare klargöra något så upphöjt.

10) Nu kan vi börja förstå den fjärde frågeställningen: hur är det möjligt att orenhetens och *klipots* triumfvagn skulle uppstå ur Hans Helighet, då det är i andra änden av Hans Helighet? Och vidare, hur kan det vara så att Han stödjer och upprätthåller den? Det är uppenbart att vi först måste förstå betydelsen av orenhetens och *klipots* existens.

Vi bör känna till att denna stora vilja att ta emot, som vi fastställt var själva essensen av själarna vid skapelsen – tack vare vilken de är redo att ta mot hela fyllnaden i skapelsetanken – inte behåller den formen inom själarna. Om den hade gjort det hade de varit tvungna att för alltid förbli separerade från Honom, eftersom olikheten i form i dem skulle separera dem från Honom.

Och för att reparera den separation som täcker själarnas *kli* skapade Han alla världar och delade in dem i två system, som i versen: "Gud har gjort dem den ena mot den andra", vilka är de fyra rena världarna *ABYA*, och motsatt dem de fyra orena världarna *ABYA*. Och han inpräntade begäret att ge i det rena systemet *ABYA*, tog bort viljan att ta emot för sig själva från dem, och placerade den i de orena världarnas system *ABYA*. På grund av det separerades de från Skaparen och från alla de heliga världarna.

Av den anledningen kallas *klipot* "döda", som i versen: "de dödas offer" (Psaltaren 106:28). Och beträffande syndaren som följer dem, som våra visa sade, "Syndarna, i sina liv, kallas 'döda'", eftersom viljan att ta emot som är inpräntad i dem i motsatthet i form till Hans Helighet separerar dem från Livens Liv, och de är avlägsna från Honom den ena änden från den andra. Det är så eftersom Han inte har något intresse av att ta emot, bara av att ge, medan *klipot* inte vill ha något av givande, utan bara ta emot för sig själva, för sitt eget behag, och det finns ingen större motsatthet än det. Och ni vet redan att andlig avlägsenhet börjar med lite olikhet i form och slutar i motsatthet i form, vilket är det största avståndet i den sista graden.

11) Och världarna droppade ner i denna kroppsliga världs verklighet, till ett ställe där det finns en kropp och en själ och en tid för korruption och en tid för korrektion. Ty kroppen, som är viljan att ta emot för sig själv, utgår från sin rot i skapelsetanken, genom systemen av de orena världarna, som det står skrivet, "och en vildåsnas föl föds till människa" (Job 11:12). Och man blir kvar under det systemets auktoritet under de första tretton åren, som är korruptionens tid.

Och genom att ägna sig åt *mitzvot* från tretton års ålder och framåt, för att ge belåtenhet åt sin Skapare, börjar man rena viljan att ta emot för sig själv, som är inpräntad i en, och sakta omvandla den till att vara i avsikt att ge. Därigenom frambringar man en helig själ från dess rot i skapelsetanken. Och den passerar genom de rena världarnas system och kläds i kroppen. Detta är tiden för korrektion.

Och så ackumulerar man grader av helighet från skapelsetanken i *Ein sof* (oändlighet), tills de hjälper en att vända viljan att ta emot för sig själv i en, till att vara helt i formen av mottagande med avsikt att bringa belåtenhet till sin Skapare, och inte alls för sig själv. Därigenom erhåller man likvärdighet i form med sin Skapare, eftersom mottagande med avsikt att ge anses vara rent givande.

I *Masechet Kidushin* står det skrivet att avseende en viktig man ger hon och han säger – genom det är du välsignad. För när hans mottagande är med avsikt att glädja henne, givaren, döms det vara absolut givande. Därför köper man komplett vidhäftande vid Honom, för andligt vidhäftande är inget annat än likvärdighet i form, som våra visa sade, "Hur är det möjligt att ansluta sig till Honom? Snarare, anslut dig till Hans egenskaper". Och därigenom blir man värdig att ta emot all fröjd och välmening och allt välbehag i Skapelsetanken

12) Så har vi tydligt förklarat korrektionen av viljan att ta emot, inpräntad i själarna genom Skapelsetanken. För Skaparen har för dem förberett två system, det ena motsatt det andra, genom vilka själarna passerar och delas in i två aspekter, kropp och själ, som kläds i varandra.

Och genom Tora och *mitzvot* vänder de slutligen formen av viljan att ta emot till att ta formen av viljan att ge. Då kan de ta emot allt gott i skapelsetanken. De belönas dessutom med en solid sammanslutning med Honom, eftersom de genom arbetet i Tora och *mitzvot* har blivit belönade med likvärdighet i form med sin Skapare. Detta anses vara korrektionens slut.

Och då, eftersom det inte längre kommer att finnas ett behov av den onda *sitra achra*, kommer den att elimineras från jorden och döden skall upphöra för evigt. Och allt arbete i Tora och *mitzvot* som gavs världen under de sex tusen åren av världens existens, och åt varje person under hennes sjuttio år i livet, finns för att bringa dem till korrektionens slut – den ovan nämnda likvärdigheten i form.

Frågan om formeringen och framförandet av systemet i *klipot* och orenhet från Hans Helighet har nu också noggrant klarlagts: det var tvunget att ske för att därigenom upprätta skapandet av kropparna, som då kunde korrigeras genom Tora och *mitzvot*. Och om våra kroppar, med sina fördärvade viljor att ta emot, inte vore utsträckta genom det orena systemet, hade vi aldrig kunna korrigera dem, för man kan inte korrigera det som inte finns i en.

13) Förvisso måste vi förstå hur viljan att ta emot för sig själv, som är så ofullkomlig och fördärvad, kunde utgå från, och vara i skapelsetanken i *Ein sof*, vars enhet är bortom ord och bortom beskrivning? Saken är den, att genom själva tanken att skapa själarna, fullbordade Hans tanke allt, för Han behöver inte en handling, som vi gör. Genast uppstod alla själar och världar vilkas öde var att skapas, fyllda med den fröjd och behag och den välvilja Han hade planerat för dem, i det slutliga fulländandet som var avsett för själarna att mottaga vid korrektionens slut, efter att viljan att ta emot i själarna blivit helt korrigerad och omvandlats till rent givande, i fullkomlig likvärdighet i form med Härröraren.

Det är så eftersom det förflutna, nutiden och framtiden i Hans Evighet är som ett. Framtiden är som nutiden och det finns ingen tid i Honom. Därför fanns det aldrig något sådant som en fördärvad vilja att ta emot i dess separerade tillstånd i *Ein sof*.

Tvärtom framträdde den likvärdigheten i form, vars öde är att uppenbaras i slutet av korrektionen, omedelbart i det oändliga. Och våra visa sade om det: "Innan världen skapades fanns det Han är Ett och hans Namn Ett", för den separerade formen i viljan att ta emot hade inte uppenbarats i själarnas verklighet som framträdde i skapelsetanken. Snarare var de anslutna till Honom i likvärdighet i form enligt "Han är Ett och Hans Namn Ett".

14) Därmed finner vi att det i stort finns tre tillstånd i själen:

Det första tillståndet är deras närvaro i *Ein sof*, i Skapelsetanken, där de redan har den framtida formen av slutet av korrektionen.

Det andra tillståndet är deras närvaro i de 6 000 åren, som av de två systemen ovan delades in i en kropp och en själ. De gavs arbetet i Tora och *mitzvot*, för att invertera deras vilja att ta emot och göra den till en vilja att ge belåtenhet till sin Skapare, och inte alls till sig själva.

Under tiden för det tillståndet kommer ingen korrektion till kropparna, bara till själarna. Detta betyder att de måste eliminera varje form av självmottagande, som anses vara kroppen, och bli kvar med endast ett begär att ge, som är formen av begär i själarna. Inte ens de rättfärdigas själar kommer att kunna glädjas i Edens lustgård efter deras bortgång, utan bara efter att deras kroppar har ruttnat i jorden.

Det tredje tillståndet är slutet av själarnas korrektion, efter de dödas återuppståndelse. Då kommer den fullkomliga korrektionen även att nå kropparna, för då kommer de att förvandla mottagande för sig själva, som är kroppens form, till att ta formen av rent givande. Och de kommer att bli värdiga att för sig själva ta emot all fröjd och njutning och allt behag i skapelsetanken.

Och med allt detta kommer de att uppnå starkt vidhäftande genom kraften av deras likvärdighet i form med sin Skapare, eftersom de inte kommer att ta emot allt på grund av sin vilja att ta emot, utan på grund av sitt begär att ge belåtenhet åt sin Skapare, eftersom Han får nöje när de tar emot från Honom. Och för att fatta mig kort kommer jag från och med nu kalla dessa tre tillstånd "första tillståndet", "andra tillståndet" och "tredje tillståndet". Och du bör komma ihåg allt som förklaras här i varje tillstånd.

15) När man undersöker de tre tillstånden ovan kommer man finna att det ena helt och hållet nödvändiggör det andra, på så sätt att om det ena skulle annulleras, så skulle de andra också annulleras.

Om, till exempel, det tredje tillståndet – omvändandet från formen av mottagande till formen av givande – inte hade manifesterats, då är det säkert att det första tillståndet i *Ein sof* aldrig hade kunnat uppstå.

Perfektionen materialiseras där bara för att det framtida tredje tillståndet redan finns, som om det finns i nuet. Och all perfektion som uppmålats i det tillståndet är som en reflektion från framtiden in i nutiden. Men om framtiden kunde raderas hade det inte funnits någon nutid. Därför nödvändiggör det tredje tillståndet det första tillståndets existens.

Ännu mer så när någonting annulleras i det andra tillståndet, där allt arbete som är ämnat att fullbordas i det tredje tillståndet finns, arbetet i korruptioner och korrektioner och fortsättningen av själens grader. Hur blir alltså det tredje tillståndet till? Det andra tillståndet nödvändiggör det tredjes existens.

Och så är det med det första tillståndets existens i *Ein sof*, där det tredje tillståndets perfektion återfinns. Det nödvändiggör definitivt att det kommer att anpassas, det vill säga att de andra och tredje tillstånden kommer att framträda i fullständig perfektion, varken mer eller mindre på något vis.

Därmed nödvändiggör det första tillståndet själv utökandet av de två motsvarande systemen i det andra tillståndet, för att möjliggöra kroppens existens i viljan att ta emot, korrumperad av orenhetens system, som gör det möjligt för oss att korrigera det. Och om det inte hade funnits ett system av orena världar hade vi inte haft den viljan att ta emot, och vi skulle inte kunna korrigera den och komma till det tredje tillståndet, för "man kan inte korrigera det som inte finns inom en". Därmed behöver vi inte ställa frågan hur det orena systemet kom till från det första tillståndet, för det är det första tillståndet som nödvändiggör dess existens i form av det andra tillståndet.

16) Därför behöver man inte förundras över hur det kom sig att valet redan hade tagits från oss, eftersom vi måste kompletteras och komma till det tredje tillståndet, då det redan är närvarande i det första. Saken är den att Skaparen har satt två vägar framför oss i det andra tillståndet för att leda oss till det tredje tillståndet:

Vägen av att följa Tora och *mitzvot*

Lidandets väg, då smärtan själv renar kroppen och i slutändan kommer att tvinga oss att invertera vår vilja att ta emot till formen av en vilja att ge, och häfta vid Honom. Det är som våra visa sade (*Sanhedrin*, 97b), "Om du ångrar dig, bra; och om inte, kommer jag att sätta en kung som Haman över dig, och han kommer att tvinga dig att ångra dig". Våra visa sade om den versen, "kommer att påskynda det i dess tid".

Detta betyder att om vi beviljas genom den första vägen, genom att följa Tora och *mitzvot*, då påskyndar vi vår korrigering, och vi behöver inte den svåra våndan och den långa tiden för att uppleva den, så att den ska förmå oss att anta en annan form. Och om inte, "i dess tid", det vill säga enbart när lidandet kommer att fullborda vår korrektion och tiden för korrektionen kommer att tvingas på oss. I det stora hela är lidandets väg även själarnas bestraffning i helvetet.

Men i varje fall är slutet av korrektionen – det tredje tillståndet – obligatoriskt, på grund av det första tillståndet. Vårt val ligger bara i att välja mellan lidandets väg och Toras och *mitzvots* väg. Därmed har vi grundligt klargjort hur själens tre tillstånd är sammanbundna och nödvändiggör varandra.

17) Från allt det ovanstående förstår vi genomgripande den tredje frågan, att när vi undersöker oss själva, finner vi oss vara så korrumperade och föraktliga det bara går. Men när vi undersöker den operatör som skapat oss, måste vi vara hänförda, för det finns ingen så berömvärd som Han, som är tillbörligt för Operatören som skapat oss, för den perfekte Operatörens natur är att utföra perfekta handlingar.

Nu kan vi förstå att vår kropp, med alla dess bagatellartade incidenter och ägodelar inte alls är vår verkliga kropp. Vår riktiga, eviga och fullständiga kropp existerar redan i *Ein sof*, i det första tillståndet, där den tar emot dess fullständiga form från det framtida tredje tillståndet, det vill säga att ta emot i form av givande, i formlikhet med *Ein sof*.

Och om vårt första tillstånd nödvändiggör att vi tar emot vår kropps *klipa* (skal) i det andra tillståndet, i dess korrumperade och föraktliga form, som är viljan att ta emot enbart för sig själv, vilken är den kraft som separerar oss från *Ein sof* för att korrigera den och att i praktiken låta oss ta emot vår eviga kropp, i det tredje tillståndet, behöver vi inte protestera mot det. Vårt arbete kan bara utföras i denna övergående och slösaktiga kropp, för "man korrigerar inte det som inte finns inom en".

Därmed befinner vi oss redan i det mått av perfektion som är värdigt och passande den perfekta Operatör som skapat oss, till och med i vårt nuvarande andra tillstånd, för denna kropp gör oss inte felaktiga på något vis, eftersom den kommer att utgå och dö, och bara finns här under den tid som är nödvändig för dess annullering och erhållandet av vår eviga form.

18) Detta löser vår femte frågeställning: Hur kan det vara så att transienta, bortkastade handlingar kan utgå från det eviga? Och vi ser att vi verkligen har fortsatt som passande för Hans Evighet – eviga och perfekta varelser. Och vår evighet nödvändiggör att kroppens *klipa*, som gavs till oss endast för arbete, kommer att vara transient och bortkastad. För om den kvarblev i evighet, då hade vi varit för evigt separerade från Livens Liv.

Vi har sagt tidigare (punkt 13) att denna form, vår kropp, som är viljan att ta emot för endast oss själva, inte alls är närvarande i den eviga Skapelsetanken, för där är vi i det tredje tillståndets form. Ändå är det obligatoriskt i det andra tillståndet, att tillåta oss korrigera det.

Och vi bör inte grubbla över andra varelser i världen utöver människan, för människan är Skapelsens mittpunkt, som det kommer att skrivas nedan (punkt 39). Och alla andra varelser har inget värde i sig själva, utan bara i den utsträckning de hjälper människan nå sin fullkomlighet. Därför stiger och faller de med henne utan någon hänsyn till sig själva.

19) Med det, kan vi också lösa vår fjärde frågeställning: Då det godas natur är att göra gott, hur skapade Han varelser som plågas och våndas sina liv igenom? Som vi har sagt, all denna vånda nödvändiggörs utifrån vårt första tillstånd, där vår kompletta evighet, som kommer från det framtida tredje tillståndet, manar oss att gå antingen Torans väg eller lidandet väg, och att nå vårt eviga tillstånd i det tredje tillståndet (punkt 15).

Och all denna vånda känns bara av vår kropps *klipa*, skapad bara för att förtyna och begravas. Detta ger oss lärdomen att viljan att ta emot för sig själv skapades bara för att utplånas, och avskaffas från världen, och för att göra den till en vilja att ge. Och smärtorna vi lider är endast upptäckter av dess intighet och skadan som finns i den. Sannerligen, när alla människor kommer överens om att avskaffa och utplåna sin vilja att ta emot för sig själv, och inte har något annat begär än att vara i givande gentemot sina vänner, kommer all oro och fara i världen att upphöra existera. Och vi skulle försäkras om ett helt och fullt liv, eftersom var och en av oss skulle ha en hel värld som rår om oss, redo att fylla alla våra behov.

Men då var och en av oss har bara ett begär att ta emot för oss själva, är det källan till all oro, lidande, krig, och slakt vi inte kan undkomma. De försvagar våra kroppar med all sorts pinor och sjukdomar, och du finner att alla våndor i vår värld endast är manifestationer som erbjuds våra ögon, för att få oss att stöta bort den onda *klipa* i vår kropp och uppnå viljan att ges fulländade form. Och det är som vi har sagt, att lidandets väg i sig själv kan föra oss till den önskade formen. Ha i åtanke att *mitzvot* mellan människa och människa kommer före *mitzvot* mellan människa och Gud, eftersom givandet till ens vän får en att ge till sin Skapare.

20) Efter allt vi sagt kommer vi till lösningen av den första frågeställningen: Vad är vår essens? Vår essens är som essensen i alla verklighetens detaljer, som är varken mer eller mindre än viljan att ta emot (som nämnt i punkt 7). Men det är inte så som det är nu, i det andra tillståndet, som är viljan att ta emot för endast sig själv, utan som det står i det första tillståndet, i *Ein sof*, i dess eviga form, som är mottagande i avsikt att förnöja sin Skapare (som nämnt i punkt 13).

Och fast vi faktiskt ännu inte nått det tredje tillståndet, och vi fortfarande saknar tid, så skadar det inte vår essens över huvud taget, eftersom vårt tredje tillstånd förutsätts av det första. Därför, "allt som kommer att samlas in bedöms vara insamlat". Och tidsbristen anses vara en brist bara där det finns tvivel på huruvida man kommer att fullborda det som måste fullbordas i tid.

Och eftersom vi inte tvivlar på detta är det som om vi redan nått det tredje tillståndet. Inte heller vår kropp, som den givits oss i sin nuvarande korrupta from, skadar vår essens, eftersom den och alla dess ägodelar kommer att bli fullkomligt utplånade, tillsammans med hela systemet av orenhet, som är deras källa, och allt som är ämnat att brännas betraktas som bränt, och det anses som att det aldrig har existerat.

Men själen som kläds i den kroppen, vars essens också är helt och hållet ett begär – men ett begär att ge, som når oss genom systemet av de fyra världarna av den heliga *ABYA* (punkt 11) – existerar för alltid. Detta på grund av att denna form av begäret att ge är i likvärdighet i form med Livens Liv och den är inte på något sätt utbytbar. (Denna fråga kommer att kompletteras nedan, från punkt 32 och framåt.)

21) Och bli inte ledd på avvägar av filosoferna som säger att själens hela essens är en intellektuell substans, och att den bara existerar genom dess inlärda begrepp, att den växer genom dem, och att de är dess hela essens. Och frågan om själens fortsättning efter att den lämnat kroppen beror helt och hållet på graden av begrepp som den tillgodogjort sig, tills det i frånvaro av sådana begrepp inte kvarstår något som kan fortsätta. Detta är inte Torans perspektiv. Det är också oacceptabelt för hjärtat, och varje person som någon gång försökt erhålla kunskap vet och känner att sinnet är en ägodel, inte själva ägaren.

Men som vi sagt, hela skapelsens substans, både de andliga objektens substans och de kroppsliga objektens substans, är varken mer eller mindre än en vilja att ta emot. Och fastän vi sade att själen helt är en vilja att ge, så är det bara genom korrektioner av reflekterat Ljus som den tar emot från de Övre världarna, från vilka den kommer till oss.

Ändå är själens själva essens även den en vilja att ta emot. Och skillnaden vi uppfattar mellan ett objekt och ett annat kan bara urskiljas genom deras vilja, för viljan i varje essens skapar behov, och behoven skapar tankar och begrepp för att kunna tillgodose behoven, som viljan att ta emot kräver.

Och som mänskliga begär skiljer sig från varandra, skiljer sig också deras behov, tankar och idéer. Till exempel, de vilkas vilja att ta emot är begränsad till djuriska begär, deras behov, tankar, och idéer tillägnas att tillfredsställa viljan att ta emot i hela sin djuriskhet. Och fast de använder sinne och reson som människor gör, är det ändå nog för slaven att vara som sin herre. Och det är som det djuriska medvetandet, eftersom medvetandet är förslavat och tjänar det djuriska begäret.

Och de vilkas vilja att ta emot är stark i första hand i de mänskliga begären – såsom respekt och dominans över andra – som är frånvarande hos djuret, majoriteten av deras behov, tankar, och idéer kretsar enbart kring att tillfredsställa det begäret så mycket de kan. Och de vilkas vilja att ta emot intensifierats för att i huvudsak kunna erhålla kunskap, majoriteten av deras behov, tankar, och idéer är till för att tillfredsställa det begäret så mycket de kan.

22) Dessa tre begär är närvarande i så gott som varje person, men de blandas i olika kvantiteter, därav skillnaden från person och person. Och från de kroppsliga attributen kan vi härleda de andliga objekten, angående deras andliga värde.

23) Sålunda har människosjälar, de andliga, också bara ett begär att bringa belåtenhet till sin Skapare, genom klädandet av reflekterat Ljus mottaget från de övre världarna från vilka de kom. Och det begäret är deras essens och själens kärna. Det visar sig att den när den

iklätts en människokropp framkallar behov och begär och idéer för att tillfredsställa begäret att ge till det yttersta, vilket betyder att skänka belåtenhet åt sin Skapare, enligt storleken på dess begär.

24) Kroppens essens är endast ett begär att ta emot för sig själv, och alla dess manifestationer och ägor är uppfyllanden av den korrumperade viljan att ta emot, som från början hade skapats bara för att utplånas från världen, för att kunna uppnå det fulländade tredje tillståndet i slutet av korrektionen. Av denna anledning är den dödlig, övergående och föraktlig, med alla dess egenskaper, som en flytande skugga som inte lämnar något i sitt kölvatten.

Och då själens essens inte är något annat än ett begär att ge, och alla dess manifestationer och egenskaper är uppfyllanden av begäret att ge, som redan existerar i det oändliga första tillståndet, såväl som i det framtida tredje tillståndet, är den odödlig och oersättligt. Snarare är den och alla dess egenskaper eviga och existerar för alltid. Frånvaro har ingen som helst påverkan vid kroppens avgång. Tvärtom styrker frånvaron av den korrumperade kroppens form den mycket, och gör det möjligt för den att stiga till Edens lustgård.

Vi har så tydligt påvisat att själens uthållighet inte på något sätt beror på de begrepp som den har erhållit, som filosofer hävdar. Snarare ligger dess evighet i själva dess essens, i dess vilja att ta emot, som är dess essens. Och begreppen den erhåller är dess belöning, inte dess essens.

25) Av detta framträder den fullständiga lösningen till den femte frågan: Eftersom kroppen är så korrumperad att själen inte helt kan renas innan den ruttnar i marken, varför återvänder den vid de dödas återuppståndelse? Och vidare, frågan om våra visas ord: "Det är de

dödas öde att återupplivas med sina fel, så att följande inte kommer kunna sägas, 'Det är en annan'" (*Zohar*, Amor, 17).

Och du kommer klart att kunna förstå denna sak från Skapelsetanken själv, från det första tillståndet. För vi har sagt att eftersom tanken var att bringa glädje till Hans skapelser, måste Han skapa ett överväldigande överdrivet begär att ta emot all den belöning som finns i Skapelsetanken, för "den stora glädjen och det stora begäret att ta emot går hand i hand" (punkt 6-7). Vi uttryckte där att denna överdrivna vilja att ta emot är hela substansen som Han hade skapat, för Han behöver ingenting annat än att genomdriva Skapelsetanken. Och det är den perfekta Operatörens natur att inte utföra överflödiga företag, som det står skrivet i Enandets dikt: "Allt Ditt arbete, inte en sak glömde, utelämnade, eller tillade Du."

Ovan sade vi också där att denna överdrivna vilja att ta emot helt och hållet har tagits bort från det rena systemet och helt givits åt de orena världarnas system, från vilket kropparna uppstår, deras underhåll, och alla deras ägodelar i denna värld. När en människa når tretton års ålder, börjar hon uppnå en helig själ genom arbete i Tora. Hon närs då av de rena världarnas system, enligt graden av hennes själs uppnådda renhet.

Vi sade också ovan, att under de sex tusen åren som ges till oss för arbete i Tora och *mitzvot*, kommer ingen korrektion till kroppen – till dess överdrivna vilja att ta emot. Alla korrektioner som kommer genom vårt arbete har bara med själen att göra, som därigenom stiger i graderna av helighet och renhet, vilket betyder ett stegrande av viljan att ge som framträder med själen.

Därför kommer kroppen i slutänden att dö, begravas, och ruttna eftersom den inte gått igenom någon korrektion. Emellertid kan det inte förbli på det viset, för om den överdrivna viljan att ta emot upphörde att existera i världen, hade inte Skapelsetanken förverkligats – vilket betyder att mottagandet av alla stora njutningar som Han tänkt skänka sina skapelser, för "den stora viljan att ta emot och den stora njutningen går hand i hand". Och till den grad viljan att ta emot avmattas, avmattas också glädjen och njutningen från mottagandet.

26) Vi har redan uttryckt att det första tillståndet nödvändiggör det tredje tillståndet, för att helt materialiseras som det var i Skapelsetanken – i det första tillståndet – och inte utelämna någon endaste sak (se punkt 15). Därför nödvändiggör det första tillståndet de dödas återuppståndelse. Det betyder att deras omåttliga vilja att ta emot, som redan hade utplånats och ruttnat i det andra tillståndet, nu måste upplivas i hela sin överdrivna vidd, utan några som helst restriktioner, det vill säga med alla sina tidigare fel.

Då börjar arbetet på nytt, att förvandla den omåttliga viljan att ta emot till att vara enbart för givande. Och då kommer vi att ha dubblat vår vinst:

Vi kommer ha en plats att mottaga all glädje och njutning och ömhet i Skapelsetanken, eftersom vi redan haft kroppen med dess enormt omåttliga vilja att ta emot, som går hand i hand med dessa njutningar.

Eftersom vårt mottagande på det sättet bara hade varit för att ge belåtenhet åt vår Skapare, hade detta mottagande varit som fulländat givande (se punkt 11). Och detta hade fört oss till likvärdighet i form, som är *dvekut* (vidhäftande), som är vår form i det tredje tillståndet.

Därför nödvändiggör definitivt det första tillståndet återuppståndelsen av de döda.

27) Det är sant att återuppståndelsen av de döda inte kan ske, inte förrän nära slutet av korrektionen, mot slutet av det andra tillståndet. För när vi en gång belönats med förnekandet av vår omåttliga vilja att ta emot, och har blivit givna viljan att bara ge, och när vi väl har begåvats med alla själens underbara grader, som kallas *Nefesh*, *Ruach*, *Neshama*, *Chaya* och *Yechida*, genom vårt arbete med att förneka denna vilja att ta emot, har vi kommit till den största perfektionen, tills kroppen kunde återupplivas med hela dess omåttliga vilja att ta emot, och vi inte längre skadas av den genom att vara separerade från vår *dvekut*.

Tvärtom övervinner vi den och ger den givandets form. Och detta görs sannerligen med varje korrumperad egenskap som vi önskar avlägsna från den. Först måste vi avlägsna den helt tills det inte finns någonting kvar av den. Efteråt kan vi på nytt ta emot den och dirigera den enligt medelvägen. Men så länge vi inte helt har avlägsnat den, är det omöjligt att dirigera den som önskat, enligt medelvägen.

28) Våra visa sade: "De dödas öde är att återupplivas med sina brister, och sedan botas". Det betyder att först är det samma kropp som återupplivas, som är den omåttliga viljan att ta emot, utan något återhållande, precis som den växt av näringen från de orena världarna innan Tora och *mitzvot* på något sätt hade renat den. Detta är betydelsen av "med alla sin brister".

Och sedan ger vi oss in på en ny typ av arbete – att föra in hela den överdrivna viljan att ta emot i givandets form. Då botas den, när den erhåller likvärdighet i form. Och de sade att skälet är "så ska det inte sägas, 'det är en annan'", det vill säga så att det inte ska sägas om den att den har en annan form än den den hade i Skapelsetanken. Detta eftersom den överdrivna viljan att ta emot står där, med sikte på att ta emot all belöning i Skapelsetanken.

Det är bara det att den för stunden har givits till *klipot* för renande. Men i slutänden kan det inte vara en annan kropp, för om den på något sätt skulle förringas, skulle den dömas på ett helt annat sätt, och därmed vara ovärdig att ta emot all belöning i Skapelsetanken som den tar emot där i det första tillståndet.

29) Nu kan vi lösa den ovan nämnda andra frågeställningen: vad är vår roll i verklighetens långa kedja, av vilken vi endast är små länkar, under våra dagars korta spann? Man bör veta att vårt arbete under de sjuttio åren av våra liv är indelat i fyra delar.

Den första indelningen är att erhålla den omåttliga viljan att ta emot utan begränsningar, i dess fulla fördärvade mått, från de fyra orena världarna *ABYA*. Om vi inte har denna fördärvade vilja att ta emot, kommer vi inte att kunna korrigera den, för "man kan inte korrigera det som inte finns i en".

Därför är viljan som är inpräntad i kroppen från födseln otillräcklig. Snarare måste den också vara ett medel för de orena *klipot* under minst tretton år. Detta betyder att *klipot* måste styra över den och ge den sina ljus, för de ljusen ökar dess vilja att ta emot. Detta beror på att tillfredsställelserna som *klipot* förser viljan att ta emot med bara expanderar och förnyar kraven som kommer från viljan att ta emot.

Låt till exempel säga att en person vid födseln har ett begär för endast hundra, och inte mer. Men när *sitra achra* förser en med dessa hundra växer genast viljan att ta emot och vill ha två hundra. Då, när *sitra achra* förser en med dessa två hundra, expanderar begäret genast till att vilja ha fyra hundra. Och om man inte övervinner detta genom Tora och *mitzvot*, och renar viljan att ta emot så att den blir givande, expanderar ens vilja att ta emot alltigenom ens liv, tills man slutligen dör utan att ha uppnått hälften av sina begär. Detta är att vara under *sitra achra* och *klipot*, vilkas roll är att expandera och förnya ens vilja att ta emot och göra den överdriven och okontrollerad på alla sätt, att förse en med allt material man behöver arbeta med och korrigera.

30) **Den andra indelningen** är från tretton års ålder och framåt. Vid den tidpunkten ges styrka till punkten i hjärtat, som är baksidan av heligheten. Fastän den kläds i viljan att ta emot från födseln, börjar den vakna först efter tretton år, och sedan börjar man träda in i de rena världarnas system, till den grad man iakttar Tora och *mitzvot*.

Det primära syftet för den tiden är att erhålla och intensifiera den andliga viljan att ta emot, eftersom man vid födseln endast har en vilja att ta emot den kroppsliga världen. Trots att man erhållit den omåttliga viljan att ta emot innan man fyllt tretton innebär inte det att viljan att ta emot vuxit klart, för den primära intensifieringen av viljan att ta emot gäller bara av andligheten.

Detta beror på att ens vilja att ta emot innan man fyllt tretton, till exempel, vill sluka all rikedom och respekt i denna materiella värld. Detta är uppenbarligen inte en evig värld, och det är för oss alla bara en flytande skugga. Men när man erhåller den omåttliga andliga viljan att ta emot, då önskar man sluka, för ens egen njutning, all rikedom och all njutning i nästa, eviga värld, som är en evig ägodel. Därför fullbordas majoriteten av den omåttliga viljan att ta emot endast med viljan att ta emot andligheten.

31) Det står i *Tikkunim* (97b) skrivet om versen *Ordspråksboken* 30:15: "Hästtyglarna har två döttrar: 'ge, ge'": "Tyglar betyder helvetet. Och det onda som uppfångas i detta Helvete ylar som hundar *'hav, hav* (hebreiska: ge, ge)'", vilket betyder "ge oss rikedom i den här världen, ge oss rikedomen i nästa värld".

Detta är dock en mycket viktigare grad än den första, eftersom bortsett från att uppnå hela måttet av viljan att ta emot, som ger en allt material man behöver för sitt arbete, är detta graden som tar en till *lishma* (för Hennes namn). Det är som våra visa sade *(Pesachim* 50b): "Man bör alltid arbeta i Tora och *mitzvot lo lishma* (inte för Hennes Namn), eftersom man från *lo lishma* kommer till *lishma*".

Därför avses helighet med denna grad, som kommer efter de tretton åren. Detta anses som den heliga jungfrun som tjänar sin mästarinna, som är den heliga *Shechina* (Gudomligheten). Detta beror på att jungfrun tar en till *lishma*, och man belönas med Gudomlighetens inspiration. Men man bör ändå använda varje tillgängligt medel för att ta sig till *lishma*, eftersom man om man inte anstränger sig för detta och inte uppnår *lishma*, kommer att falla ned i fallhålet, vars roll är att förvirra en, tillhörande den orena jungfrun, som är motsatsen till den heliga jungfrun, att *lo lishma* inte kommer att ta en till *lishma*. Det sägs om henne: "en tjänarinna som är arvinge till sin mästarinna" (*Ordspråksboken* 30:23), som är den heliga Gudomligheten.

Och den slutliga graden i denna del är att man blir passionerat förälskad i Skaparen, så som man blir passionerat förälskad i den kroppsliga världen, tills objektet för passionen förblir framför ens ögon dagen och natten lång, som poeten säger, "När jag erinrar mig om Honom, låter Han mig inte sova". Det sägs då om denna person: "men uppfyllda begär är ett livets träd" (*Ordspråksboken* 13:12). Detta beror på att själens fem grader är Livets träd, som sträcker sig över fem hundra år. Varje grad varar i hundra år, vilket betyder att det kommer att ge en möjligheten att ta emot alla fem *bechinot* (aspekter) *NRNHY* (*Nefesh, Ruach, Neshama, Chaya, Yechida*) som klargörs i den tredje indelningen.

32) **Den tredje indelningen** är arbetet i Tora och *mitzvot lishma*, i avsikt att ge och inte mottaga belöning. Detta arbete renar viljan att ta emot för sin egen skull och byter ut den mot en vilja att ge. Till den grad man renar viljan att ta emot, blir man värdig att mottaga de fem delarna av själen som kallas *NRNHY* (se punkt 42 nedan). Detta på grund av att de står i viljan att ge (se punkt 23) och inte kan klädas i ens kropp så länge viljan att ta emot – som är olik i form, eller till och med motsatt själarna – kontrollerar den.

Detta beror på att klädande och likvärdighet i form går hand i hand (se punkt 11). Och när man belönas med att vara helt i viljan att ge och inte alls för sin egen skull, kommer man att belönas med att erhålla likvärdighet i form med sin övre *NRNHY*, som kommer från ens ursprung i *Ein sof* i det första tillståndet genom de rena *ABYA*, och omedelbart kommer att uppstå och kläda en på ett gradvist sätt.

Den fjärde indelningen är arbete som utförs efter upplivandet av de döda. Med detta menas att viljan att ta emot, som redan varit fullkomligt frånvarande genom död och begravning, nu återupplivas i sin omåttliga, värsta vilja att ta emot, som våra visa sade: "De döda ska återupplivas i sina fel" (punkt 28). Och då blir det mottagande i givandets form. Men det finns några få utvalda som gavs detta arbete medan de fortfarande lever i denna värld.

33) Nu återstår klargörandet av den sjätte frågeställningen, vilken gäller våra vises ord, som sade att alla världar, Övre och undre, enbart skapades för människan. Det är till synes något mycket besynnerligt att Skaparen för människan, som inte är värd mer än ett halmstrå jämfört med verkligheten framför oss i den här världen, ännu mindre jämfört med de övre, andliga världarna, skulle gå igenom hela besväret att skapa allt detta för henne. Och ännu mer besynnerligt, vad skulle människan ha för användning av alla dessa enorma andliga världar?

Och du bör känna till att varje belåtenhet i vår Skapare från givandet till Sina skapelser beror på graden till vilken skapelserna känner Honom – att Han är givaren, och att det är Han som ger dem glädje. För då känner Han stor njutning i dem, som en far som leker med sin älskade son, till den grad att sonen känner och uppfattar storheten och upphöjdheten hos sin far, och hans far visar honom alla skatter som han har förberett åt honom, som det står skrivet (Jeremias bok 31): "Är då Efraim för mig en så dyrbar son, är han mitt älsklingsbarn, eftersom jag alltjämt tänker på honom. Ja, så mycket ömkar sig mitt hjärta över honom; jag måste förbarma mig över honom, säger HERREN" (Jeremia 31:20).

Ta till dig dessa ord noggrant och du kommer att känna Herrens stora glädje med de hela personer som har belönats med att känna Honom och identifiera hans storhet i alla de former som Han har förberett för dem, tills de är som en far med sin älskade son, sina föräldrars glädje. Och vi behöver inte fortsätta här, för det är tillräckligt för oss att veta att för denna belåtenhet och glädje med de hela, var det värt för Honom att skapa alla världar, Högre liksom lägre.

34) För att förbereda Sina skapelser på att nå den tidigare nämnda upphöjda nivån, ville Skaparen påverka dem genom en ordning bestående av fyra grader som var och en utvecklas ur en annan, kallade "stilla", "vegetativ", "levande" och "talande". Dessa är, i själva verket, de fyra faserna i viljan att ta emot, i vilka de Övre världarna är indelade. För även om majoriteten av begären är i den fjärde fasen av viljan att ta emot, är det omöjligt för den fjärde fasen att uppstå genast, utan genom sina föregående tre faser, i vilka och genom vilka den gradvis utvecklas och uppstår, tills den är helt fullbordad i sin form som fas fyra.

35) I fas ett av viljan att ta emot, kallad "stilla", som är den initiala manifestationen av viljan att ta emot i denna materiella värld, finns endast en kollektiv kraft av rörelse för helheten i den stilla kategorin. Men ingen rörelse finns närvarande i dess delar i sig. Detta beror på att viljan att ta emot genererar behov, och behoven genererar tillräckliga rörelser, tillräckligt för att tillfredsställa behovet. Och eftersom det endast finns en liten vilja att ta emot, dominerar den bara helheten i kategorin som sådan, men dess kontroll över de enskilda delarna är omärkbar.

36) Det vegetativa läggs till den, vilket är fas två i viljan att ta emot. Dess omfattning är större än i det stilla, och dess vilja att ta emot dominerar var och en av dess delar, för varje del har sin egen rörelse, expanderande genom sin längd och bredd, i rörelse mot solen. Vidare, ätande och drickande och utsöndringen av exkret är också närvarande i varje del. Men upplevelsen av frihet och individualitet är fortfarande frånvarande i dem.

37) Ovan den kommer kategorin levande, som är fas tre av viljan att ta emot. Den är i hög grad redan fullbordad i sin omfattning, för denna vilja att ta emot genererar redan i varje del en upplevelse av frihet och individualitet, vilket är livet som är unikt för varje del för sig. Men de saknar fortfarande känslan av andra, det vill säga att de inte är beredda att dela andras smärta eller glädje, etc.

38) Ovan den kommer människosläktet, som är fas fyra av viljan att ta emot. Det är den fullbordade och slutliga graden, och dess vilja att ta emot inkluderar även känslan av andra. Och om du vill veta den exakta skillnaden mellan den tredje fasen i viljan att ta emot, som är den levande, och den fjärde fasen av viljan att ta emot i människan, kan jag säga dig att det är som att jämföra en enda varelse med hela verkligheten.

Detta är så, för viljan att ta emot i det levande, som saknar känslan av andra, kan bara generera behov och begär till den grad de är inpräntade i varelsen själv. Men människan, som även kan känna andra, får också ett behov av allt som andra har, och fylls därför med avund att skaffa allt som andra har. När man har hundra, vill man ha två hundra, och så förökar man sitt behov för alltid tills man önskar förtära allt som finns i hela världen.

39) Nu har vi visat att Skaparens mål för den skapelse Han skapat är att ge till Sina skapelser, så att de ska kunna lära känna Hans sannhet och storhet, och mottaga all den glädje och njutning Han förberett för dem, enligt måttet som beskrivs i versen: "Är då Efraim för mig en så dyrbar son, är han mitt älsklingsbarn?" (Jeremia 31:20). Vi ser nu tydligt att detta syfte inte gäller det stilla och de stora sfärerna, såsom jorden, månen, eller solen, hur lysande de än må vara, och inte det vegetativa eller det levande, för de saknar känslan av andra, även bland deras egen art. Hur skulle då känslan av det Gudomliga och Hans givande kunna gälla dem?

Endast mänskligheten, som har försetts med förmågan att känna andra som hör till samma art, som är bekanta för dem, efter att de utforskat Tora och *mitzvot*, när de inverterar sin vilja att ta emot till en vilja att ge, och kommer till formlikhet med sin Skapare, de erhåller då alla grader som har förberetts för dem i de övre världarna, som kallas *NRNHY*. Genom det blir de värdiga att ta emot syftet i Skapelsetanken. För syftet med skapandet av alla världar var endast för människan.

40) Och jag vet att det är helt oacceptabelt i vissa filosofers ögon. De kan inte hålla med om att människan, som de ser som låg och värdelös, är centrum i denna magnifika skapelse. Men de är som en mask som föds inuti en rädisa. Den lever där och tror att Skaparens värld är lika bitter, mörk, och liten som rädisan den är född i. Men så fort den bryter sig igenom rädisans skal och kikar ut, hävdar den i förvåning: "Jag trodde att hela världen var stor som rädisan jag föddes i, men nu ser jag en vid, vacker, och fantastisk värld framför mig!"

Så är det även med de som är fördjupade i *klipa* (singular av *klipot*) av den vilja att ta emot de fötts med, och inte försökt ta den unika kryddan, som är den praktiska Tora och *mitzvot*, som kan bryta igenom denna hårda *klipa* och förvandla den till ett begär att ge belåtenhet åt Skaparen. Det är tveklöst så att de måste fastställa sin värdelöshet och tomhet, så som de verkligen är, och inte kan förstå att denna storslagna verklighet har skapats bara för dem.

Naturligtvis, hade de fördjupat sig i Tora och *mitzvot* för att ge belåtenhet åt sin Skapare, med all erforderlig renhet, och försökt att bryta sig igenom *klipa* i viljan att ta emot som de fötts i och uppnå viljan att ge, då hade deras ögon omedelbart öppnats för dem att själva se och uppnå alla grader av visdom, intelligens och rent sinne som har förberetts för dem i de andliga världarna. Då hade de själva sagt det våra visa sade, "Vad säger en bra gäst? 'Allt värden har gjort, har han gjort för mig allena'".

41) Men det återstår fortfarande att klargöra varför människan behöver alla övre världar som Skaparen skapat åt henne? Vad har hon för användning av dem? Kom ihåg att alla världars verklighet generellt är indelad i fem världar, som kallas a) *Adam Kadmon*, b) *Atzilut*, c) *Bria*, d) *Yetzira*, och e) *Assiya*. I var och en av dem finns oräkneliga detaljer, som är de fem *sfirot* KHBTM (*Keter, Chochma, Bina, Tifferet*, och *Malchut*). Världen *AK* (*Adam Kadmon*) är *Keter*; världen *Atzilut* är *Chochma*; världen *Bria* är *Bina*; världen *Yetzira* är *Tifferet*; och världen *Assiya* är *Malchut*.

Och ljusen som kläds i dessa fem världar kallas YHNRN. Ljuset *Yechida* skiner i världen *Adam Kadmon*; Ljuset *Chaya* i världen *Atzilut*; Ljuset *Neshama* i världen *Bria*; Ljuset *Ruach* i världen *Yetzira*; och ljuset *Nefesh* i världen *Assiya*.

Alla dessa världar och allt i dem ingår i det Heliga Namnet, *yod-hey-vav-hey*, och toppen av *yod*. Vi har ingen perception i den första världen, *AK*. Den antyds därför bara i toppen av *yod* i Namnet. Det är därför vi inte talar om den och alltid endast nämner de fyra världarna *ABYA*. Yod är världen *Atzilut*, *hey* är världen *Bria*, *vav* är världen *Yetzira*, och *hey* som finns längst ner är världen *Assiya*.

42) Vi har nu förklarat de fem världarna som ingår i hela den andliga verkligheten som sträcker ut sig från *Ein sof* till den här världen. Men de ingår i varandra, och i var och en av världarna finns fem världar, de fem *sfirot KHBTM*, i vilka de fem Ljusen *NRNHY* kläds, i enlighet med de fem världarna.

Och förutom de fem *sfirot KHBTM* i varje värld finns det fyra andliga kategorier – stilla, vegetativ, levande, och talande. I dessa anses människans själ vara den talande; den levande anses vara änglarna i den världen; den vegetativa kategorin kallas "klädnader", och den stilla kategorin kallas "salar". Och de ikläder sig alla varandra: den talande kategorin, som är människornas själar, kläder de fem *sfirot*, *KHBTM*, som Gudomligheten i den världen. Den levande kategorin, som är änglarna, kläder själarna; den vegetativa, som är kläderna, kläder änglarna; och den stilla, som är salarna, kretsar kring dem alla.

Iklädandet betyder att de tjänar varandra och utvecklas utifrån varandra, som vi har klargjort med de materiella stilla, vegetativa, levande och talande i den här världen (punkt 35-38): de tre kategorierna – stilla, vegetativ, och levande – sträcktes inte ut för sin egen skull, utan bara för att den fjärde kategorin, människan, skulle kunna utvecklas och stiga genom dem. Därför är deras roll endast att tjäna människan och att vara henne behjälplig.

Så är det i alla andliga världar. De tre kategorierna – stilla, vegetativ och levande – uppstod där enbart för att tjäna och vara behjälplig åt den talande kategorin, som är människans själ. Därför ses detta som att de alla kläder människans själ, det vill säga för att tjäna henne.

43) När människan föds, får hon omedelbart en *Nefesh* [4] av *Kedusha* (Helighet). Men inte en egentlig *Nefesh*, utan dess baksida, dess sista aspekt, som, på grund av sin litenhet, kallas en "punkt". Den kläder människans hjärta, i hennes vilja att ta emot, som finns först och främst i hjärtat.

Känn till denna regel, att allt som gäller världen i sin helhet, gäller varje värld, och även i de minsta partiklar som kan hittas i den världen. Och, eftersom det finns fem världar i hela verkligheten som är de fem *sfirot KHBTM*, så finns det fem *sfirot KHBTM* i var och en av världarna, och det finns fem *sfirot* i varje litet föremål i den världen.

Vi har sagt att den här världen är indelad i stilla, vegetativ, levande och talande (SVLT), enligt de fyra *sfirot HBTM*. Stilla motsvarar *Malchut*, vegetativ motsvarar *Tifferet*, levande motsvarar *Bina*, och talande motsvarar *Chochma*. Och roten till alla dessa motsvarar *Keter*. Men som vi sagt, även i det minsta föremål i varje art i SVLT finns fyra aspekter av SVLT. Alltså, även i ett enda objekt i den talande kategorin, det vill säga även i en människa, finns också SVLT, som är de fyra delarna av viljan att ta emot, där punkten av *Nefesh* av *Kedusha* kläds.

44) Innan de tretton åren kan punkten i hjärtat inte träda fram. Men efter tretton år, när man börjar fördjupa sig i Tora och *mitzvot*, även utan intention, det vill säga utan någon kärlek eller fruktan, som är

passande när man tjänar kungen, till och med i *lo lishma*, börjar punkten i hjärtat att växa och avslöja sitt agerande.

Så är det för *mitzvot* behöver inget mål. Även handlingar utan ett mål kan rena ens vilja att ta emot, men bara i den första graden, som kallas "stilla". Och till den grad man renar den stilla delen av viljan att ta emot bygger man de 613 organen i punkten i hjärtat, som är den stilla nivån av *Nefesh* av *Kedusha*.

Och när man fullbordar alla 613 *mitzvot* i handling, fullbordar det de 613 organen i punkten i hjärtat, som är den stilla kategorin i *Nefesh* av *Kedusha*, vars 248 andliga organ byggs genom att hålla de 248 positiva *mitzvot*, och dess 365 andliga senor byggs genom att hålla de 365 negativa *mitzvot*, tills den blir en komplett *partzuf* (andligt ansikte) av *Nefesh* av *Kedusha*. Då stiger *Nefesh* och kläder *sfira* (singular av *sfirot*) av *Malchut* i den andliga världen *Assiya*.

Och alla andliga element av stilla, vegetativ och levande i den världen, som överensstämmer med denna *sfira* av *Malchut* av *Assiya*, tjänar och hjälper den *partzuf* av *Nefesh* av en som har stigit där, till den grad att själen uppfattar dem. De begreppen blir dess andliga föda, som ger den styrka att växa och föröka sig, tills den kan avge Ljuset i *sfira* av *Malchut* av *Assiya* i all önskvärd perfektion, för att upplysa människans kropp. Och detta kompletta Ljus hjälper en att höja sin ansträngning i Tora och *mitzvot* och mottaga de kvarvarande graderna.

Och vi har uttryckt att genast vid kroppens födsel, föds en punkt av Ljuset *Nefesh* och kläder en. Så är det också här: när ens *partzuf* av *Nefesh* av *Kedusha* föds, föds med den en punkt från dess angränsande

Högre grad – den sista graden av Ljuset *Ruach* av *Assiya* – och kläder *partzuf Nefesh*.

Och så är det i alla graderna. Med varje grad som föds, framträder omedelbart den sista insikten i graden över den. Det beror på att detta är hela förbindelsen mellan Högre och lägre genom toppen av graderna. Alltså, genom denna punkt, som existerar i den från den Övre, blir den förmögen att stiga till nästa Högre grad.

45) Och det Ljuset *Nefesh* kallas "det heliga stillas Ljus i världen *Assiya*". Detta för att det överensstämmer med renheten i den stilla delen av viljan att ta emot i människans kropp. Det lyser i andligheten som den stilla kategorin i den kroppsliga världen (se punkt 35), vars partiklar inte har några individuella rörelser, utan bara kollektiv rörelse, gemensam för alla objekt i jämlikhet. Så är det också med Ljuset i *partzuf Nefesh* av *Assiya*: trots att det finns 613 organ i den, som är 613 former av att mottaga belöningen, så är dess förändringar inte märkbara i den, utan bara ett generellt Ljus, vars akt omsluter dem alla lika, utan åtskillnad av detaljer.

46) Kom i håg att fastän *sfirot* är Gudomlighet, och det inte finns någon skillnad i dem från huvudet i *Keter* i världen *AK*, till slutet av *sfira Malchut* i världen *Assiya*, så finns det fortfarande en stor skillnad jämfört med mottagarna. Det är så för *sfirot* anses vara Ljus och *kelim* (kärl), och Ljuset i *sfirot* är ren Gudomlighet. Men *kelim*, kallade *KHBTM* i varje lägre värld – *Bria, Yetzira, Assiya* – anses inte vara Gudomlighet, utan är snarare höljen som döljer Ljuset i *Ein sof* i dem och fördelar ett visst mått Ljus till mottagarna. Var och en av dem kommer att ta emot bara enligt nivån av sin renhet.

Och i detta avseende, trots att ljuset självt är ett, kallar vi Ljusen i *sfirot* för *NRNHY* eftersom Ljuset delas upp enligt egenskaperna i *kelim*. *Malchut* är det grövsta höljet, och döljer Ljuset från *Ein sof*. Ljuset som utgår från Honom till mottagarna är bara en liten del, relaterad till reningen av människans stilla kropp. Det är därför det kallas *Nefesh*.

Kli Tifferet är renare än *kli Malchut*. Ljuset den skickar från *Ein sof* relaterar till reningen av den vegetativa delen av människans kropp, för det agerar i den mer än Ljuset *Nefesh*. Detta kallas "Ljuset *Ruach*".

Kli Bina är ännu renare än *Tifferet*, och Ljuset det skickar från *Ein sof* relaterar till reningen av den levande delen av människans kropp, och det kallas "Ljuset *Neshama*".

Det renaste av alla är *kli Chochma*. Ljuset som skickas från *Ein sof* relaterar till reningen av den talande delen av människans kropp. Det kallas "Ljuset *Chaya*", och dess handling är bortom vad som går att mäta.

47) I *partzuf Nefesh*, som man uppnår genom att arbeta med Tora och *mitzvot* utan intention, finns det redan en punkt från Ljuset *Ruach* som kläder den. Och när man stärker och håller Tora och *mitzvot* med önskat syfte, då renas den vegetativa delen av ens vilja att ta emot, och bygger till den graden punkten *Ruach* in i en *partzuf*. Och genom att utföra de 248 positiva *mitzvot* med intention, expanderar punkten genom dess 248 andliga organ. Och genom att observera de 365 negativa *mitzvot*, expanderar punkten genom dess 365 senor.

När den är fullbordad med alla 613 organ, stiger den och kläder *sfira Tifferet* i den andliga världen *Assiya*, som räcker en ett större Ljus från *Ein sof*, som kallas "Ljuset *Ruach*", som motsvarar renandet av den vegetativa delen av människans kropp. Och alla stilla, vegetativa och levande objekt i världen *Assiya*, relaterade till nivån *Tifferet*, hjälper ens *partzuf Ruach* att ta emot Ljusen från *sfira Tifferet* i dess helhet, som förklarades ovan med Ljuset *Nefesh*. På grund av detta kallas det "helig vegetativ".

Dess Ljus natur är likt det materiella vegetativa: det finns distinkta skillnader i varje objekts rörelser, i det andliga vegetativas Ljus finns det alltså mycket styrka att skina på unika sätt för varje organ av de 613 organen i *partzuf Ruach*. Vart och ett av dem speglar handling – styrka relaterad till det organet. Det är även så att i samband med att *partzuf Ruach* sträckte ut sig, sträckte även punkten av nästa grad Ovan den ut sig från den, en punkt av Ljuset *Neshama*, som kläder dess inre.

48) Och genom att fördjupa sig i hemligheterna i Tora och smakerna i *mitzvot*, renar man sin levande del av viljan att ta emot, och bygger till den graden själens punkt, som i en kläder dess 248 organ och 365 senor. När konstruktionen är fullbordad och den blir en *partzuf*, stiger den och kläder *sfira Bina* i den andliga världen *Assiya*. Detta *kli* är mycket renare än de första *kelim*, TM (*Tifferet* och *Malchut*). Härav utgår ett stort Ljus från *Ein sof*, som kallas "*Ljuset Neshama*".

Och alla stilla, vegetativa, och levande objekt i världen *Assiya*, som är i relation med nivån *Bina*, hjälper och tjänar ens *partzuf* av *Neshama* genom att mottaga alla dess Ljus från *sfira Bina*. Det kallas också "helig levande" eftersom den överensstämmer med renandet av den levande delen av människans kropp. Och sådan är naturen av dess Ljus, som vi har sett med det materiella levande (punkt 37), som ger en förnimmelse av individualitet till vart och ett av de 613 organen i *partzuf*, att vart och ett av dem lever och är fritt, utan något beroende av resten av *partzuf*.

Slutligen urskiljs att dess 613 organ är 613 *partzufim* (plural av *partzuf*), unika i sina Ljus, var och en på sitt eget sätt. Och fördelen med detta Ljus över Ljuset *Ruach*, i andligheten, är som fördelen av det levande över det stilla och det vegetativa i den kroppsliga världen. Det uppstår även en punkt från Ljuset *Chaya* av *Kedusha*, som är Ljuset av *sfira Chochma*, med *partzuf Neshamas* uppkomst, och kläder dess inre.

49) Och när man belönats med det stora Ljus som kallas "Ljuset *Neshama*", skiner vart och ett av de 613 organen i denna *partzuf* till fullo på sina egna unika vis, var och en som en självständig *partzuf*. Då öppnas möjligheten för en att engagera sig i varje *mitzva* i enlighet med dess sanna mål, för varje organ i *partzuf* av *Neshama* lyser upp varje *mitzvas* väg som är relaterat till det organet.

Och genom de Ljusens väldiga kraft renar man den talande delen av ens vilja att ta emot och inverterar den till en vilja att ge. Och till den graden byggs punkten av Ljuset *Chaya* inom en i dess andliga 248 organ och 365 senor.

När den är färdig som en hel *partzuf* stiger den och klär *sfira Chochma* i den andliga världen *Assiya*, som ett omåttligt rent *kli*. Därför sträcks det ut ett väldigt Ljus till den från *Ein sof*, som kallas "Ljuset *Chaya*" eller *Neshama* till *Neshama*. Och alla element i världen *Assiya*, som är de stilla, vegetativa och levande relaterade till *sfira Chochma*, hjälper en att ta emot Ljuset av *sfira Chochma* till fullo.

Och det kallas även "Helig talande", eftersom det överensstämmer med renandet av den talande delen av människans kropp. Och värdet av det Ljuset i Gudomligheten är som värdet av den talande i de materiella SVLT. Detta innebär att man erhåller förnimmelsen av andra på ett sätt så att måttet av det Ljuset över måttet av de andliga stilla, vegetativa och levande är som den materiella talandes övertag över de materiella stilla, vegetativa och levande. Och Ljuset *Ein sof*, klädd i denna *partzuf*, kallas "Ljuset *Yechida*".

50) Du bör sannerligen veta att dessa fem Ljus, *NRNHY*, emottagna från världen *Assiya*, blott är *NRNHY* av Ljuset *Nefesh* och inte har någonting av Ljuset *Ruach*. Detta på grund av att Ljuset *Ruach* enbart finns i världen *Yetzira*, Ljuset *Neshama* finns bara i världen *Bria*, Ljuset *Chaya* bara i världen *Atzilut*, och Ljuset *Yechida* bara i världen *AK*.

Men allt som finns i helheten finns även i alla delar, ner till den minsta möjliga delen. Därmed existerar alla fem aspekter *NRNHY* även i världen *Assiya*, även om de bara är *NRNHY* av *Nefesh*. På liknande vis återfinns alla fem aspekter *NRNHY* i världen *Yetzira*, som är *Ruachs* fem delar. Alla fem aspekter *NRNHY* finns även i världen *Bria*, som är de fem delarna av *Neshama*. Så är det även i världen *Atzilut*, som är de fem delarna av Ljuset *Chaya*; och så är det i världen *AK*, som är de fem delarna av Ljuset *Yechida*. Skillnaden mellan världarna ligger som vi har förklarat i aspekter mellan var och en av *NRNHY* av *Assiya*.

51) Du bör veta att ånger och rening inte kan accepteras om de inte är fullkomligt permanenta, att man inte kommer att återvända till

dårskap, som det står skrivet, "När finns det *tshuva* (ånger)? När Han som känner till alla mysterier kommer att vittna om att man inte kommer att återvända till dårskap". Därmed, som vi tidigare nämnt, om man renar den stilla delen av sin vilja att ta emot, belönas man med en *partzuf* av *nefesh* av *Assiya*, och stiger och kläder *sfira Malchut* av *Assiya*.

Detta innebär att man säkerligen kommer att beviljas det permanenta renandet av den stilla delen, på ett sätt så att man inte kommer att återvända till dårskap. Och då kommer man att kunna stiga till den andliga världen *Assiya*, för man kommer att ha definitiv renhet och formlikhet med den världen.

Men när det gäller resten av graderna, som vi nämnt är *Ruach*, *Neshama*, *Chaya* och *Yechida* av *Assiya*, bör man i enlighet med dem rena de vegetativa, levande och talande delarna av sin vilja att ta emot, så att de kommer att kläda och ta emot de Ljusen. Renheten är emellertid inte nödvändigtvis permanent, "till dess Han som känner till alla mysterier kommer att vittna om att man inte kommer att återvända till dårskap".

Så är det på grund av att hela världen *Assiya*, med alla dess fem *sfirot* KHBTM, faktiskt bara är *Malchut*, som endast handlar om renandet av det stilla. Och de fem *sfirot* är blott de fem delarna av *Malchut*.

Då man redan belönats med renandet av den stilla delen av viljan att ta emot, har man redan uppnått formlikhet med hela världen *Assiya*. Men då varje *sfira* i världen *Assiya* tar emot från sin motsvarande aspekt i världarna ovanför, tar *sfira Tifferet* av *Assiya* emot från världen *Yetzira*, som helt och hållet är *Tifferet* och Ljuset *Ruach*. Och *sfira*

Bina i *Assiya* tar emot från världen *Bria*, som helt och hållet är *Neshama*. Och *sfira Chochma* i *Assiya* tar emot från världen *Atzilut*, som helt är *Chochma* och Ljuset *Chaya*.

Även då man endast har renat den stilla delen permanent, och man har renat de återstående tre delarna av sin vilja att ta emot, om än inte permanent, så kan man ta emot *Ruach*, *Neshama*, och *Chaya* från *Tifferet*, *Bina*, och *Chochma* av *Assiya*, om än inte permanent. Detta beror på att man när en av de tre delarna av ens vilja att ta emot vaknar, omedelbart förlorar dessa Ljus.

52) Efter att man permanent renat den vegetativa delen av sin vilja att ta emot, stiger man permanent till världen *Yetzira*, där man uppnår den permanenta graden av *Ruach*. Där kan man också uppnå Ljusen *Neshama* och *Chaya* från *sfirot Bina* och *Chochma* som finns där, vilka anses som *Neshama* och *Chaya* i *Ruach*, även innan man permanent har getts renandet av de levande och talande delarna, som vi har sett i världen *Assiya*. Men detta är inte permanent, för efter att man permanent har renat den vegetativa delen av sin vilja att ta emot, är man redan i formlikhet med hela världen *Yetzira*, till dess högsta grad, som nämnts när det gäller världen *Assiya*.

53) Efter att man renat den levande delen av sin vilja att ta emot, och gör den till en vilja att ge, "tills Han som känner alla mysterier vittnar om att man inte kommer att återgå till dårskap", är man redan i formlikhet med världen *Bria*. Och man stiger dit och tar emot det permanenta Ljuset *Neshama*. Och genom renandet av den talande delen av ens kropp, kan man stiga upp till *sfira Chochma* och ta emot Ljuset *Chaya* som finns där, fastän man ännu inte permanent har renat den, som med *Yetzira* och *Assiya*. Men Ljuset skiner inte heller för en permanent.

54) Och när man belönas med permanent renande av den talande delen i sin vilja att ta emot, tilldelas man formlikhet med världen *Atzilut*, och man stiger dit och mottager permanent Ljuset *Chaya*. Och när man ytterligare belönas, mottager man Ljuset *Ein sof*, och Ljuset *Yechida* kläder Ljuset *Chaya*, mer finns inte att tillägga här.

55) Vi har nu klargjort det vi frågade, "Varför behöver människan alla de Övre världarna, som Skaparen skapat åt henne? Vilken användning har människan av dem?" Du förstår nu att man inte kan ge belåtenhet åt sin Skapare, utan hjälp av alla dessa världar. För man uppnår Ljusen och sin själs grader, som kallas *NRNHY*, enligt graden av renhet i ens vilja att ta emot. Och med varje grad man uppnår, assisterar Ljusen i den graden en i sitt renande.

Så stiger man i grader tills man uppnår nöjena i skapelsetankens slutliga syfte (punkt 33). I *Zohar* (Noah, punkt 63) står det skrivet, "Den som kommer för att renas får hjälp". Man frågar sig, "Hjälp med vad?". Och svaret ges att man hjälps med en helig själ. För det är omöjligt att åstadkomma det önskade renandet för skapelsetanken, utan hjälp av alla själens grader *NRNHY*.

56) Och du bör veta att alla *NRNHY* vi har talat om så här långt är de fem delar i vilka hela verkligheten delas in. Faktiskt är det så att allt som finns i helheten även existerar i verklighetens minsta beståndsdel. Till och med i den stilla delen av endast den andliga världen *Assiya*, finns det till exempel fem aspekter av *NRNHY* att uppnå, som är relaterade till de fem allmänna aspekterna av *NRNHY*.

Det är därför omöjligt att uppnå ens det stilla Ljuset i *Assiya*, förutom genom arbetets fyra delar. Därför finns det inte en enda person från

Israel som kan ursäkta sig från att fördjupa sig i dem alla, enligt sin ställning. Och man bör fördjupa sig i Tora och *mitzvot* med avsikt, för att mottaga *Ruach* enligt sin ställning. Och man bör fördjupa sig i Toras hemligheter, enligt sin ställning, för att uppnå nivån *Neshama* enligt ens ställning. Och detsamma gäller för *taamim* (smakerna) i *mitzvot*, för det är omöjligt att fullborda ens det minsta Ljus i *Kedusha* (heligheten) utan dem.

57) Du kan nu förstå den ofruktbarhet och det mörker som har drabbat oss i denna generation, som vi aldrig tidigare skådat. Det är för att till och med Skaparens dyrkare har övergett åtagandet i Torans hemligheter.

Maimonides har redan gett oss en sann allegori angående detta: Om tusen blinda går på en rad utmed vägen, och det ibland dem finns åtminstone en ledare som kan se, kan de då vara säkra på att ta rätt väg och inte falla ner i hålor och hinder, eftersom de följer den seende som leder dem. Men om den personen saknas, kommer de säkerligen snubbla på varje hinder längs vägen, och falla ner i hålan.

Sådan är saken vi har framför oss. Om åtminstone Skaparens dyrkare fördjupade sig i Torans inre och spred ett komplett Ljus från *Ein sof* hade hela generationen följt dem. Och alla hade varit säkra på sin väg, att de inte skulle falla. Men om till och med Skaparens tjänare har distanserat sig från denna visdom, är det då inget under att hela generationen misslyckas på grund av dem. Och på grund av min stora sorg kan jag inte utveckla denna sak!

58) Men jag vet säkerligen orsaken: det beror huvudsakligen på att tron i allmänhet har minskat, speciellt förtroendet för de heliga, de visa männen i alla generationer. Och kabbalans böcker och *Zohar* är

fyllda med liknelser från vår fysiska värld. Folk är därför rädda att de ska förlora mer än de ska vinna, eftersom de lätt kan misslyckas med förverkligandet. Det var detta som manade mig att sammanställa en tillräcklig tolkning till Aris skrifter, och nu till den heliga *Zohar*. Jag har helt gjort mig av med detta ärende, för jag har tydligt förklarat och påvisat den andliga betydelsen av allt, att det är abstrakt och saknar fysiska bilder, ovan rum och ovan tid, som läsarna ska se, att låta hela Israel studera boken *Zohar* och värmas av dess heliga Ljus.

Och jag har gett kommentaren namnet *Sulam* (Stege) för att visa att syftet med min kommentar är som varje steges syfte: om du har en vind fylld i överflöd, då är allt du behöver för att nå dit en stege. Och då kommer alla världens belöningar att vara i dina händer. Men stegen är inte ett syfte i sig, för om du stannar upp utmed stegens pinnar och inte når vinden, då når du inte ditt mål.

Och så är det med min kommentar till *Zohar*, för sättet på vilket man fullt ut kan klargöra dessa högst upphöjda ord har ännu inte skapats. Men inte desto mindre har jag med min kommentar upprättat en väg och en ingång, genom vilken vem som helst kan stiga och undersöka och bearbeta boken *Zohar* i sig, för bara då kommer mitt syfte med denna kommentar att vara fullbordat.

59) Och alla de som känner boken *Zohar* innan och utan, det vill säga, som förstår vad som står skrivet i den, är enhälligt överens om att boken *Zohar* är skriven av den Gudomliga Tanna (vis) Rabbi Shimon bar Yochai. Bara vissa av dem som är långt från denna visdom tvivlar på dess härkomst och tenderar att, grundat på historier fabricerade av motståndare till denna visdom, säga att dess författare är kabbalisten Rabbi Moshe de Leon, eller andra samtida honom.

60) För min del, sedan den dag då jag, genom Skaparens Ljus, förärades med en glimt i denna heliga bok, har det aldrig slagit mig att ifrågasätta dess ursprung, av den enkla anledningen att innehållet i boken bringar mitt hjärta Tanna Rashbis (Rabbi Shimon bar Yochais) förtjänst, vida mer än alla andra visa. Och om jag tydligt hade sett att dess författare är någon annan, såsom Rabbi Moshe de Leon, hade jag prisat Rabbi Moshe de Leons förtjänst mer än alla andra visa, inklusive Rashbi.

Sannerligen, att döma av djupet av visdomen i boken, om jag tydligt funnit att dess författare är någon av de fyrtioåtta profeterna, hade jag då funnit detta mycket mer acceptabelt än att tillskriva den någon av de visa. Vad mer är, om jag funnit att självaste Moses hade tagit emot den av Skaparen själv på Sinaiberget, då hade mitt sinne verkligen fått ro, för ett sådant verk är värdigt honom. Så, eftersom jag har välsignats med att sammanställa en tillräcklig tolkning som ger varje granskare möjlighet att erhålla en viss förståelse av vad som står skrivet i boken, tror jag att jag helt är ursäktad från att ytterligare ägna mig åt denna undersökning, för ingen som är insatt i *Zohar* kommer nu att nöja sig med mindre än att Tanna Rashbi är dess författare.

61) Således uppstår frågan, "Varför avslöjades inte *Zohar* för de tidiga generationerna, vilkas förtjänst utan tvivel var större än de senares, och som var mer värdiga"? Vi måste också fråga, "Varför avslöjades inte kommentaren till boken *Zohar* innan Aris tid, och inte för kabbalisterna som föregick honom? Och den mest förvirrande frågan, "Varför avslöjades inte kommentarerna till Aris ord och *Zohars* ord, från Aris dagar fram till vår generation"?

Svaret är att världen, under de sex tusen åren av dess existens, är som en *partzuf* indelad i tre delar: *rosh* (huvud), *toch* (insida), *sof* (slut), som betyder HBD *(chochma, bina, daat)*, HGT *(chesed, gvura, tifferet)*, NHY *(netzach, hod, yesod)*. Detta är vad våra visa skrev, "Två årtusenden av *tohu* (kaos), två årtusenden av Tora, och två årtusenden av Messias dagar" (*Sanhedrin* 97a).

I de två första årtusendena, som anses vara *rosh* och HBD, var Ljusen mycket små. De ansågs vara *rosh* utan *guf* (kropp), med endast Ljusen *Nefesh*. Det är på grund av att det finns en inverterad relation mellan Ljus och kärl: med *kelim* (kärl) är regeln att de första *kelim* växer först i varje *partzuf*, och med Ljusen är det tvärtom – de mindre Ljusen kläds i *partzuf* först.

Således, så länge bara de övre delarna är i *kelim*, *kelim* HBD, så kläds endast Ljusen av *nefesh* där, vilka är de minsta Ljusen. Det är därför det står skrivet om de två första årtusendena att de betraktas som *tohu*. Och i världens andra två årtusenden, som är *kelim* HGT, stiger Ljuset *ruach* ner och kläds i världen, som betraktas som Tora. Det är därför det sägs om de två årtusendena i mitten att de är Tora. Och de sista två årtusendena är *kelim* NHYM *(netzach, hod, yesod, malchut)*. Vid den tiden kläds i världen därför Ljuset *Neshama*, som är det större Ljuset, således är de Messias dagar.

Detta är också tillvägagångssättet i varje *partzuf* för sig. I dess kärl HBD HGT, genom dess *chazeh* (bröst), täcks Ljusen och börjar inte skina, vilket är öppen *Chassadim*, vilket betyder att det sublima Ljuset *Chochma* endast uppstår från *chazeh* och neråt, i dess NHYM. Detta är orsaken till att innan *kelim NHYM*, som är de två senaste årtusendena, började visa sig i världens *partzuf* var speciellt *Zohars* visdom och visdomen kabbala i allmänhet dolda från världen.

Men under Aris tid, när tiden för fullbordandet av *kelim* under *chazeh* hade närmat sig, avslöjades det sublima Ljuset *Chochma* i världen, genom Gudomliga Rabbi Isaac Lurias (Ari) själ, som var redo att ta emot det stora Ljuset. Han uppenbarade således fundamenten i boken *Zohar* och visdomen kabbala, tills han överskuggade alla sina föregångare.

Men eftersom dessa *kelim* ännu inte var fullbordade (eftersom han gick bort 1572), var världen ännu inte värdig att upptäcka hans ord, och hans heliga ord var kända endast för ett fåtal utvalda, som var förbjudna att berätta om dem för världen.

Nu, i vår generation, eftersom vi närmar oss slutet av de två sista årtusendena, har vi tillåtelse att avslöja hans ord och *Zohars* ord utigenom världen i stor omfattning, på ett sådant sätt att *Zohars* ord från vår generation och framåt ytterligare kommer att avslöjas i världen, tills dess fulla mått är avslöjat, som Skaparen önskar.

63) Du kan nu förstå att det inte finns någon gräns för den första generationens förtjänst över den sista, eftersom detta är regeln i alla *partzufim* (plural för *partzuf*) i alla världar i alla själar, att den renare är den som först väljs in i *partzuf*. Därför valdes de renare *kelim HBD* först, i världen och i själarna.

Således var själarna i de två första årtusendena mycket högre. Men de kunde ändå inte mottaga Ljusets fulla mått, på grund av bristen av de lägre delarna i världen och i dem själva, som är *HGT NHYM*.

Och senare, i de två årtusendena i mitten, när *kelim HGT* valdes in i världen och i själarna, var själarna verkligen mycket rena, i sig själva. Detta beror på att förtjänsten av *kelim HGT* är nära den av *HBD*. Men Ljusen var fortfarande dolda i världen, på grund av frånvaron av *kelim* från *chazeh* och neråt, i världen och i själarna.

Därför, i vår generation, fastän själarnas essens är den värsta, varför de ännu inte kunnat väljas ut till *Kedusha*, är det de som fullbordar världens *partzuf* och själarnas *partzuf* med hänsyn till *kelim*, och arbetet fullbordas endast genom dem.

Detta beror på att nu, när *kelim NHY* fullbordas, och alla *kelim rosh, toch* och *sof* är i *partzuf*, sprids nu fulla mått av Ljus i *rosh, toch* och *sof* till alla de som är värdiga, det vill säga komplett *NRN*. Så, endast efter fullbordandet av dess låga själar kan de högsta Ljusen visa sig, och inte tidigare.

64) Även våra visa ställde i själva verket denna fråga (*Masechet Brachot*, s. 20): "Rav Papa sade till Abayei: 'Hur var de första annorlunda, så ett mirakel inträffade för dem, och hur är vi annorlunda, så ett mirakel inte inträffar för oss?' Är det på grund av studierna? Under Rav Yehudas år var hela studierna i *Nezikin*, emedan vi lär oss de sex volymerna (hela *Mishnah*). Och när Rav Yehuda fördjupade sig i *Okatzin*, sade han, 'Jag såg Rav och Shmuel här, medan vi lär oss tretton *yeshivot* i *Okatzin*. Och när Rav Yehuda tog av sig en sko kom regnet, medan vi plågar våra själar och gråter, och ingen hör oss'. Han svarade, 'De första gav sina själar till Herrens helighet'".

Därför, även om det är uppenbart både för den som frågar och för den som svarar att de första var viktigare än dem, var rav Papa och

Abayei, avseende Tora och visdomen, viktigare än de första. Således, fastän de första generationerna var viktigare än de senare generationerna i sina själars essens, är det på grund av att de renare väljs ut för att komma till världen först, avseende Toras visdom, så att den gradvis avslöjas mer i de senare generationerna. Så är det på grund av orsaken vi nämnt, att det övergripande måttet fullbordas just av de senare. Det är därför mer kompletta Ljus sprids till dem, trots att deras essens är mycket värre.

65) Så, vi skulle kunna fråga, "Varför är det då förbjudet att inte hålla med de första i den uppenbarade Toran?" Det är för att, så långt det gäller den praktiska delen av *mitzvot*, är det tvärtom, de första var mer kompletta i dem än de sista. Detta beror på att handlingen utgår från *sfirots* heliga *kelim*, och hemligheterna i Tora och *taamim* (smaker) i *mitzva* utgår från Ljusen i *sfirot*.

Du vet redan att det finns ett omvänt förhållande mellan Ljus och kärl: i *kelim* växer de högre först (se punkt 62), vilket är anledningen till att de första var mer kompletta i den praktiska delen än de sista. Men när det gäller Ljusen, där de lägre kommer in först, är de sista mer kompletta än de första.

66) Kom i håg att det i allting finns ett inre och ett yttre. I världen i allmänhet anses Israel, Abrahams, Isaacs och Jakobs ättlingar, vara det inre i världen, och de sjuttio nationerna anses vara det yttre i världen. Det finns också ett inre i Israel själv, vilka är Skaparens helhjärtade arbetare, och det finns ett yttre – de som inte ägnar sig själva åt Skaparens arbete. Bland världens nationer finns också ett inre, vilka är de rättfärdiga i världens nationer, och det finns ett yttre, vilka är de oförskämda och skadliga bland dem.

Dessutom finns bland Skaparens tjänare bland Israels barn ett inre, som är de som belönats med förståelsen av själen i Toras inre och dess hemligheter, och ett yttre, som endast håller den praktiska delen av Tora.

Vidare finns det ett inre i varje person från Israel – det inre Israel – som är punkten i hjärtat, och ett yttre – vilket är det inre världens nationer, kroppen själv. Men till och med det inre världens nationer i en person anses vara proselyter, eftersom de, genom att hålla fast vid det inre blir som proselyter bland världens nationer, som kom och anslöt sig till hela Israel.

67) När en person från Israel förhöjer och bevärdigar sitt inre, som är Israel i den personen, ovan det yttre, som är världens nationer i honom, det vill säga, när man ägnar majoriteten av sina ansträngningar till att förhöja och prisa sitt inre, att gagna sin själ, och gör mindre ansträngningar, endast det nödvändigaste, för att underhålla världens nationer i sig, det vill säga de kroppsliga begären, som det står skrivet (*Avot*, 1), "Gör din Tora permanent och ditt arbete tillfälligt", genom att göra det, får man Israels barn att sväva uppåt i det inre och även det yttre i världen, och världens nationer, som är det yttre, för att erkänna och tillstå värdet av Israels barn.

Och om, Gud förbjude, det är tvärtom, att en individ från Israel förhöjer och uppskattar sitt yttre, som är världens nationer i honom, mer än Israel i honom, som det står skrivet (Femte Moseboken, 28), "Främlingen som är mitt bland er", innebär det att det yttre i den personen stiger och svävar, och du själv, det inre, Israel i dig, kastas ner. Med dessa handlingar får man det yttre i världen i allmänhet, världens nationer, att sväva högre och högre och övervinna Israel, och få dem att degraderas till marken, och Israels barn, världens inre, att kastas långt ned.

68) Förvånas inte över att en persons handlingar bringar upphöjelse eller nedgång för hela världen, för det är en orubblig lag att helheten och delen är jämlika som två ärtor i en ärtskida. Och allt som gäller för helheten gäller även för delen. Dessutom utgör delarna det som finns i helheten, för det allmänna kan uppstå först efter att dess delar har uppstått, enligt kvantiteten och kvaliteten hos delarna. Det är tydligt att värdet hos en dels handling upphöjer eller sänker helheten i stort.

Det här kan klargöra för dig det som står i *Zohar*, att genom att ägna sig åt boken *Zohar* och sanningens visdom kommer de att belönas med komplett frälsning från exilen (*Tikkunim*, slutet av *Tikkun* nr. 6). Man kan fråga sig, vad har studierna av *Zohar* att göra med Israels frälsning från resten av nationerna?

69) Från det ovan sagda kan vi få en grundlig förståelse för att även Toran innehåller en inre och en yttre del, som hela världen också gör. Därför har den som studerar Tora också dessa två grader. När man ökar sitt arbete i Torans inre och dess hemligheter, till den graden får man dygden av det inre i världen – som är Israel – att stiga högt ovan det yttre i världen, som är världens nationer. Och alla nationer kommer att framhålla och inse Israels förtjänst över dem, tills förverkligandet av orden, "Och folk skola taga dem och föra dem hem igen; men Israels hus skall lägga dem under sig såsom sin arvedel i HERRENS land" (*Jesaja* 14:2), och "Så säger Herren: Se, jag skall upplyfta min hand till tecken åt folken och resa upp mitt baner till tecken åt folkslagen; då skola de bära dina söner hit i sin famn och föra dina döttrar fram på sina axlar" (*Jesaja* 49, 22).

Men om, Gud förbjude, motsatsen gäller, och en person från Israel nedvärderar dygden i Torans inre och dess hemligheter, som behandlar våra själars förehavanden och deras grader, samt förnimmelsen av smakerna i *mitzvot*, till fördel för Torans yttre, som behandlar endast den praktiska delen? Även om man sporadiskt ägnar sig åt Torans inre, och ägnar lite av sin tid till det, när det varken är natt eller dag, som om det vore överflödigt, genom det vanärar och nedvärderar man världens inre, som är Israels barn, och förhöjer världens yttre – nämligen världens nationer – ovan dem. De kommer att förödmjuka och vanära Israels barn, och se Israel som överflödigt, som om världen inte har någon användning av dem, Gud förbjude.

Dessutom får de därigenom även det yttre i världens nationer att övervinna deras eget inre, för de värsta bland världens nationer, de farliga och förstörarna i världen, stiger ovan deras inre, som är de rättfärdiga i världens nationer. Och då åsamkar de all förödelse och den avskyvärda slakt vår generation bevittnat, må Gud skydda oss från denna stund och framåt.

Således kan du se att Israels frälsning och hela Israels förtjänst beror på studierna av *Zohar* och Toras inre. Och vise versa, all förstörelse och allt förfall hos Israels barn beror på att de har övergivit det inre i Toran. De har nedvärderat dess förtjänst och gjort det till synes överflödigt.

70) Som det står skrivet i *Tikkunim* (korrektioner) i *Zohar* (*Tikkun* 30): "Vakna och stig inför den Heliga Gudomligheten, för du har ett tomt hjärta, utan förståelsen att känna och uppnå den, fastän den finns inom dig". Betydelsen av det är, som det står skrivet (*Jesaja* 40),

att en röst bultar i hjärtat i var och en av Israel, gråtandes och bedjandes för att höja den Heliga Gudomligheten, som är alla Israels själar samlade. Men Gudomligheten säger: "Jag har ingen styrka att höja mig själv från stoftet, för 'allt kött är gräs', de är som bestar, som äter hö och gräs". Detta betyder att de håller *mitzvot* tanklöst, som bestar, "och all gudomlighet däri är som blomman på fältet, alla goda gärningar de gör, gör de för sig själva".

Detta betyder att de, med de *mitzvot* de utför, inte har någon intention att göra dem för att bringa belåtenhet åt sin Skapare. Snarare håller de *mitzvot* bara för sin egen nytta, och även de bästa bland dem, som ägnar all sin tid åt arbete i Tora, gör det bara för att gynna sina egna kroppar, utan det önskvärda syftet – att bringa belåtenhet åt sin Skapare.

Det sägs om den tidens generation: "En ande utgår och kommer inte åter till världen", alltså Messias ande, som måste förlösa Israel från alla deras svårigheter innan den fulländade frälsningen, för att hålla orden, 'för jorden skall vara full av Herrens kunskap'. Den anden har lämnat och skiner inte i världen.

Ve dem som får Messias ande att utgå och lämna världen, utan att kunna återvända till världen. Det är de som gör Toran torr, utan någon fukt av förståelse och reson. De inskränker sig själva till den praktiska delen av Tora, utan att vilja försöka förstå kabbalans visdom, känna och förstå Toras hemligheter och smakerna i *mitzvot*. Ve dem, för med dessa handlingar frambringar de förekomsten av fattigdom, förödelse, röveri, plundring, dråp och förstörelse i världen.

71) Orsaken till deras ord är, som vi har förklarat, att när alla de som ägnar sig åt Tora nedvärderar sitt eget inre och Torans inre, och lämnar det som vore det överflödigt i världen, och bara ägnar sig åt det då det varken är dag eller natt, i detta hänseende är de som blinda som söker efter väggen, genom detta intensifierar de sin egen yttre del, sina kroppars gagn. De betraktar också det yttre i Tora som högre än Toras inre. Och med dessa handlingar får de alla former av det yttre i världen att övermanna de inre delarna i världen, alla enligt sin essens.

Så är det, för det yttre i Israel, det vill säga världens nationer i dem, övermannar och annullerar det inre i hela Israel, vilka är de som är stora i Tora. Även det yttre i världens nationer – förgörarna bland dem – intensifierar och annullerar det inre bland dem, som är de rättfärdiga i världens nationer. Dessutom intensifierar och annullerar det yttre i hela världen, som är världens nationer, Israels barn – det inre i världen.

I en sådan generation sträcker alla förgörare bland världens nationer på sig och önskar först och främst förgöra och döda Israels barn, som det står skrivet (*Yevamot* 63), "Ingen olycka drabbar världen om inte för Israel". Detta betyder, som det står skrivet i korrektionerna ovan, att de orsakar fattigdom, förödelse, röveri, dråp, och förstörelse i hela världen.

Och genom våra många fel har vi blivit vittnen till allt som står i ovan nämnda *Tikkunim*, och därtill drabbade domen de allra bästa bland oss, som våra visa sade (*Baba Kama* 60): "Och det börjar med de rättfärdiga först". Och av all ära Israel hade i länderna Polen och Litauen, etc., återstår bara spillror i vårt heliga land. Nu är det upp till oss, de överlevande, att korrigera detta fruktansvärda fel. Var och en av oss som återstår bör ta på sig själv, i hjärta och själ, att hädanefter förstärka det inre i Tora, och ge det dess rättmätiga plats, enligt dess förtjänst över Torans yttre.

Då kommer var och en av oss belönas med att stärkas i sitt eget inre, det vill säga Israel inombords, som är själens behov, ovan vårt eget yttre, som är världens nationer inom oss, det vill säga kroppens behov. Denna kraft ska komma till hela Israel, tills världens nationer inom oss inser och erkänner förtjänsten av Israels stora visa ovan sig själva, och lyssnar till dem och lyder dem.

Dessutom kommer det inre i världens nationer, de rättfärdiga i världens nationer, övermanna och ge upp sitt yttre, som är förgörarna. Och det inre i världen, som är Israel, ska stiga i all sin förtjänst och dygd ovan världens yttre, som är nationerna. Då kommer alla nationer i världen att inse och erkänna Israels förtjänst över dem.

Och de skall följa orden (*Jesaja* 14:2) "Och folk skola taga dem och föra dem hem igen; och Israels hus skall lägga dem under sig i HERRENS land". Och även (*Jesaja* 49:22), "då skola de bära dina söner hit i sin famn och föra dina döttrar fram på sina axlar". Det är vad som står skrivet i *Zohar* (*Nasoh*, s. 124b), "genom detta verk", som är boken *Zohar*, "ska de förlösas från exil med barmhärtighet". *Amen*, låt det bli så.

Förord till boken Zohar, utvalda stycken

(Hakdamat sefer HaZohar)

Rosen

1) Rabbi Chizkiya började: Det står skrivet "som en ros bland törnen". Vad är en ros? Det är Israels församling, det vill säga *Malchut*. Det finns en ros, och det finns en ros. Precis som en ros bland törnen är färgad med rött och vitt, innehåller Israels församling *din* [dom] och *rachamim* [barmhärtighet]. Precis som en ros har 13 blad, består Israels församling av 13 egenskaper av *rachamim*, som omger den på alla sidor.

I versen "I begynnelsen skapade Gud" framkallade Gud även 13 ord för att omge Israels församling och bevara henne. "*ha* [bestämd artikel], himmel, och-*ha,* jord, var, tom, och-kaotisk, och-mörkret, över, ytan, avgrundens, och-anden, fram till orden Gud svävade [på hebreiska skrivs vissa ord utan mellanrum efter och betraktas därmed som ett ord]

Förklaring: Det finns tio *sfirot*: *Keter, Chochma, Bina, Chesed, Gvura, Tifferet, Netzach, Hod, Yesod,* och *Malchut*. Emellertid är de i egentligen bara fem: *Keter, Chochma, Bina, Tifferet* och *Malchut*, eftersom *sfirat Tifferet* består av *sfirot HGT NHY*. De blev fem *partzufim: AA, AVI,* och *ZON*. *Keter* kallas *Arich Anpin (AA)*. *Chochma* och *Bina* kallas *Aba ve* [och] *Ima (AVI)*, *Tifferet* och *Malchut* kallas *Zeir Anpin* och *Nukva (ZON)*.

De sju skapelsedagarna är de två *partzufim Zeir Anpin (ZA)* och *Nukva de* [av] *Atzilut*. De innehåller sju *sfirot HGT NHY* och *Malchut*. Skrivelserna om skapelsehandlingen förklarar hur *AVI*, som är *Chochma* och *Bina*, emanerade dem från början av deras formering fram till slutet av *gadlut* [vuxet tillstånd, att vara stor], vilket utförs i dem under 6 000 år.

Rabbi Chizkiya börjar med förklaringen av *Nukva de ZA*, och förklarar ordningen i hennes emanation från *Ima*, *Bina*, som kallas *Elokim*. Detta är innebörden av Rabbi Chizkiyas början med förklaringen av rosorna, som är *Nukva de ZA*. Vid tiden för *gadlut* kallas *Nukva de ZA* för Israels församling, varför det står skrivet "Vad är en ros? Det är Israels församling".

Det finns två tillstånd för den rosen: 1) *Katnut*, början av hennes formande, i vilken enbart *sfira Keter* finns i henne, i vilken hennes ljus av *Nefesh* kläds, och hennes lägre nio faller utanför *Atzilut*, in i världen *Bria*. 2) *Gadlut*, när hennes lägre nio stiger från världen *Bria* in i världen *Atzilut*, och med dem byggs hon till en fullständig *partzuf* med tio *sfirot*.

Då stiger hon med *ZA*, sin make, till en likvärdig nivå med *AVI de Atzilut* och de klär dem. Då kallas *ZA Ysrael* [Israel], med bokstäverna *Li Rosh* [Jag har ett *rosh* (huvud)], och *Nukva* kallas Israels församling, för hon samlar inom sig alla Israels ljus, hennes make, och ger dem till de lägre.

Katnut [litenhet] kallas en ros bland törnen, eftersom hennes lägre nio tömdes på ljuset *Atzilut* och förblev som törnen. *Gadlut* kallas helt enkelt en ros eller Israels församling. Därför sägs det "Det finns en ros, och det finns en ros".

Den röda färgen indikerar att det finns ett greppande till de yttre där, att *klipot* kan dia från henne. Detta är *katnut*, när hennes lägre nio är i *Bria*. Det finns även vitt i hennes *kli de Keter*, där det inte finns något greppande till de yttre. Det sades, "Precis som en ros bland törnen är färgad med rött och vitt, innehåller Israels församling *din* och *rachamim*. Detta indikerar att *din*, även i hennes *gadlut*, som kallas Israels församling, även om hon vid den tiden stiger och kläder *Bina*, fortfarande förblir i henne på grund av att hon behöver den *masach* som är iordningställd för henne för *zivug de hakaa*, som slår det övre ljuset och reflekterar tillbaka det på grund av *din* i *masach*.

Därigenom höjer det tio *sfirot* av *Or Chozer* [reflekterat ljus], som kallas ljus av *din*, och inom dem drar det tio *sfirot de Or yashar* [direkt Ljus], som kallas ljus av *rachamim*. Alltså finns även *din* och *rachamim* i Israels församling, som motsvarar det röda och det vita som rosen bland törnen har.

Detta är det hav som Solomon gjorde, vilket står på tolv oxar. Så är det på grund av att hennes lägre nio som föll ner i *Bria* där har etablerats i tolv oxar, och punkten av *Keter* som förblev i *Atzilut* är havet som står på dem. Allt som allt kallas de rosens 13 blomblad.

Den *mochin de gadlut de Nukva* som innehåller upplysningen av *Chochma* sträcker ut sig från de 13 namnen, som kallas de 13 egenskaperna av *rachamim*. Därför sades det, "Israels församling består även av 13 egenskaper av *rachamim*". Det huvudsakliga som Rabbi Chizkiya kommer för att lära oss i denna jämförelse mellan rosen bland törnen och Israels församling är att allt som *Nukva* har i sitt tillstånd av *gadlut* först, i överensstämmelse, måste ha en förberedelse och kvalificering i början av hennes formerande, i tillståndet av *katnut*. Därför sades det att motsatt det vita och röda i *katnut*, kommer *din* och *rachamim* ut i henne i *gadlut*, och motsatt de 13 blombladen i *katnut* framträder 13 egenskaper av *rachamim* i henne i *gadlut*.

Elokim [Gud] i Bibeln. "I begynnelsen skapade Gud" är den *Bina* som emanerar till *Nukva de ZA*. Han framkallade 13 ord: *Ha* [bestämd artikel], himmel, och, jorden, och-jorden, var, tom, och-kaotisk, och-mörkret, över, ytan, avgrunden, och-anden, fram till det andra *Elokim* [Gud]. Dessa 13 ord antyder just rosens 13 blomblad bland törnen, havet som står på de 12 oxarna, som är förberedelse och kvalificering för att Israels församling ska få ta emot de 13 egenskaperna av *rachamim*.

Det står skrivet, "Att omge Israels församling och att skydda henne". Detta på grund av att de 13 egenskaperna av *rachamim*, den fullständiga *mochin de Nukva*, betraktas som omgivande och upplysande henne från alla håll runt om. Genom dem, bevaras hon från kontakt med de yttre, för så länge som den stora *mochin* i upplysning av *Chochma* från de 13 egenskaperna inte är i henne, finns det sugande för de yttre i henne.

2) Därefter nämns namnet *Elokim* ännu en gång: "Gud svävar, för att framkalla fem hårda blad som omger rosen. Dessa fem blad kallas frälsningar, och de är fem portar. Detta är anledningen till att det står skrivet "Jag kommer att lyfta frälsningens kalk. Det är en kalk av välsignelse. En kalk av välsignelse måste vara över fem fingrar, inte fler, likt rosen som sitter på fem hårda blad som motsvarar de fem fingrarna, och denna ros är en kalk av välsignelse.

Det finns fem ord från det andra namnet *Elokim* till det tredje namnet *Elokim*: svävade, över, ytan, av-vattnen, och... sade [på hebreiska kommer *Elokim* efter det sagda], motsvarande de fem bladen. Därefter, när det sägs "Gud ... varde ljus", är det det ljus som skapades och doldes och inkluderades i förbundet, vilket gick in i rosen och producerade en säd i henne. Detta kallas ett fruktbärande träd i vilket de sådde. Och detta frö återfinns i varje tecken av förbundet.

Förklaring: Fem hårda blad är de fem *Gvurot de Nukva*, som är tio *sfirot de Or Chozer* som *Nukva* höjer genom *zivug de hakaa* med det övre Ljuset, som kallas ett ljus av *din*. Så är det på grund av att de tio *sfirot de or yashar* kallas fem *Chassadim HGT NH*, och kläder de fem *Gvurot HGT NH de or chozer*. Dessa fem hårda blad är kraften av *din* i den *masach* som hindrar det övre ljuset från att kläda från *masach* neråt. Detta är varför det nu bara kallas fem hårda löv, eftersom hon fortfarande är olämplig för *zivug* på dem. Vid tiden för *gadlut*, när en *masach* kommer i *zivug* med det övre ljuset, kallas de fem *Gvurot*.

Dessa fem hårda blad är fem ord som är från det andra *Elokim* till det tredje *Elokim*: svävade, över, ytan, av-vattnen, och … sade. Och varför nämndes det ännu en gång? Det betyder att det finns en ny handling här, och han säger för att bringa dessa fem hårda blad ut ur *Nukva*, som är en förberedelse för *zivug* under *gadlut*.

Tio *sfirot de or chozer* kallas fem *Gvurot HGT NH*. De kallas inte *KHB TM* för de sträcker bara ut ljus av *Chassadim*, därmed avböjs *KHB* från deras grad och de kallas *HGT*, och *Tifferet* och *Malchut* kallas *NH*.

I *gadlut*, när de fem hårda löven blir fem *Gvurot*, anses de vara fem portar, öppna att ta emot de fem *Chassadim de Or yashar*. De kallas även frälsningar, och då kallas *Nukva* en kalk av frälsningar eller en kalk av välsignelse, efter som *Nukva* genom dem blir ett *kli* som håller välsignelsen, fem *Chassadim*.

Antalet *sfirot* är tio, och de är väsentligen fem *bechinot* [aspekter], eller 13, likt de 13 egenskaperna av *rachamim*. Tio indikerar *sfirat ZON*, i vilken de bara finns ljus av *Chassadim*. 13 indikerar *mochin* av upplysning av *Chochma*, som tas emot till *ZON*.

En kalk av välsignelse indikerar utsträckningen av fem *Chassadim* inom hennes fem *Gvurot*. Det måste vara fem fingrar och inte fler, det vill säga enbart i numret tio, *HGT NH* och inte fler, med undantag för numret 13, eftersom *Nukva* inte är lämplig för att ta emot *Chochma* från 13 utom genom att kläda *Chochma* i *Chassadim*. Därmed måste det först vara en utsträckning av en välsignelse, som är fem *Chassadim*, just genom de fem fingrarna, som är fem *Gvurot*, och då kan hon ta emot även från 13.

Detta innebär att det syftar på den vänstra handens fem fingrar, som är fem *Gvurot*, eftersom den högra handens fem fingrar är fem *Chassadim*. Därmed måste välsignelsens kalk höjas med båda händerna, det vill säga även med den vänstra handens fem fingrar, för att indikera dem fem *Gvurots* intention. Efteråt, i välsignelsens begynnelse, bör emellertid enbart den högra handens fem fingrar förbli på kalken, för att undvika uppvaknandet av greppandet av *sitra achra*, som suger från vänster.

Den tredje *Elokim* i versen "Varde Ljus" är att emanera *gadlut de Nukva*, som är fem *Chassadim* och de 13 egenskaperna av *rachamim*, där de fem *Chassadim* är fem gånger ljuset i texten: Varde Ljus, och det vart Ljus, Att ljuset var gott, mellan Ljuset, Ljuset, dag. De 13 egenskaperna av *rachamim* antyds i orden "och det blev kväll och det blev morgon, en dag" eftersom en är 13 och även tretton i *gimatria*.

Dessa fem ljus är det ljus Skaparen skapade den första dagen. Adam beskådade det från ena änden av världen till den andra. När Skaparen såg på flodens generation och Babylon generation och såg att deras handlingar var korrumperade, stod Han och dolde det från dem, som det står skrivet "Var... dold och inkluderad i det förbundet", det vill säga att det gick in i rosen. Detta innebär att dessa fem *Chassadim* först inkluderades i *Yesod de ZA* utan att komma direkt från *Bina*, från *Elokim*, till *Nukva*. Och förbundet, *Yesod de ZA*, gick in i rosen och gav dem till henne.

Dessa fem *Chassadim* som kom ut på de fem *Gvurot* kallas säd. Huvudsaken av kraften av *din* och *Gvurot* i *masach*, med hjälp av vars kraft den slår det övre ljuset och stöter bort det, återfinns enbart i *Ateret Yesod de ZA*, som sträcks it från *Mazal ve Nakeh* i *Dikna*, medan *Nukva* enbart tar emot upplysning och en gren från den. Därmed utförs hjärtat av *zivug* på *masach*, som lyfter upp de fem *Gvurot* som sträcker ut sig och kläder de fem *Chassadim*, som är de fem ljusen, i *Yesod de ZA*, och han är den som ger dem till *Nukva*.

Det frö, som är fem *Chassadim* och fem *Gvurot*, är närvarande i varje instans av förbundet, eftersom det i förbundets tecken, som är *Ateret Yesod de ZA*, finns aktualiteten av *Gvurot* som sträcker ut fem *Chassadim*, som kallas frö. *Yesod* av *Nukva* tar emellertid enbart emot formen av hans *Gvurot*, därmed kallas *Yesod* av *Nukva* enbart med namnet på förbundets form.

    3) Då förbundets form syddes i 42 *zivugim* från fröet, syddes det graverade och explicita Namnet i skapelsehandlingens 42 bokstäver.

Förklaring: Namnet 42 bokstäver är enkel *HaVaYaH*, *HaVaYaH* med fyllnad, *HaVaYaH* med fyllnad av fyllnad, i vilket det finns 42 bokstäver. Det fröet i instansen av instansen av förbundet som är fem *Chassadim* och fem *Gvurot* sträcker ut sig från namnet 42.

Detta är anledningen till att det sägs att förbundets form, *Yesod de Nukva*, syddes i 42 *zivugim* [plural av *zivug*] från fröet till instansen av förbundet, det graverade och explicita Namnet syddes i 42 bokstäver av skapelseakten.

Så är det på grund av att det finns två *bechinot* i *Nukva*: 1) Skapandet av hennes *partzuf*, som byggdes genom *Bina*, och 2) hennes parande med *ZA*, som kallas *zivug*.

Och då förbundets form, *Yesod* de *Nukva*, syddes i 42 *zivugim* från det fröet till förbundets instans, där skillnaden ligger i *zivug*, så att man härleder i ordningen i emanationen av konstruktionen av *Nukva*, som kallas skapelseakten, genom *Bina*, som även var i namnet 42. Det finns även två tillstånd i konstruktionen av *Nukva*: *katnut* och *gadlut*. *Katnut* kallas graverande, det vill säga att gravera in i en mottagare av ljusen vid tiden för *gadlut*. Så är det på grund av att allt som tas emot av *Nukva* vid tiden för *gadlut* kräver förberedelse och kvalificering för dem från *katnut*s dagar. *Gadlut* kallas det explicita Namnet för allt som är dolt under *katnut* förklaras och blir känt under *gadlut*.

Detta är anledningen till varför det sades "det graverade och explicita Namnet. *Nukva* kallas ett namn. Graverad innebär hennes *Katnut*, explicit är hennes *gadlut*; och även de syddes och byggdes i 42 bokstäver, som de 42 Zivugim i *zivug* i instansen av förbundet. Skapelseaktens 42 bokstäver är även de 42 bokstäverna som presenteras från *Bereshit* [i begynnelsen] fram till bet i *bohu* [*Tohu ve Bohu* innebär oformad och kaotisk].

Rosen (speglar av Sulam [stegen])

(A) Det graverade och explicita Namnet syddes i skapelsehandlingens 42 bokstäver.

- Numret tio: *KHB, HGT, NHYM*.
- Numret sju: *HGT, NHYM*.
- Numret sex, kallat *VAK*: *HGT, NHY*.
- Numret fem, fem *Chassadim* eller fem *Gvurot*: *HGT, NH*.
- Numret 13: de 13 egenskaperna av Rachamim eller övre *KHB, HGT*, och lägre *HGT* och *NHYM*.

Vi måste förstå: Det sägs i *Sefer Yetzira* [*Skapelseboken*] "Tio, inte nio; tio, inte elva. Alltså får vi varken dra ifrån eller lägga till antalet tio. Istället måste vi veta att de tio *sfirot KHB HGT NHYM* egentligen bara är *KHB TM*, men *sfirat Tifferet* innehåller sex *sfirot HGT NHY* inom sig, följaktligen när siffran tio. Emellertid är alla de sex elementen *HGT NHY* blott detaljer i en enda sfira: *Tifferet*.

Anledningen till att vi bara specificerar *Tifferet* och inte *GAR* är inte på grund av *Tifferets* dygder, utan på grund av hennes brist jämfört med *GAR*, eftersom detta specificerande är införlivandet av fem möjliga *sfirot* i varandra, i var och en finns fem *sfirot*. Det följer att det finns fem *sfirot KHB TM* i *Keter*, fem *sfirot KHB TM* i *Chochma*, och fem *sfirot KHB TM* i *Bina*.

Därmed bör det också finnas fem *sfirot KHB TM* i *Tifferet*. Men då *Tifferets* essens enbart är ljuset *Chassadim* och inte *Chochma*, och det är nödvändigt att de fem *sfirot* som är inkluderade i den enbart är fem *Chassadim*, har namnen av de fem *sfirot* därför förändrats i den, eftersom *KHB* steg ned i den in i *HGT*, och *TM* steg ned i den in i *NH*. Följaktligen kallas de fem *sfirot* inkluderade i *Tifferet* enbart *HGT NH*. Ett urskiljande som är inkluderat i alla fem *Chassadim* lades också till den, och den kallas *Yesod*. Därmed finns det sex *sfirot* i *Tifferet*: *HGT NHY*.

Och varför räknas inte de fem *sfirot* som är inkluderade i var och en av *KHB* i antalet *sfirot*, istället räknas enbart elementen i *Tifferet*? Så är det på grund av att integrationen av *sfirot* i varandra inte adderar till antalet primära fem *sfirot*, som rättfärdigar ett särskilt omnämnande. Men med integrationen av de fem *sfirot* i *Tifferet*, blev de fem *sfirot* nya *bechinot* i de fem *Chassadim*, därmed nämns de som fem särskilda *bechinot* i *sfirot* och är inkluderade i räkningen av *sfirot*. Därmed räknas *Tifferet* som sex *sfirot HGT NHY* på grund av dess underlägsenhet jämfört med *GAR*, då den bara är ljus av *Chassadim*.

Det är även så att det i alla nummer i räknande av *sfirot* inte minskar från 10, som egentligen bara är fem *sfirot*. Så är det för att tio *sfirot* innebär tillsammans med de sex *sfirot* som är detaljerade i *Tifferet*. Och när vi säger fem *sfirot*, innebär det utan att specificera *VAK* i *Tifferet*, och räknande av *VAK* är fem *sfirot* inkluderade i *Tifferet*, med dess *kolel* [det som inkluderar], som kallas *Yesod*. Och räknande av sju *sfirot* är när vi räknar *Malchut* tillsammans med *Tifferet*.

(B) Låt oss förklara numret 13. Detta nummer kom först ut i korrigeringens värld, i etablerandet av *partzuf*. Så är det på grund av att det i varje *partzuf* i *ABYA* bara finns tre *kelim*: *Bina*, *ZA*, och *Malchut*; och *kelim Keter* och *Chochma* saknas, och ljusen *Keter* och *Chochma* kläder inom *kli de Bina*. Varje *sfira* innehåller emellertid i synnerhet dessa tre *kelim*, även i *Keter* och *Chochma*, som har tre *kelim*: *Bina* och *ZON* i *Keter*, *Bina* och *ZON* i *Chochma*, och *Bina* och *ZON* i *Bina*. Därmed saknas *kli Keter* och *Chochma* i alla *sfirot*, och *Bina*, *ZA* och *Nukva* är närvarande i alla *sfirot*.

De tre *kelim Bina*, *ZA* och *Malchut* delas upp i tio *sfirot*, då var och en av dem består av tre linjer; höger, vänster och mitten. De tre linjerna i *Bina* blev *HBD*; de tre linjerna i *ZA* blev *HGT*; de tre linjerna i *Malchut* blev *NHY*, och med *Malchut* som rymmer dem är de tio *sfirot*. Därmed har varje *partzuf* tio *sfirot HBD, HGT, NHYM*.

Det är även känt att *rosh de AA de Atzilut* enbart har två *sfirot KH*, vilka kallas *Keter* och *Chochma stimaa* (*Mocha stimaa*), vars *Bina* gick ut ur *rosh de AA* och blev en *guf* [kropp], *VAK*, som saknar *mochin de rosh*. Detta är innebörden av *Aba* som tar ut *Ima*.

Av denna anledning delades *Bina* upp i *GAR* och *ZAT*. Detta på grund av att felet med brist på *mochin de rosh* inte vanställer *GAR de Bina* alls, eftersom hon i sin essens enbart är ljus av *Chassadim* i de tio *sfirot* de *Or yashar*, och det finns ingen skillnad i det ljuset när det är i *rosh* eller i *guf*, för att lyser alltid upp lika mycket. Därmed förminskar inte utgången av *Bina* utanför *rosh* henne från *GAR* och från *mochin de rosh*. Därmed separerades *GAR de Bina* för att vara på egen hand och blev *partzufim* av övre *AVI*, som betraktas som *GAR* även om de står från *peh* de *AA* och nedåt.

Men *ZAT de Bina*, som essentiellt är *Bina*, behöver, från *hitkalelut* [inkorporering] av *ZON* i *Bina*, även att upplysning av *Chochma* ska förlänas till *ZON*. Därför lider de av denna brist av *Binas* utgång ur *rosh de AA*, eftersom de därigenom tömdes på *Chochma*. Därmed betraktas de som *VAK* och *guf*, som saknar *mochin de rosh*. Och på grund av den bristen separerades de från *GAR de Bina* och blev en separat *partzuf*, som kallas *YESHSUT*.

Det följer att utgången av *Bina* från *rosh de AA* skapade två distinkta *bechinot* i henne: *GAR* och *ZAT*. Därmed lades tre *sfirot* till *partzuf* eftersom de tre linjerna i *GAR de Bina* betraktades som *HBD*, de tre linjerna i *ZAT de Bina* betraktades som övre *HGT*, de tre linjerna i *ZA* betraktades som lägre *HGT*, och de tre linjerna i *Malchut* som *NHY*. Och tillsammans med *Malchut* som inkluderar dem är de 13 *sfirot*. Därmed orsakar utgången av *Bina* från *rosh* antalet 13 *sfirot* i *partzuf*, eftersom dubbla *HGT* skapades i *partzuf*.

Detta är emellertid inte permanent, eftersom upplysning från *AB SAG de AK* sträcks ut genom att höja *MAN* från de lägre, och denna upplysning för *Bina* tillbaka till *rosh de AA*, och därefter kan *ZAT de Bina* ta emot *Chochma* från *AA* och förmedla det till barnen, till *ZON*.

Det anses att utgången av *Bina* från *rosh de AA* från början egentligen bara var för att förmedla upplysning av *Chochma* till *ZON*. Vore det inte för uttåget, skulle det ha varit omöjligt att sträcka ut upplysning av *Chochma* till *ZON*. Därmed är dessa tre *sfirot* som lades till genom utgången av *Bina* enbart förberedelse och kvalificering för utsträckning av *mochin* de *Chochma* till *ZON*, som är skapelsens sju dagar. Därmed anses numret 13 på varje plats vara en utsträckning av *Chochma* till *ZON*.

Detta förklarar urskiljandet av fem *sfirot* och 13 *sfirot*. Fem *sfirot* indikerar att de enbart har upplysning av *Chochma*, men 13 indikerar tillägget av upplysning av *Chochma* genom de tre *sfirot* övre *HGT*, som lades till på grund av *Binas* utgång.

(C) Nu kommer vi att förklara namnet 42 och 42 *zivugim*. På grund av *Binas* uttåg, delades hon upp i *GAR* och *ZAT*. *GAR de Bina* etablerades som *partzuf* övre *AVI*, som kläder *AA* från dess *peh* genom *chazeh*, och ljuset i dem kallas den *avir* [luft]. ZAT de Bina etablerades som *partzuf YESHSUT*, som kläder AA från *chazeh* till *tabur*, och ljuset i dem kallas ren *avir*.

Avir betyder ljuset *Ruach*, det vill saga enbart ljudet *Chassadim*, utan *Chochma*. Av denna anledning anses *Bina* ha lämnat *rosh de AA* in i *avir*, eftersom, på grund av utgången utanför *rosh de AA*, som är *Chochma*, bara ljuset *Chassadim* finns i henne, utan *Chochma*, som kallas *avir*.

Det finns emellertid en skillnad mellan övre AVI och YESHSUT. Övre AVI är GAR de Bina; de blir inte bristfälliga genom deras utgång ur *Chochma* för att deras essens är *Chassadim* utan *Chochma*. Därmed tar övre AVI inte heller medan de lägre höjer MAN och *Bina* återvänder till *rosh de AA* emot *Chochma*, utan bara YESHSUT, eftersom GAR de Bina aldrig förändrar sin natur, och blir därmed inte heller alls bristfälliga av utgången från *rosh*. De betraktas som om de aldrig gick ut ur *rosh de AA*, och de anses vara fullständiga GAR. Av denna anledning betraktas de som ren *avir*. Därmed kallas de även okänd *avir*, vilket innebär att deras *Daat* inte sträcker ut *Chochma* och deras *avir* inte blir ljus, *Chochma*.

Däremot blir YESHSUT, ZAT de Bina, som behöver ljuset *Chochma* för att förmedla det till ZON, bristfälliga av utgången från *rosh de AA* på grund av bristen på *Chochma* för att deras varande vid *guf de AA* i dem förnimms som en faktisk brist. Därför betraktas deras *avir* inte som ren *avir*, utan bara vanlig *avir* eller *avir* som är på väg att bli känd eller att sträcka ut *Chochma* genom MAN, som kallas *Daat*. Så är det på grund av att medan de lägre höjer MAN, återvänder *Bina* helt till att vara *rosh de AA*, och då tar YESHSUT emot *Chochma* från AA och förmedlar det till ZON. Då anses det att *yod* kommer ut ur *avir* och blir ljus, som är ljuset *Chochma*. Därmed är *avir* de *YESHSUT* känt, men övre *AVI* förblir även, vid deras återvändo till *rosh de AA*, som ren *avir*, och *yod* kommer inte ut ur deras *avir* för de ändrar aldrig sitt beteende. Därmed kallas de *avir* som inte är känd.

Det finns även *parsa* inuti *mei* [inälvor] av *AA*, som gjordes på *chazeh*s plats. Detta är firmamentet som delade det övre vattnet, *rosh de AA*, från övre *AVI*, som klädde honom från *peh* till *chazeh*, eftersom *rosh de AA* fortsätter därigenom. Därmed står *parsa* under dem och delar mellan dem och mellan *YESHSUT* och *ZON*, lägre vatten, som är tomma på upplysning av *rosh de AA*. Detta är anledningen till att de lägre vattnen ropar "Vi vill vara framför Kungen", eftersom de vill stiga och ta emot upplysning av *Chochma* från *rosh de AA*.

(D) Två sätt att förklara namnet 42: 1) Namnet 42 *de Atzilut* kallas ett namn, en verklig form, och alla namnen är inpräntade från det. Det här är de fyra bokstäverna av det enkla *HaVaYaH* och de tio bokstäverna av fylld *HaVaYaH*, och de 28 bokstäverna av fyllandet av fyllandet, som tillsammans utgör 42 bokstäver. 2) Namnet 42 av skapelseakten, som är de sju skapelsedagarna, *ZON de Atzilut*, som har 32 *Elokim* och tio yttranden, vars summa är 42.

Förklaring: Ljusen som tas emot ovan *parsa*, genom *yesodot* [plural av *yesod*] av övre *AVI* ovan *chazeh*, där *rosh de AA*, som är *Keter*, och övre *AVI*, som är *HB*, kallas 42 av Atzilut, från vilka alla namn av de 42 är inpräntade. Därmed är de antydda i enkel *HaVaYaH*, *Keter*, och *HaVaYaH* i fyllnad, *Chochma*, och *HaVaYaH* i fyllnad av fyllnad, som är *Bina*. Därmed är ren *avir* i *AVI* namnet 42.

ZON, som är de sju skapelsedagarna, kan emellertid inte ta emot någonting från namnet 42, eftersom de befinner sig under *parsa* vid *chazeh* de *AA*. De är det lägre vattnet, som är i avsaknad av *GAR*, och tar emot från *YESHSUT*, vars *avir* inte är ren *avir*. Och de kan inte ta emot någonting från den övre *AVI*, som är namnet 42 för *parsa* skiljer mellan dem.

Men när de lägre höjer *MAN*, och *MAD* dras från *AB SAG de AK*, bringar denna upplysning *Bina* tillbaka till *rosh de AA*, då *YESHSUT* tar emot upplysning av *Chochma* och förmedlar det till *ZON*, varpå *ZON* är som ovan *parsa* de *chazeh* de *AA*, och även de tar emot ren *avir* från övre *AVI*. Då urskiljs även *ZON* som namnet 42.

Av denna anledning antyds 42 de *ZON* i 32 *Elokim* och tio yttranden där, vilket tillsammans blir 42 i *gimatria*. Detta på grund av att de 32 *Elokim* är *YESHSUT*, när de stiger till *rosh*, och tar emot upplysning av *Chochma* från *Chochmas* 32 vägar, eftersom *Chochmas* 32 vägar utgör 32 namn av *Elokim* i *YESHSUT*, som är 32 gånger namnet *Elokim* som nämns i skapelseakten, och tio yttranden är fem *Chassadim*. Men när *ZON* tog emot upplysningen av *Chochma* från de 32 *Elokim*, är de fem *Chassadim* som de tar emot, vilka kommer från övre *AVI*, den rena *avir*, som är namnet 42, och anses vara övre vatten. Det följer att de fem *Chassadim* från *ZON* inte blev 42 där, innan de tog emot från de 32 *Elokim*, följaktligen är slutsatsen att 32 *Elokim* med tio yttranden tillsammans är 42 i *gimatria*.

Och då förbundets form syddes i 42 *zivugim* från fröet av *Yesod de ZA*, syddes det ingraverade och explicita Namnet i 42 bokstäver av skapelseakten. Detta på grund av de fem ljusen i orden "Varde ljus" [som på hebreiska skrivs med fem bokstäver] är fem *Chassadim*, där *Yesod de ZA* förmedlar till *Nukva*, och de kallas frö eller säd.

Det fröet är namnet 42 för även om de är fem *Chassadim*, för att det finns upplysning av *Chochma* inom dem från de 32 *Elokim de YESH-SUT*, betraktas de som namnet 42. Det jämför mellan strukturen hos *partzuf Nukva* i namnet 42 och fröet av *Yesod de ZA*. Ingraverandet av namnet 42 är emellertid 42 bokstäver från *Bereshit* [i begynnelsen] fram till *bet* i ordet Bohu [*Tohu ve Bohu* betyder oformad och kaotisk].

Blomknopparna

4) I begynnelsen, började Rabbi Shimon, har blomknopparna dykt upp på jorden; tiden för beskärning är kommen, och turturduvans stämma hörs i vårt land. Blomknopparna är skapelseakten. Har dykt upp på jorden den tredje dagen, som det står skrivet, "Och jorden skall bringa fram gräs". Tiden för beskärning är den fjärde dagen, i vilken det var en beskärning av tyrannerna. Därför står det skrivet om det, "Varde ljus" utan ett *vav* [hebreisk bokstav], vilket är en förbannelse. Och turturduvans stämma är den femte dagen, om vilken det står skrivet, "Låt vattnen flöda för att producera avkomma. Hörs är den sjätte dagen, om vilken det står skrivet, "Låt oss skapa människan", vars öde är att sätta görande före hörande. I vårt land är sabbaten, som är livets land, nästa värld.

Förklaring: Blomknopparna är skapelseaktens sex dagar, VAK, HGT, NHY de ZA, från vilka de tio *sfirot* av *partzuf Nukva de ZA* byggs. Detta på grund av att *Nukva* inte har någonting av sig själv, och hela hennes konstruktion är från vad ZA ger henne. Han tolkar hur *Nukva* byggs från VAK de ZA. Han säger, "Framträdde på jorden", på den tredje dagen, eftersom *Nukva* kallas jorden. Blomknopparna, *sfirot de ZA*, togs emot och framträdde i *Nukva*, som kallas jorden, på skapelseaktens tredje dag. Detta var på den tredje dagen, *Tifferet*, eftersom hon först emanerades i de två stora ljusen, varpå hon var likvärdig

Tifferet de ZA. Det följer att hon emanerades på den tredje dagen lika med *Tifferet de ZA*, som kallas skapelseaktens tredje dag.

Sedan framträdde de på jorden, eftersom det tillståndet inte existerade i *Nukva*, följaktligen trädde de fram på jorden, det vill säga att de framträdde så en gång.

Efteråt infann sig tiden för beskärning. Detta är den fjärde dagen, på vilken beskärningen av tyrannerna ägde rum, eftersom månen, *Nukva de ZA*, på den fjärde dagen förminskades, som det står skrivet att månen klagade och sade, "Två kungar kan inte använda samma krona". Och Skaparen sade till henne, "Gå och förminska dig", varpå hon steg ned in i en punkt under *Yesod de ZA*, hennes lägre nio föll ner i Bria, och enbart hennes punkt av *Keter* förblev i Atzilut, och hon stod under *Yesod*. Och hädanefter byggs hon av *NH de ZA*.

Detta kallas beskärandet av tyrannerna, eftersom förminskningen blev en förberedelse och en behållare för att ta emot *mochin de Chaya*, och dessa *mochin* skär av alla *klipot* som hänger fast vid *Nukva*. Beskärande innebär att skära bort, och tyrannerna är de externa och de *klipot* som omger rosen.

Turturduvans stämma är den femte dagen. Turturduvan är *Netzach de ZA*. Turturduvans stämma är *Hod de ZA*, som tar emot från *Hod* som är inkluderad i *Netzach de ZA*. Av denna anledning kallas detta mottagande turturduvans stämma.

Hörs är den sjätte dagen. Turturduvans stämma tas emot i *Nukva* enbart genom den sjätte dagen, *Yesod de ZA*, som inkluderar *NH*, och förmedlar dem till *Nukva*. Den hörs av *Nukva* enbart på den sjätte dagen. Regeln är att *Nukva* enbart tar emot från mittlinjen i *ZA*, som är *Daat-Tifferet-Yesod,* eller från *Daat,* eller från *Tifferet,* eller från *Yesod.*

Det sades "Låt oss skapa människan", som är avsedd att sätta görande före hörande. Hörande är *Bina,* eftersom syn och hörsel är *HB.* Görande är *Malchut.* I tzimtzum bet, steg det lägre *hey* till *NE* [*Nikvey Eynaim*], för att associera henne med *midat ha rachamim* [egenskapen av barmhärtighet], övre *Bina.* Ändå flyttade *Aba ve Ima* utanför, och *Aba* själv etablerades som manlig och kvinnlig. Så är det på grund av att *eynaim* är *Aba,* och genom nedgången av det lägre *hey* till honom, etablerades *zivug* av *rosh* i det lägre *hey,* som kallas *NE.* Och *Ima, Bina,* gick på grund av det från *rosh* till *guf.* Därmed finns *KH* i *rosh* de *AA,* och *Bina* gick ut till *guf.* Det följer att görande, det lägre *hey, Malchut,* kommer före hörande, *Bina,* eftersom *Aba* etablerades i *Nukva,* som kallas "Jag och *Nukva* blev som *Aba*", den andra *sfiran* efter *Keter.*

Från uppstigandet av *Malchut* till *NE,* mildrades hon där och blev redo att stiga och kläda övre *AVI* och ta emot *mochin de Chaya,* som övre *Ima.* Detta är innebörden av att månen är full. Således sade Israel, vid givandet av Toran, först "Vi skall göra och vi skall höra", sättandes görande före hörande, och därigenom belönades de med mottagandet av Toran, eftersom görande, *Malchut,* steg och klädde övre *AVI,* och *Yovel,* den femtionde porten, framträdde.

Detta är anledningen till att hörande var under den sjätte dagen, eftersom korrigeringen av att sätta görande före hörande utfördes den dagen, som vid tiden för givandet av Toran. Av denna anledning blev *Malchut,* på *Bereshits* sabbat, den levande, övre *Imas* land.

I vårt land är sabbat dag, som är ett smakprov av de levandes land. Övre *Ima* kallas de levandes land, och genom givandet av den sjätte dagen, steg *Nukva* på skapelseaktens sabbatsdag upp till övre *Ima*, och även *Nukva* blev som de levandes land, eftersom den lägre som stiger till den övre blir som den.

5) Blomknopparna är patriarkerna, som gick in i tanke och gick in i nästa värld, *Bina*, och doldes där. Därifrån kom de ut i fördöljning och doldes i de sanna profeterna. Josef föddes och de gömde sig i honom. Josef gick in i det heliga landet och upprättade dem där, varpå de framträdde i landet och avslöjades där.

När syns de? De framträder när regnbågen framträder i världen. Och då har tiden för beskärning kommit, tiden att skära av de orättfärdiga från världen. Varför räddades de? Det var för att blomknopparna trädde fram på jorden. Hade de inte redan trätt fram, hade de inte förblivit i världen, och världen hade inte existerat.

Förklaring: *Zohar* förklarar erhållandet av *mochin de Chaya de ZA* själv. Blomknopparna avser *HGT de ZA*, som kallas patriarker. *NHY de ZA* kallas söner och de är två *partzufim* som delar vid *Chazeh de ZA*, eftersom *HGT* kallas stora *ZON*, och *NHY* kallas lilla *ZON*. Alltså preciserar *Zohar* för oss att den är från stora *ZA*, och detta är anledningen till att det kallas patriarker.

De kallas blomknoppar, vilket innebär planteringar, eftersom de växer som planteringar. Först var deras mått som måttet av *NHY*. Efteråt, i *yenika* [som spädbarn], blev de *HGT*, varpå de i den första *gadlut* [vuxendomen] blev *HBD* av *Neshama*, och i den andra *gadlut* *HBD de Chaya*.

När det sägs att de gick in i tanke, och kom in i nästa värld, *Bina*, syftar det på *Zeir Anpins ibur* [fosterstadie], eftersom han under sin *ibur* stiger till *AVI*, som kallas tanke och nästa värld. *Aba* kallas tanke och *Ima* kallas nästa värld. Och där återfinns begynnelsen av konstruktionen av *ZA* i tre inom tre, vilket innebär att *HGT* kläds inom *NHY*.

Detta är anledningen till att det sades, "Planteringarna var som en antenn av gräshoppor", som rycker upp med rötterna därifrån och planterar någon annanstans och växer. Planteringarna är patriarkerna, *HGT* från sin rot. Genom deras stigande till *ibur* in i *HB*, när han planterar dem någon annanstans, erhåller de där den mildrade *Malchut*, som passar för *mochin* vid tiden för *gadlut*. Därigenom växte de sakta i bur, sedan genom *yenika*, därefter genom den första *gadlut*, och slutligen genom den andra *gadlut*. Därifrån kom de ut i fördöljande; där *HGT* en gång i tiden tog emot all *mochin* de *ibur*, föds de och kommer ut ur *AVI* till sin plats nedan, och kommer ut i fördöljande, eftersom de efter deras utgång ur *AVI* till sin plats fortfarande förblev i fördöljande, i förminskat ljus.

"De doldes i de sanna profeterna" innebär att genom att erhålla *mochin* de *yenika*, sträcktes det unika ljuset ut till *NHY de ZA*, de sanna profeterna. Då expanderade *HGT* för dem ut ur *NHY* och han erhöll *VAK*. Därför är de fortfarande fördolda, för de befinner sig fortfarande i fördöljande av *mochin de rosh* och har bara *NR [Nefesh-Ruach]*. Därför sades det att de doldes i de sanna profeterna.

De är *NH* som de erhöll genom Yenika, men de doldes i dem för att deras ljus försvann och inte längre uppenbaras. Man bör känna till att det alltid finns en invers relation mellan *kelim* och ljus. Så är det på grund av att i relation till *kelim*, erhålls *kelim* av *NH* i *yenika*, och ljuset av *Nefesh* som var i *HGT* stiger ner till dem. På liknande vis anses det som att ljuset av *HBD* erhålls i *mochin* de *gadlut* i relation till ljusen, och i relation till *kelim* anses det som att de erhöll *kli Yesod* de *gadlut*.

Josef föddes och de gömde sig i honom. Efter fullständigandet av *mochin* de *yenika*, stiger ZA för en andra *ibur* för *mochin* av den första *gadlut*. Genom dessa *mochin*, blev hans HGT HBD och *rosh*, och den NHY han erhöll genom *yenika* blev HGT för honom. Då föddes nya NHY till honom, och de kallas NHY av *mochin* de *gadlut*. Och dess NHY kallas Josef, som är *Yesod* de *gadlut*, vilket inkluderar NH de *gadlut*. Därför sades det "Josef föddes", det vill säga *Yesod* de *gadlut*.

"Och de gömde sig i honom" innebär att HGT fortfarande inte har *gadlut*s fullständiga ljus och att de fortfarande är i fördöljande. Så är det för i den första *gadlut* erhåller han enbart *mochin* de *Neshama*, som fortfarande betraktas som *achoraim* för ZA. Därför säger han att de gömde sig i honom, eftersom de fortfarande är fördolda.

Josef gick in i det heliga landet och etablerade dem där, för efter *mochin* av den första *gadlut*, börjar ZA ta emot *mochin* av den andra *gadlut*, *mochin* de *Chaya*. Då skärs *Nukva* av från honom och byggs som en hel *partzuf* i *mochin* de *Chaya*. Då kallas *Nukva* det heliga landet på grund av att *mochin* de *Chaya* kallas helighet.

Josef, *Yesod* de *gadlut* de ZA, gick in i det heliga landet, *Nukva*, PBP [*panim-be-panim*, ansikte mot ansikte] med ZA, på en likvärdig nivå.

Och han etablerade dem i det heliga landet, eftersom *mochin* de *Chaya*, ljuset *Chochma*, enbart dras ut i en *zivug* av ZON som en, och enbart förblir med *Nukva* på grund av att de bara dras av henne under *zivug*.

Och han reste dem i hennes hus, eftersom värdet av *ZA* för *Nukva* är som värdet av övre *AVI* för *YESHSUT*. Därmed framträder *mochin de Chaya*, ljuset *Chochma*, enbart i *Nukva*, som anses vara *YESHSUT*.

Sedan framträdde de på jorden och uppenbarades där. Nu har de blivit tillräckligt uppenbarade i egenskapen av *gadlut*, men fram till nu ansågs de vara gömda och dolda.

När syns de? *Zohar* har redan förklarat att de framträder när Josef gick in i det heliga landet, det vill säga vid tiden för *zivug*, och platsen för avslöjandet är i *Nukva*. Varför frågar han då igen "När syns de?". Saken är den att det även under *zivug* finns två aspekter: *Hitkalelut* [inkorporering] av vänster i höger, de fem *Chassadim* i det manliga, och *hitkalelut* av höger i vänster, de fem *Gvurot* i *Nukva*.

Därför frågar han, "När syns de, under *hitkalelut* av höger i vänster eller under *hitkalelut* av vänster i höger?"

Svar: När regnbågen visar sig i världen. Regnbågen är *Yesod de ZA* i världen, i *Nukva*. Detta är högers *hitkalelut* i vänster under *zivug*, som det står skrivet, "Jag har satt Min båge i molnet". Enbart från det sträcks de övre *mochin* ut, då de framträder från *hitkalelut* av höger i vänster.

Och då har tiden för beskärning kommit, en tid att skära bort de orättfärdiga från världen. När de orättfärdiga förökar sig i världen, finns det mycket gripande av *klipot* och *sitra achra* på grund av dem, som det var vid översvämningens generation, för vilket hela universum raderades. Då har människorna i världen inget annat hopp än genom avslöjande av den övre *mochin*, *mochin de Chaya*.

Och varför räddades de? På grund av att blomknopparna trädde fram. Varför räddades människorna i världen från utrotning, så som det skedde vid tiden för översvämningen? På grund av att blomknopparna trädde fram på jorden. Så är det för avslöjande av *mochin de Chaya* tar bort *klipot* från landet, *Malchut*, och de kan inte längre hålla fast vid det, som det står skrivet, "Och jag kommer att se på det, för att komma ihåg det eviga förbundet".

Det sades, men om de inte redan syndat, skulle de inte förbli i världen. Först byggs *Nukva* med de två stora ljusen, och hon har en likvärdig nivå med ZA. Men hon står via *Zeir Anpins* rygg, som är orsaken till varför månen klagade över att två kungar inte kan använda samma krona.

Av denna anledning anses dessa *mochin* vara *mochin de achor* [bakre *mochin*]. De kallas *mochin de VAK de Nukva*, som är *mochin* av hennes *katnut* från begynnelsen av hennes tillformning. Vid den tiden betraktas ZON som ett litet *panim* [ansikte], och de kallas för barn och ungdomar. Men när hon är fullständigar med dessa *mochin*, återvänder hon till övre *AVI* för en andra *ibur*, och då byggs hon som en stor struktur, med *mochin* av *PBP* [ansikte mot ansikte] med ZA. Då kallas de stor *panim*.

Det är känt att det inte finns någon förändring eller frånvaro i det andliga, och dessa *mochin de achor*, litet *panim*, förblir i henne även vid tiden för *mochin* och *gadlut*. Dessutom ligger anledningen för utsträckandet av *mochin de Chaya* primärt i *kelim de mochin de achor* i det lilla *panim*.

Det sades "Och om de inte syntes, skulle de inte förbli i världen". Med andra ord, om de blomknopparna inte hade synts i *Nukva* från hennes *katnut*, i konstruerandet av hennes *achoraim*, hade *mochin de Chaya* inte kunna förbli i henne även under *gadlut*, för hon skulle inte ha några *kelim* i vilka hon kan ta emot dem.

6) Och vem är den som upprätthåller världen och får patriarkerna att visa sig? Det är rösten hos de barn som engagerar sig, och för dessa världens barn räddas världen. Det är avseende dem det står skrivet, "Vi kommer för er att göra turturduvor av guld". Dessa är de barn och ungdomar, som det står skrivet, "Du ska göra två keruber av guld".

Förklaring: Världens barn är *mochin* de *achor*, som kallas litet *panim*. Världens barn, såväl som barn och ungdomar, och deras *zivug* i det tillståndet, kallas rösten hos de barn som ägnar sig åt Tora. De är turturduvorna av guld, och de är de två keruberna litet *panim*, förutan vilka dessa *mochin de Chaya*, som sträcks ut genom *hitkalelut* av höger i vänster, inte alls skulle tas emot i *Nukva*.

Och vem är det som upprätthåller och räddar världen vid den tidpunkten, och orsakar patriarkerna, som orsakar avslöjandet av *HGT* i *mochin de rosh*, när *HGT* blev *HBD de Chaya*? Rösten hos de barn som ägnar sig åt Tora orsakar det, *mochin* de *achor*, som är barnens röst och turturduvorna av guld.

Mi Barah Eleh [Vem skapade dessa]

7) *Bereshit* [i begynnelsen]. Rabbi Elazar började, "Höj din blick och se vem som skapade dessa". "Höj din blick", till vilken plats? Till platsen till vilken alla blickar i förväntan – öppnandet av ögonen, *Malchut de rosh de AA*. Där kommer du känna denna dolda *Atik*, för vem frågan "Vem skapade dessa?" gäller. Vem är han? Han är den som kallas *Mi* [vem], *ZAT de Bina*, den som kallas, "Från kanten av himlen ovan", och som äger allt. Och eftersom frågan ligger i Honom, och Han är fördold, kallas Han *Mi*, som i en fråga. Så är det för att det

inte finns några frågor ovan honom, och denna himmelens kant, där frågor återfinns, kallas *Mi*.

Förklaring: Rabbi Elazar förklarar innebörden av skapandet av himmel och jord i texten *Bereshit*. Himmel och jord är alla det sju skapelsedagarna; de är *ZON de Atzilut*. Men varför står det "*barah*"[skapade], som är *Bina* och inte *Atzilut*, det borde ha stått *he'etzil* [emanerade]? *Zohar* säger, "Vem är öppningen av ögonen? *Malchut de rosh de AA de Atzilut* kallas "öppningen av ögonen", för *sfira Chochma* av de tio *sfirot de rosh* kallas *eynaim* [ögon].

Det är även så att det bara finns *KH* i *rosh de AA*, därmed kallas hans *Malchut* "öppningen av ögonen", eftersom *mochin de Chochma* rinner ner från *rosh de AA* till alla *partzufim* i *Atzilut* genom hennes öppnande. Därför sades det, "Till platsen alla höjer sin blick i förväntan", eftersom *mochin de Chochma* kallas *eynaim*, och det finns ingen *mochin de Chochma* i något *partzuf* i *Atzilut*, utom genom öppnandet av *Malchut de rosh de AA*.

Och där, i öppnandet av ögonen, i *Malchut de rosh de AA*, kommer du att veta hur *Bina* skapade *ZON*, eftersom ordet *barah* [skapade] betyder *lebar* [arameiska: utanför] graden *Atzilut*. Och eftersom *Bina* själv gick utanför graden *rosh de AA*, och därmed betraktades som *Bria* i relation till *rosh de AA*, skapade hon med nödvändighet även *ZON*.

Därmed blev *ZA Yetzira*, eftersom det som kommer ut ur *Bria* anses vara *Yetzira*, och *Nukva* blev *Assiya*, då allt som kommer ut ur *Yetzira* kallas *Assiya*.

De får emellertid inte jämföras med de faktiska *BYA* bakom *parsa de Atzilut*, för dessa *Bina* och *ZON* står ovan *parsa* i världen *Atzilut*.

Snarare avser det enbart *rosh de AA*, varför det finns två sorters *BYA* i den:

Separerad *BYA*, som skiljde sig från *Atzilut* genom *parsa*, som är marken i världen *Atzilut*, som står ovan dem båda.

BYA av världen *Atzilut* själv, som är dess *Bina*, *ZA*, och *Nukva*. De är enbart utanför *rosh de AA*, och de är fortfarande *Atzilut*, men *parsa* inuti inälvorna av dessa *AA*, vid platsen för dess *chazeh*, står över dem från ovan. Därför separerades de från *rosh de AA* och betraktas som *guf* utan *rosh*, det vill säga i avsaknad av *mochin de Chochma*, som kallas *rosh* relativt världen *Atzilut*. Så är det på grund av att världen *Atzilut* vanligtvis betraktas som alla de fyra världarna *ABYA*'s *Chochma*, och det som saknar *Chochma* anses vara *guf* utan *rosh*.

Det sades att denna dolda *Atik*, i vilken det finns en fråga, skapade dessa. Med andra ord kom *Bina* ut ur *rosh de AA* genom den *Nukva* som steg till *Chochma de AA* och där avslutade *rosh de AA*, och därmed övergick till av bli *Bria* och *guf de AA*, och därför delades i två *bechinot* [aspekter]: *GAR* och *ZAT*.

Ursprunget till *Bina* är de tio *sfirot* de *Ohr yashar* [direkt ljus]. Dess natur är inte att ta emot någon *Chochma*, utan enbart ljuset *Chassadim*, som det står skrivet, "För han åtrår *Chesed* [barmhärtighet]", och inte *Chochma*. Därmed befläckar inte hennes utgång till *guf* henne alls, eftersom hon inte ens när hon är vid *rosh* tar emot någon *Chochma* från honom. Därför förminskas hon inte alls på grund av hennes position under *Malchut de rosh de AA*, och nu betraktas även hon fullständigt som *rosh*, som om hon aldrig lämnat *rosh de AA*, och hon är grundad i övre *AVI* som kläder *AA* från *peh* till *chazeh*.

Den andra *bechina* [aspekten, urskiljandet], ZAT de Bina, kommer från *hitkalelut* [blandningen] av ZON i Bina, som är roten till ZON i Bina. Därmed behöver de upplysning av Chochma för ZON. Av denna anledning befläckades de av deras närvaro i *guf de AA*, som tömdes på Chochma, och de betraktas vara Bria, och VAK utan ett *rosh*. Det sägs om dem att Aba tog Ima utanför, utanför *rosh de AA*. De kallas YESHSUT och kläder AA från *chazeh* till *tabur*. Och deras barn, ZON, kläder från *tabur de AA* och neråt, fram till slutet av världen *Atzilut*.

Parsa inuti Arich Anpins inälvor står vid hans *chazeh* på grund av att hon är kraften av Malchut vid *rosh de AA*, som för ZAT de Bina utanför *rosh*, och hindrar dem från att ta emot Chochma. Detta på grund av att även om denna *masach* står vid *peh de rosh de AA*, agerar den ändå inte alls där på något vis, eftersom övre *AVI* – som betraktas som GAR de Bina, som fortfarande anses vara *rosh de AA* – står där. Det följer att *masachs* kraft enbart dominerar vid platsen för *chazeh*, ovan ZAT de Bina, och stöter ut ZAT de Bina under sig utanför *rosh de AA*.

Därmed kallas GAR de Bina "den dolda *Atik*", eftersom *rosh de AA* kallas "*Atik*", och då GAR de Bina – som är från *peh de AA* och neråt – fortfarande anses stå vid *rosh de AA*, kallas även de *Atik*, likt *rosh de AA*. Men på grund av deras närvaro i *guf* av AA, kallas de "den fördolda *Atik*". Det sades att denna fördolda *Atik*, i vilken det finns en fråga, skapade dessa, det vill säga enbart ZAT av denna fördolda *Atik*, som kallas YESHSUT, i vilken det finns en fråga, att ta emot ZON i dem genom att höja MAN. Så är det för "dessa" innebär höjande av MAN, som i "be om regnen", och han säger att enbart denna fördolda ZAT de Atik, som kallas YESHSUT, är redo för en fråga, att ta emot MAN för utsträckande av ljuset Chochma, eftersom de saknar

Chochma. Dessförinnan betraktas de som *Bria*. Alltså skapade ZON de som kallas "dessa".

Och även de skapades utan ett *rosh*, likt honom, eftersom ordet "skapade" indikerar en brist i *rosh* i relation till *Atzilut*. Och vem är *Mi* [vem]? Det är ZAT *de Bina*, som är redo för en fråga. De kallas *Mi*, och ordet "skapade" syftar på dem, för de själva blev *Bria* på grund av *parsa* vid *chazeh de AA*, som separerade dem från upplysningen av *rosh de AA*.

Det sades, "Från kanten av himmelen ovan", det vill säga att allt i hans ägo, ZAT *de Bina*, som kallas YESHSUT och kallas *Mi*, anses vara "kanten av himmelen ovan". Detta på grund av att himmelen är ZA, som enbart tar emot från YESHSUT, som kallas *Mi*. Detta är anledningen till att *Mi* kallas "kanten av himmelen ovan", att allt är i hans ägo, eftersom himmel och jord, som är ZON och de tre lägre världarna BYA, båda tar emot från YESHSUT, som kallas *Mi*. Detta är anledningen till att "allt är i hans ägo".

"Så är det på grund av att det inte finns några frågor ovan honom, och denna himmelens kant, där frågorna återfinns, kallas *Mi*. Detta betyder att det inte finns några frågor ovan GAR *de Bina*, i övre AVI, eftersom de inte tar emot MAN för utsträckande av *Chochma*, då de är ljus av *Chassadim* och inte saknar *Chochma*. Därför kallas de inte *Mi*, eftersom de inte anses vara "kanten av himmelen", för de behöver inte ZON, som behöver upplysning av *Chochma*. Och det finns en förfrågan enbart i ZAT, som är YESHSUT, om att ta emot MAN från ZON och att stiga till *rosh de AA* för att ta emot upplysning av *Chochma* för dem. Därmed anses de vara "kanten av himmelen ovan", för att ZA, som kallas "himmel", tar emot från dem.

8) Det finns även en till, nedan, som kallas *Ma*. Vad är förbindelsen mellan de två? Den första, som kallas *Mi*, är fördold. Det finns en fråga i honom. Eftersom människan frågade och undersökte, för att söka och att veta från grad till grad ända till slutet av alla grader, *Malchut*, när han väl har nått dit, är han *Ma* [som betyder "vad" på hebreiska], det vill säga "Vad visste du?" "Vad har du observerat?" "Vad har du undersökt?". Trots allt är allt lika fördolt som innan.

Förklaring: När *Nukva de ZA* är *panim be panim [PBP]* med *ZA*, kallas *Nukva* även *Ma*, likt *ZA*. Hon betraktas som kanten av himmelen ovan, eftersom hon är slutet av alla grader och slutar i *Atzilut*. Det följer att *ZA*, som kallas "himmel", står mellan *YESHSUT*, som kallas "kanten av himmelen ovan", och *Nukva*, som kallas "kanten av himmelen nedan".

Det sades, "Eftersom människan frågade och undersökte, för att observera". "Att observera" syftar på *zivug de AVI*, som kallas *histaklut* [observation] av *AVI* på varandra genom deras uppstigande till *rosh de AA*. Då återvänder *Bina* för att ta emot upplysning av *Chochma* för *ZON*. Detta på grund av att medan *YESHSUT*, *ZAT de Bina*, inte behöver upplysning av *Chochma* för sig själva, eftersom *ZAT de Bina* i och för sig själva är lika deras *GAR* och inte behöver ta emot *Chochma*, väcker *YESHSUT* dem, när *ZON* höjer *MAN* till *YESHSUT*, för att de ska stiga till *rosh de AA* och ta emot *Chochma*. Men inte heller *ZON* höjer *MAN* till *YESHSUT*, förutom genom att höja *MAN* från de lägre människorna till *ZON* på ett sådant vis att människornas själar höjer *MAN* till *ZON*, då höjer *ZON MAN* till *YESHSUT*, och *YESHSUT* stiger till *AA* och blir en *partzuf* med övre *AVI*. Då betraktar *AVI* varandra och sträcker ut *Chochma* till *ZON*.

"Och eftersom människan frågade" innebär att han höjde *MAN*. "Och undersökte" innebär att analysera sina handlingar, att höja *ZON* för *zivug AVI*, så att *AVI* ska titta på varandra och sträcka ut

Chochma. "Och att veta från grad till grad fram till slutet av alla grader, *Malchut*", eftersom upplysningen av *Chochma* som dras genom höjandet av *MAN* och *zivug* kallas "vetande" eller kallas *Chochma* genom *Daat* [visdom genom vetande], för *ZON* som stiger för *MAN* betraktas där som *sfira Daat* för *AVI*, då de orsakar deras *zivug*. Även *zivug* kallas "vetande", från orden, "Och Adam kände sin hustru, Eva".

"Och att veta" innebär att sträcka ut *mochin* i *Daat* från grad till grad, från *Daat* av graden *AVI* till *mochin* av graden *ZA*. "Fram till slutet av alla grader" är från *ZA* till *Nukva*, som kallas "slutet av alla grader". Detta på grund av att *Bina* står *achor be achor* [ABA, rygg mot rygg] med *Chochma*, för hon är enbart *Chassadim*, och återgår enbart till att vara *PBP* med *Chochma* för *ZONs* skull.

"När han anlänt dit" är *Ma* [även "vad"]. När *mochin* har anlänt till *Nukva de ZA*, kallas *Nukva Ma*, den lägsta graden. Den lägre världen, *Malchut*, kallas *Ma*. Det står skrivet, "Vad ber Herren din Gud dig om?" Uttala det inte *Ma* [vad], utan *me'ah* [100], eftersom alla de övre graderna i sin helhet, som är 50, befinner sig här i *Malchut*, alltså kallas hon "100", eftersom hennes 50, *KHB TM*, som var och en består av 10, och *Binas* 50, är 100. Därmed kallas *Bina Mi*, som är 50, och *Malchut* är *Ma*, som är 100, eftersom hon även inkluderar *Binas* 50 inom sig. Därför kallas det *Ma*, för att indikera att helheten av den stora helheten av dessa *mochin* först kommer då *mochin* har anlänt till *Nukva*.

Det står skrivet, "Vad visste du? Vad observerade du? Vad undersökte du? Trots allt är allt lika fördolt som innan." *Malchut* kallas *Ma* för även om det övre utsträckandet av *Chochma* sträcker ut genom de övre graderna, *Bina* och *ZA*, träder hon inte fram förrän hon fullbordas här i *Malchut*, platsen för slutet av alla grader, slutet av utsträckandet av allt. Hon står uppenbarad i upplysning av *Chochma*. Och även om hon uppenbarades mer än alla, är hon redo för frågorna, "Vad såg du?" "Vad visste du?", som det står skrivet, "eftersom du inte såg någon avbild".

Och även om den övre *mochin* redan har sträckts ut till henne genom höjande av *MAN*, och hon redan fullbordats med dem, finns det fortfarande en fråga i henne, som *YESHSUT* var innan höjandet av *MAN*. Därför sades det, "Vad visste du? Vad observerade du? Vad undersökte du? Trots allt, är allt lika fördolt som innan", för efter höjandet av *MAN* och utsträckandet av Mochin, är allt fortfarande fördolt i *Nukva*, som före höjandet av *MAN*, som fortfarande är redo att fråga, det vill säga höja *MAN*.

Hur hjälper alltså de lägre till genom att höja *MAN*, och varför drogs *mochin* till henne, eftersom de inte alls är uppenbarade? "Uttala det inte *Ma*, utan *me'ah*", 100 välsignelser som *Nukva* ger till de lägre. I enlighet med det, hur är hon fortfarande redo att fråga, och allt är fördolt som tidigare?

Det finns två *mochin de gadlut* i *Nukva*, som kallas första *gadlut* och andra *gadlut*. I den första *gadlut* stiger enbart övre *AVI* till *rosh de AA*, och inte *YESHSUT*. Och även om de blir en *partzuf*, förblev *YESHSUT* i *guf de AA*, men steg till *AVI*s tidigare plats, och klädde från *peh* till *chazeh de AA*. Därmed blev *YESHSUT*, å ena sidan, *rosh de AA*, och de steg även över *parsa de chazeh de AA*, där *rosh de AA* lyser upp, som det förklarades i *AVI* själva, som stod där före höjandet av *MAN*.

Därför ger de fullständig *mochin de GAR* till *ZA*, och *ZA* till *Nukva*, och *Nukva* blir 100 välsignelser, eftersom *ZON* genom dessa *mochin* stiger till *YESHSUTs* plats, från före höjandet av *MAN* från *chazeh* till *tabur de AA*. Det följer att *Nukva* är på *Imas* plats, och därför blir *Nukva* 100, likt *Ima*, eftersom 100 är i *Ima*, tusental i *Aba*, och den lägre som stiger till den övre blir som den.

Men å andra sidan är *Nukva* enbart lik *Mi*, som är redo för en fråga, som *YESHSUT*, före höjandet av *MAN* och utsträckandet av *mochin*, på grund av hennes klädande i platsen för *YESHSUT de katnut* från *chazeh* till *tabur de AA*. Därmed står hon under *parsa* inuti *Arich Anpins* inälvor, där upplysningen av *rosh de AA* upphör ovan denna *parsa*. Följaktligen vann *Nukva* så sett inte *mochin* och *rosh de AA*, för vars skull allt höjande av *MAN* ägde rum, och allt är lika fördolt som innan, före höjandet av *MAN*. Men i ett annat avseende vann *Nukva* att urskiljas som *Ima* för hon steg till *YESHSUTs* plats, som kallas *Ima*, som blev 100 välsignelser.

Därför betraktas dessa *mochin* enbart som *VAK de gadlut*, eftersom hon inte kan ta emot *rosh de gadlut*, då hon är under *parsa* de *chazeh de AA*. Men hennes grad är nu likvärdig *YESHSUT* när den är *VAK*, före höjandet av *MAN*, när han stod från *chazeh* till *tabur de AA*. Detta är en stor *gadlut* för *Nukva*, men den kallas *VAK de gadlut*. Den saknar fortfarande *GAR de gadlut*, och erhållande av *GAR de gadlut* kallas "*Nukvas* andra *gadlut*".

Nu kan vi förstå varför *Nukva* kallas *Ma*. Den första orsaken ligger, som han förklarar, i den övre *mochin* som *Nukva* erhöll, som kallas "100 välsignelser". Därför sades det, "Uttala det inte *Ma*, utan *me'ah*", genom hennes stigande till *YESHSUTs* plats genom dessa *mochin*. Den andra orsaken är att hon enbart steg till *YESHSUT de katnuts* plats, och är redo för en fråga från *chazeh* till *tabur de AA*. Därmed är *mochin de Nukva* fullständigt lika honom, och även *Nukva* blir redo för en fråga, det vill säga *VAK* utan *GAR*. Men det är en stor skillnad, för han är *VAK* av övre *AVI*, *VAK de gadlut*.

Dessutom, när det sades "Vad visste du, eftersom allt är lika fördolt som innan", betyder inte det vad den gjorde innan, som *Nukva* var före höjandet av *MAN*, utan snarare som *YESHSUT* var före höjandet av *MAN*. Men *Nukva* vann mycket genom att höja *MAN*, eftersom hon nu tog emot *Ima*, 100 välsignelser, även om de är *VAK de gadlut*. Därmed är hon fortfarande redo för en fråga, som *YESHSUT* var före höjandet av *MAN*.

9) Om det står det skrivet, "Vad skall jag vittna till dig? Med vad skall jag jämföra dig, o Jerusalems dotter?" Detta på grund av att när templet förstördes kom en röst ut och sade, "Vad skall jag vittna till dig? Med vad skall jag jämföra dig?", det vill säga att jag kommer att tillrättavisa dig med detta *Ma*. Varje dag vittnar jag till dig från forntida dagar, som det står skrivet, "Jag kallar himmel och jord att vittna mot dig idag".

"Med vad skall jag jämföra dig?" På så vis har jag krönt dig med heliga kronor och gjort dig till härskare över världen, som det står skrivet, "Är detta staden om vilken de sade, skönhetens perfektion?" Jag har kallat dig "Jerusalem, som är byggd som en stad som sattes samman".

"Vad skall jag likna dig vid och trösta dig?" Som du sitter är det ovan, i Jerusalem ovan. Likt de heliga inte kommer in i dig i heliga arrangemang, svär jag till dig att jag inte kommer att gå in ovan till dess att dina arméer går in i dig nedan. Detta är din tröst, eftersom jag jämför den graden med dig, Jerusalem ovan, *Malchut*, i allt, nu när du är här, din splittring är lika stor som havet. Och om du säger att du inte har något helande eller botemedel, vem kommer att hela dig? Det är den översta, dolda graden, kallad *Mi*, genom vilken allt existerar, som är *Bina*. Hon kommer att hela dig och resa dig.

Förklaring: Förstörelsen av templet skedde på grund av att Israel syndade i avgudadyrkan och inte ville höja *MAN* för *zivug* av *ZON*. Istället ville de sträcka ut överflödet för *sitra achra*, som kallas "andra gudar". Därför separerades *zivug* de *ZON*, de 100 välsignelserna från *Nukva* ställdes in, och templet förstördes. Det sägs, "En röst brister ut och säger, 'Vad skall jag vitta till dig'", eftersom jag varenda dag sedan urminnes dagar har vittnat för dig. Dessa *VAK de gadlut* som *Nukva* tar emot i *Ma* kallas "urminnes dagar", som det står skrivet, "Sannerligen, fråga nu om de första dagarna", och från himmelens kant till himmelens kant. Det kallas så eftersom de är *VAK de AVI*, eftersom *YESHSUT* är *ZAT de AVI*, och de sju dagarna av *AVI* är de första till de sju dagarna av *ZON*, som det står skrivet, "Jag kallar himmel och jord att vittna mot dig idag".

Innebörden av *zivug ZON*, som kallas "himmel och jord", är att texten varnar att värna och upprätthålla *zivug*. Om inte, varnar texten, "att du säkerligen kvickt kommer att avtyna från landet". Det står skrivet, "Vad *[Ma]* skall jag vittna till er?" Jag har avseende de 100 välsignelserna varnat att hålla dem och att utföra dem, och ni höll dem inte. Därför har "Ni kommer säkerligen att avtyna från landet" skett i er.

Det sades "Vad ska jag jämföra dig med?" På så vis har jag krönt dig med heliga kronor och gjort dig till härskare över världen. Jag har kallat dig "Jerusalem som är uppbyggd som en stad som har satts samman". Det är så för i dessa 100 välsignelser som *Nukva* tar emot från *ZA* i ett *zivug*, är *Ma* i deras uppstigande till *YESHSUT*, *ZA* blir som *Ysrael Saba*, och *Nukva* blir som *Tvuna*. Då blir hennes ljus 100 välsignelser, likt *Tvunas* ljus. Om det står det skrivet, "som en stad som har satts samman", eftersom *Nukva*, som kallas "stad", gick ihop med *Tvuna*, och *Nukva* urskildes som *Tvuna*, som tar emot *mochin de Tvuna* därifrån, vilket kallas "heliga kronor". Då kallas hon "perfektionen av skönhet, en fröjd för hela jorden", och tar emot styret över världen.

Det sades, "Vad *[Ma]* skall jag jämföra dig med och trösta dig?". Så som du sitter, så är det i Jerusalem ovan. Med andra ord, på grund av Israels synd – att templet förstördes och att de fick gå i exil från sitt land – vållade de även separation för *Nukva*, eftersom hennes läger nio föll ner i *klipot*, och hon återvände till en punkt under *Yesod*. Och det nedtecknades, "Vem kommer att hela dig?" Om Israels barn ångrar sig, korrigerar sina handlingar, och höjer *MAN* till *ZON*, kommer den övre *mochin* ännu en gång att dras till *ZON*, *Nukva* kommer återigen att stiga till *YESHSUT*, som kallas *Mi*, och det kommer att finnas helande.

> 10) "Från himmelens kant". *Mi* är kanten av himmelen ovan, *YESH-SUT*. *Ma* är himmelens kant nedan, *Malchut*. Detta är vad Jakob, *ZA*, ärvde, som fäste från ända till ända, från den första ändan, *Mi*, till den sista ändan, *Ma*, ståendes i mitten mellan *YESHSUT* och *Malchut*. Därför står det skrivet, "Vem skapade dessa?" *YESHSUT*, *Mi*, skapade *ZA* och *Malchut*, *eleh* [dessa, men även *alef-lamed-hey*].

Förklaring: Han borde ha skrivit, "Från himmelens början till himmelens slut", så varför står det "från kant till kant", "från ända till ända"? Det sades, "Från *[Mi]* kanten av himmelen ovan", *YESHSUT*, redo för en fråga. Han kläder från *chazeh* till *tabur de AA*. *Ma*, *Nukva* före höjandet av *MAN*, är slutet av alla grader från *chazeh de ZA* och nedåt. Mellan dem står Jakob, *ZA*, som börjar kläda från platsen för *tabur de AA* genom *Nukva*.

Och där fäster han från slutet av *Mi* till slutet av *Ma*, eftersom *Mi* slutar vid *tabur de AA*, där Jakob börjar. Och *Nukva, Ma*, står vid hans slut. Emellertid talar skriften om tiden efter utsträckandet av *mochin* till ZON, som det står skrivet, "I sanning, fråga nu angående de första dagarna", där ZON stiger och tar emot *mochin de YESHSUT*, som kallas "första dagar". Då steg himmelens kant nedan, *Ma, Nukva*, och klädde himmelens kant ovan, *Mi, YESHSUT*, och båda befinner sig på exakt samma plats.

Därför står det skrivet, "Från kant till kant", eftersom de båda nu har blivit en himmelens kant, eftersom ZA tar emot de första dagarna, som är *VAK* från *Ysrael Saba, HGT NHY*, och *Nukva* tar *Tvuna, Malchut de Bina*, som nu befinner sig vid kanten av ZA, som kallas "himmel". Men avseende det som föregår *mochin*, betraktas hon som himmelens huvud.

Och det finns en annan betydelse: himmelen ovan är *Ysrael Saba*, som består av de första sex dagarna, *HGT NHY de Bina*, och himmelens kant ovan är *Tvuna, Malchut de Bina*. Och innebörden av orden kommer att vara "från kanten av *Ysrael Saba* till kanten av *ZA*", som kallas "himmelen nedan".

Om dessa *mochin* säger skriften, "Vem skapade dessa?", för *Mi* är YESHSUT, som står vid platsen för *Bria de AA*, från *chazeh* till *tabur*, under *parsa* inuti *Arich Anpins* inälvor, dit upplysningen av *rosh de AA* inte längre når. Därför betraktas det som *Bria*, bar [utanför] *rosh de AA*. Därmed är han redo för en fråga. Det följer att när ZON väl uppnår dessa *mochin*, som stiger och kläder denna *Mi*, och tar hans plats från *chazeh* till *tabur de AA*, urskiljs även deras *mochin* enbart som *Bria de AA*. Och det står skrivet, "Vem [*Mi*] skapade dessa", med innebörden att *ZON* tog *mochin de Bria* [vilket även betyder skapelse] från *Mi*.

Vem skapade dessa av Elijahu

11) Rabbi Shimon sade, "Elazar, min son, hör upp att prata, och du kommer att upptäcka fördöljandet av den översta hemligheten som världens folk inte känner till". Rabbi Elazar blev tyst. Rabbi Shimon grät och sade, "Elazar, vad är *eleh* [dessa]? Om du säger att det är stjärnor och tecken, är de alltid synliga? Och i *Ma* [vad], som är *Malchut*, skapades de? Det står skrivet, 'Himlarna skapades av Herrens ord'. Himlarna skapades av *Malchut*, som kallas 'Herrens ord'. Och om *eleh*, sades om de dolda tingen, borde det inte ha stått *eleh*, eftersom de är blottade stjärnor och tecken".

Förklaring: Här avslöjade Rabbi Elazar *mochin* av den första *gadlut*, och Rabbi Shimon ville avslöja *mochin* av den andra *gadlut*, den övre *mochin* av *Chaya*. Detta är anledningen till att han befallde honom att upphöra med sina ord, så att han för honom skulle avslöja döljandet av den översta hemligheten, som världens folk inte kände till, för dessa *mochin* var ännu inte uppenbarade i världen, och Rabbi Shimon uppenbarade dem här.

När det sades "Vad är *eleh*?", vad nytt bringar oss texten här, i "*Mi* [vem] skapade *eleh* [dessa]", som är *ZON*? Om du säger att det är stjärnorna och tecknen, den *mochin de VAK de gadlut* de erhöll, och att detta är vad orden "Vem skapade dessa" avser, eftersom *mochin de VAK* kallas "stjärnor och tecken", frågar han om det, "Vad nytt är det?" Trots allt syns de alltid, eftersom de inte är *ZON*s vanliga *mochin*, som alltid kan sträckas ut, även på vardagar. De är inte ett så stort tillägg att orden "Vem skapade dessa" kommer att framträda på dem.

Vi kan inte heller tolka det så att dessa *mochin* hela tiden är tillämpliga, eftersom *ZA* bara har nivån *VAK* utan ett huvud permanent, och bara genom att höja *MAN* sträcks dessa *mochin* ut. Snarare är meningen att de alltid kan sträckas ut, även under vardagar, eftersom det är så de dras varje dag under morgonbönen.

Han frågar även, "Med *Ma* [vad] skapades de?" Dessa *mochin* tillskrivs inte *Bina*, utan *ZON de Atzilut*, som kallas *Ma*, och från vilka de kom, som det står skrivet, "Genom Herrens ord", som är *ZON*, där *ZA* är *HaVaYaH* [Herren] och *Nukva* är "ett ord".

12) Denna hemlighet uppenbarades emellertid enbart under en enda dag, när jag var vid stranden, och Elijahu kom och berättade för mig, "Rabbi, visste du vad det är, 'Vem skapade dessa?'" Jag sade till honom, "Det är himmelen och deras härskara, Skaparens arbete, som människor bör följa, och välsigna Honom, som det står skrivet, 'När jag reflekterar över Dina himlar, Dina fingrars verk, o Herre, vår Herre, hur stort är Ditt namn över hela jorden.'"

13) Han sade mig, "Rabbi, det fanns en dold sak inför Skaparen, och Han avslöjade den i församlingen ovan". När det mer fördolda av allt det som är fördolt ville avslöjas, gjorde han först en liten punkt, *Malchut*, som steg upp till att bli en tanke, *Bina*, det vill säga att *Malchut* steg och inkluderades i *Bina*. I den formade han alla bilder och ristade alla gravyrer.

Förklaring: *Atik*, världen *Atziluts* första *rosh*, kallas "mer fördold än allt det som är fördolt". Vi lär oss om det att om vilken ledare av en nation som helst inte först är korrigerad, korrigeras inte folket. Varifrån vet vi det? Från *Atik Yomin*, för så länge som han inte var korrigerad i alla sina korrigeringar, korrigerades inte alla de som behöver korrigering, och världarna förstördes. När *Atik*, som är mer fördold än allt det fördolda, ville korrigeras, korrigerade han allt som manligt och kvinnligt. Han höjde *Malchut* till *Bina*, och *Malchut* blev *Nukva* i alla *sfirot*, där varje *sfira* bestod av manligt och kvinnligt, och när denna *Chochma*, som är summan av allt, *Chochma* av de 32 vägarna, kom ut och lyste upp från *Atik*, lyste hon bara upp i manligt och kvinnligt, det vill säga att *Chochma* spred och framkallade *Bina* ur henne. Det följer att de är manligt och kvinnligt, och detta är korrigeringen av *tzimtzum bet* [den andra begränsningen].

När den mest dolda av allt fördolt ville avslöjas, gjorde han först en punkt. Det vill säga, när *Atik* ville träda fram i världarna, genom kraften av korrigeringen i *tzimtzum bet*, gjorde han en enda punkt i *rosh de AA*, i hans *Chochma*, höjde *Malchut*, punkten, till *rosh de AA*, där *Nukva* som höjer *Ohr chozer* korrigerades, kläder de tio *sfirot de rosh de AA*, och *rosh de AA* slutade vid *sfira Chochma stimaa*. Därmed var *Chochma* manlig och *Nukva*, *Bina*, och *ZON de rosh de AA* gick utanför *rosh*, till graden *guf de AA*. Detta är innebörden av att *Chochma* expanderar och kastar ut *Bina* ur sig för att bli *guf*.

Det sades "Denna steg till att bli en tanke", som är *Bina*. Denna punkt av *Malchut* – som steg till *Chochma*, och genom vilken *Chochma* etablerades som manlig och kvinnlig – steg på grund av den och blev en tanke, *Bina*. Så är det för hon står i *zivug* med *Chochma*, tar emot från *Chochma*, och den som tar emot från *Chochma* betraktas som *Bina*, inte som *Malchut*. Det följer att även om *Malchut* vid sin rot blott är en punkt, blev hon *Bina* tack vare uppstigandet. Därför sades det, "Denna steg till att bli en tanke", vilket fick punkten att bli *Bina*, som kallas "en tanke".

Man bör veta att *Zohar* med namnet "tanke" ibland syftar på *Chochma*, och ibland på *Bina*. Detta på grund av att en tanke innebär *Nukva de Chochma*, därmed bör hon kallas *Chochma*, för hon är

Nukva av *Chochma*. Hon är emellertid i och för sig själv *Bina*, och inte *Chochma*. Ändå kallas *Bina* "tanke" enbart när hon urskiljs som *rosh*, tillsammans med *Chochma*.

Det sades, "I den formade han alla bilder och ristade alla gravyrer." Detta för att vid punkten när hon steg till att bli en tanke, målade och graverade han alla fem *partzufim* i *Atzilut*, *AA*, *AVI* och *ZON*. "Formade" i henne och "graverade" i henne antyder en stor sak. "Formade i henne" innebär att han emanerades av alla bilderna, som är de fem *partzufim* av *Atzilut*. Det vill säga, genom den *zivug* som gjordes på *masach* vid den punkt som steg till att bli en tanke, kom nivån *VAK de Ohr chozer* och *Ohr yashar* av *KH* ut i varje *partzuf*. Han ristade emellertid alla gravyrer i henne, en brist, så att brister och gravyrer gjordes tillsammans med uppstigandet av punkten till att bli en tanke, som är förberedelser för en mottagare över ljusen i alla *Atziluts partzufim*. Och eftersom det ämnet är grunden för all *mochin de Atzilut* bör det klargöras grundligt.

Stigandet av punkten till att bli en tanke, *Bina*, är genom att göra en ny *sium* [slut] i de tio *sfirot* på varje grad. Detta för att punkten, *Malchut*, med *masach* i sig, som stod för ett *zivug* vid platsen för *Malchut* av de tio *sfirot de rosh*, *peh*, och avslutade *rosh* där, nu steg till platsen för *Bina de rosh*, som kallas *nikvey eynaim*, *Nukva de Chochma*, som är *Bina*. Därmed gjordes ett *zivug* på hennes *masach*, vid platsen för *nikvey eynaim*, som avslutade *rosh* där. Och de tre *sfirot Bina*, *ZA*, och *Malchut* av *rosh*, som kallas *AHP*, steg ner under platsen för *sium* i *rosh*, in i graden av *guf*.

I de tio *sfirot de guf* gjordes det med nödvändighet likadant: *Malchut* som avslutar *guf* av *partzuf* stod tidigare vid platsen för mittpunkten,

Malchut av de tio *sfirot de guf*, som kallas *sium raglin*. Nu steg hon till platsen för *Bina de guf*, *Tifferet*, eftersom *HGT de guf* är *KHB*, som avslutar *guf* vid *Tifferet*, platsen för *chazeh*, och de tre *sfirot Bina* och *ZON de guf*, som kallas *TNHYM*, kom ut ur *Atzilut* och föll ner i den separerade *BYA*.

Därmed, på grund av uppstigandet av punkten till att bli en tanke, delades varje grad upp i två halvor, där den övre halvan, *KH*, förblev i graden, och *Bina* och *ZA* och *Nukva* av varje grad förlorades från den och steg ner till graden under den. Detta är innebörden av uppdelningen av namnet *Elokim* i bokstäverna *Mi eleh*. Så är det för en fullständig grad i *sfirot KHB ZON* kallas med det heliga Namnet, *Elokim*, i vilket det finns fem bokstäver som motsvarar de fem *sfirot KHB ZON*. *Eleh* är *KHB*, och *yod-mem* är *ZON*. Nu när varje grad delats upp i två halvor, där *KH* förblev i *Bina* och *ZON* föll från henne, följer det att enbart de två bokstäverna *Mi* förblev i varje grad, och att de tre bokstäverna *eleh* [*alef-lamed-hey*] föll från varje grad till graden under den.

Men i enlighet med det borde de två bokstäverna *alef-lamed* ha förblivit i graderna, och *hey-yod-mem* borde ha fallit ner i graden under den. Saken är den att det alltid finns en inverterad relation mellan *kelim* och ljus. I *kelim* kommer den övre först: först kommer *kli de Keter*, sedan *kli de Chochma*, fram till *kli de Malchut*. Det motsatta gäller för ljusen. I dem kommer de lägre först: först kommer ljuset av *Malchut*, sedan ljuset av *ZA*, sedan ljuset av *Bina*, fram till ljuset av *Keter*.

Därmed, om det finns två *kelim KH*, så finns det två ljus, ljus av *Malchut* och ljus av *ZA* i dem, som kallas *VAK*. Därför urskiljer vi att enbart de två bokstäverna *Mi* förblev i graden: ljuset av *Malchut* och ljuset av *ZA* av namnet *Elokim*. Men de tre bokstäverna *eleh* föll från dem, följaktligen tömdes varje grad på *GAR*.

Det sades, "I den formade han alla bilder och ristade alla gravyrer". Detta antyder uppdelningen av varje grad i två halvor genom uppstigandet av punkten till att bli en tanke. "I den formade han alla bilder" hänvisar till de två bokstäverna *Mi* som förblev i helheten av graden, och formar bilden *Adni*. "Ristade alla gravyrer" hänvisar till de tre bokstäverna *eleh* som föll från varje grad och fick en brist på dem, för på grund av deras frånvaro förblev enbart ljusen av *Malchut* och ljusen av *ZA* i graden, och de tre ljusen *KHB* saknas i dem, eftersom det inte finns något ljus utan ett *kli*. Därmed, om de återigen skulle erhålla *kelim de Bina* och *ZON*, skulle de omedelbart även erhålla *GAR*, för de är ömsesidigt beroende.

14) Graverade inom det heliga, dolda ljuset hänvisar till *Malchut* som inkluderades i *Bina*, en ristning av en enda dold bild, den heliga av de heliga, som är en djup struktur som kommer ut ur tanken, *GAR*, och kallas *Mi*, början av strukturen. Den står och den står inte, djup och dold i namnet *Elokim*. Den kallas även *Mi de Elokim*, vilket innebär att bokstäverna *eleh* saknas i namnet *Elokim*. Han ville uppenbaras och kallas med namnet *Elokim*; Han klädde i ärans lysande klädnad, ljuset *Chassadim*, och skapade dessa [*eleh*]. Och bokstäverna *eleh* steg i namnet *Elokim*, det vill säga att bokstäverna gick samman med varandra – bokstäverna *Mi* med bokstäverna *eleh* – och namnet *Elokim* fullbordades. Så länge som Han inte skapade *eleh*, förtjänade det inte namnet *Elokim*, och de som syndade med kalven sade om det, "Dessa [*eleh*] är dina gudar, o Israel."

Förklaring: Genom höjandet av *MAN* från de lägre sträcktes ett nytt ljus ut från *AB SAG de AK*, eftersom detta ljus från *AB SAG de AK*, ovanför *tzimtzum bet*, delar upp varje grad i två. När detta ljus sträcker ut sig från *rosh de AA*, sänker det alltså återigen punkten från tanken, från *Binas* plats, tillbaka till hennes plats, platsen för *Malchut* av *rosh*, som det var före *tzimtzum bet*. Och de tre *sfirot Bina*, *ZA* och *Malchut*, som föll från *rosh*, återvänder till att vara *rosh*, för *zivug* skedde på *Malchuts* plats, nedanför dem.

Detta anses som att namnet *Elokim* återigen uppenbarades, eftersom de tre bokstäverna *eleh* gick ihop med *Mi* vid samma grad igen, och namnet *Elokim* fullbordades i graden. Och då *Bina* och *ZON de kelim* återvände, återvände även ljusens *GAR*, och ljusens *KHB ZON* klädde i namnet *Elokims* fem bokstäver: *KHBs* ljus i *eleh*, *ZONs* ljus i *yod-mem*. Märk detta väl – att den fallna *eleh* betraktas som *Binas* och *ZONs kelim* som saknas i graden. När *eleh* emellertid förenas i namnet *Elokim*, blir de *KHBs* ljus, på grund av det inverterade förhållandet mellan *kelim* och ljus.

Det sades, "Graverad inom det heliga, dolda ljuset", hänvisande till den *Malchut* som inkluderades i *Bina*, det vill säga att en *masach* och en plats för *zivug* ånyo ristades in i *Malchut de rosh de AA*, som kallas "det dolda heliga ljuset". Detta en gravyr av en dold bild, den heliga av de heliga, nivån *GAR*, som kallas "den heligaste av heliga". Och på grund av att den kommer ut ur en tanke, eftersom den punkt som steg till att bli en tanke nu har kommit ut ur en tanke och nått fram till dess riktiga plats – platsen för *Malchut de rosh*– har nu de tre *kelim Bina*, *ZA* och *Nukva*, *eleh*, återvänt till graden *rosh*, och namnet *Elokim* har fullbordats. Han kallar denna nivå av *GAR* med namnet, "en dold bild".

Det sades att den kallas *Mi*, begynnelsen av strukturen, för även om *eleh* redan har gått samman med *Mi*, och namnet *Elokim* har skapats, kallas det fortfarande ändå bara *Mi*, och det är början av strukturen.

Det är början av strukturen av namnet *Elokim* på grund av att strukturen fortfarande är ofullständig.

Det sades, "Den står och den står inte". Å ena sidan står strukturen redan fullständigt komplett, eftersom platsen för *zivug* återvände till dess plats vid *peh de rosh*, och *Bina* och *ZON* återvände till graden, vilket även ljusens *GAR* gjorde, och namnet *Elokim* fullbordades. Men å andra sidan står namnets struktur fortfarande inte, för den är djup och dold i namnet *Elokim*, eftersom namnet *Elokims* ljus fortfarande är djupa och fördolda, och inte skiner i *eleh*, vilket är *Bina* och *ZON* som steg till *roshs* plats.

Detta på grund av deras stigande till *rosh de AA*, där enbart *Chochma* skiner; det finns enbart *Chochma* på denna nivå. Och eftersom de är *ZAT*, och *ZAT* som steg inte kan ta emot *Chochma* utan att kläda i *Chassadim*, och *Chassadim* inte har något namn, kan inte heller de ta emot *Chochma*. Därför anses det vara så att namnet är djupt och fördolt, och fortfarande inte sprider ut sig i de tre bokstäverna *eleh*. Därför betraktas denna nivås struktur fortfarande som "inte stående", och *eleh* är fortfarande inte uppenbarade i henne. Därför sades det att den dessförinnan bara kallas *Mi*, eftersom bokstäverna *eleh* fortfarande är fördolda i namnet *Elokim*, och det bara finns *Mi* där.

Det sades, "Han ville uppenbaras och kallas med namnet *Elokim*", eftersom namnet redan hade fullbordats, då *eleh* redan hade stigit till *rosh*, varför de inte skiner alls. Därför ville Han uppenbaras och kallas med namnet *Elokim*. "Han klädde i ärans lysande klädsel", ljuset *Chassadim*, och skapade *eleh*.

Tolkning: Hela fördöljandet av namnet, att det inte skiner i *eleh*, är på grund av bristen på klädnad av *Chassadim*. På grund av att *ZAT* inte kan ta emot ljus av *Chochma* utan *Chassadim*, gjorde han *zivug de katnut* ännu en gång, som när den klädde i *guf de AA*, och sträckte ut nivån *Chassadim*, nivån *Chochma* klädde i det ljus av *Chassadim* som hon sträckte ut. Och det ljuset blev en lysande klädnad av ära för den nivån. Genom klädandet av *Chassadim*, kan den lysa upp med ljuset *Chochma* i *ZAT*, som är *eleh*.

Han skapade *eleh*, och bokstäverna *eleh* [alef-lamed-hey] steg i namnet *Elokim*. Med andra ord skapade Han dessa, det vill säga förlänade ljuset på *eleh*, genom ärans klädnad, den nivå av *Chassadim* han tog emot från *zivug* av *guf* under *chazeh*, som kallas *Bria* [skapelse]. Därigenom steg bokstäverna *eleh* i namnet *Elokim*. Detta på grund av att de, då de redan hade en ärans klädnad från *Chassadim*, inte kunde ta emot även *Chochma* i den, och då trädde *eleh* fram i namnet *Elokim*.

Detta för att *Bina* och *ZON* nu skiner i den med all den helhet som finns i dem. Det anses att namnet *Elokim* nu uppenbarades och avslöjades. Och det sades att bokstäverna gick samman med varandra, *Mi* i *eleh*, och namnet *Elokim* fullbordades, eftersom *eleh* nu tar emot nivån *Chochma*, för att de har uppnått *Chassadims* klädnad, och alla fem bokstäver i *Elokim* till fullo skiner.

Det sades "Så länge som Han inte skapade *eleh*, förtjänade den inte namnet *Elokim*". Detta på grund av att före *Mi* gav dem ljuset *Chassadim* för klädnad, kunde *eleh* inte ta emot någonting från *Mi*, och *Elokim* lyste bara upp i *Mi*. Och det sades, "Och de som syndade med kalven sade om det, 'Dessa [*eleh*] är dina gudar, o Israel", eftersom de befläckade ärans lysande klädnad. Därför separerades *Mi* från *eleh*, som är anledningen till att de sade "Dessa är dina gudar", och överflödet gick ut till andra gudar.

15) Och när *Mi* gick samman med *eleh* och blev namnet *Elokim* genom ärans lysande klädnad, ljuset *Chassadim*, binder namnet alltid samman genom ärans lysande klädnad. Det är därpå världen existerar, som det står skrivet "En värld av *chesed* [nåd/barmhärtighet] skall byggas".

Elijahu flydde och jag såg honom inte. Men jag kände till ämnet från honom, för jag uppfattade hans hemlighet och fördöljande. Rabbi Elazar och alla vännerna kom och bugade inför honom. De grät och sade "Om vi kom till världen enbart för att höra det, vore vi nöjda".

Förklaring: På samma sätt som det förklaras att han inte förtjänade namnet *Elokim* före nivån *Chochma* klädde i ärans lysande klädnad, och *Mi* gick ihop med *eleh* och blev namnet *Elokim*, parar sig namnet alltid och existerar för evigt, och förtjänar inte namnet *Elokim* utan ärans klädnad. Och därigenom existerar världen.

Även den lägre världen, *Nukva*, *Ma*, tar emot *mochin* på detta vis av att associera *Mi* med *eleh*, och fullbordas som den övre världen, som Rabbi Shimon gradvis förklarar. Detta motsäger Rabbi Elazar, som om den lägre världen sade "När *Ma* [vad] anlände dit, vad visste du? Trots allt är den lika fördold som innan". Det följer att den lägre världen enligt hans ord inte existerar som den övre världen. Därför upphörde Rabbi Shimon med sina ord ovan. Men Elijahu tolkade enbart ordningen av *mochin* och konstruktionen av namnet *Elokim* i *AVI*. Han förklarade inte ordningen för strukturen i *Nukva*.

Mor lånar ut sina kläder till sin dotter

16) Rabbi Shimon sade "Alltså skapades himmelen och deras härskara i *Ma*, *Malchut*, för det står skrivet 'När jag betraktar Dina himlar, Dina fingrars verk'". Dessförinnan stod det skrivet "O Herre, vår Herre, vad *[Ma]* stort Ditt namn är på hela jorden, som har visat upp Din glans ovan himlarna". Därmed skapades himlarna i namnet *Ma*, *Malchut*, och meningen med orden är "ovan himlarna", vilket pekar på *Bina*, som kallas *Mi*, ovan *ZA*, som kallas "himmel", när *Malchut* förtjänar namnet *Elokim*.

Förklaring: *Ma*, *Malchut*, stiger och inkluderas i *Bina*, *Elokim*, efter att Han skapade ljuset *Chassadim* för en ärans klädnad till ljuset *Chochma* i namnet *Mi*, då de klädde i varandra och *Malchut* steg till det övre namnet, *Elokim*, som är namnet *Bina*, vari *Malchut* inkluderades. Därför är "I begynnelsen skapade Gud" den övre *Elokim*, *Bina*, och inte *Malchut*, eftersom *Ma* är *Malchut* och inte byggdes i *Mi*, *eleh*.

Tolkning: Eftersom den lägre världen, *Ma*, sträcker ut *mochin* i namnet *Elokim* till den övre världen, fanns en möjlighet för himmelen och dess härskara att byggas av *Ma*, eftersom det inte finns några utlöpare utan övre *mochin*, som är *mochin de Chaya*. Detta är vad Rabbi Shimon sade, och därför, då den lägre världen är *Ma*, och även existerar i namnet *Elokim* från den övre världen, skapades himmelen och dess härskara i *Ma*, i *Malchut*, och *Ma* hade styrkan att framkalla dessa utlöpare till himmelen och dess härskara.

Därför står det skrivet "Vem har visat Din glans ovan himlarna", för att låta oss veta att *mochin* sträcker ut sig från namnet *Elokim de YESHSUT* genom att förena *Mi* med *eleh*, där *Mi* är ovan himmelen, *ZA*. Därför sägs det "Ovan himmelen, där *Malchut* förtjänar namnet *Elokim*, det vill säga att *Hod*, *mochin*, ovan himmelen – ovan *ZA* – är *YESHSUT*, till vilket namnet *Elokim* stiger, och han är "*Mi* [vem] skapade *eleh* [dessa]". Men i himmelen själv, *ZA*, finns ingen *Mi*, bara *Ma*.

När nivån av *Chochma* väl sträckte ut på grund av den punkt som återvände och kom ut ur tanken, skedde ett *zivug de VAK* igen, för att sträcka ut ljuset *Chassadim*, och ljuset *Chochma* klädde i ljuset *Chassadim*. Och då lyste *Mi* upp i *eleh*.

Det sades att efter att ljuset *Chassadim* skapade ljuset *Chochma*, klädde de i varandra och *Malchut* steg i det övre namnet, *Elokim*, och ljuset *Chochma* klädde i ljuset *Chassadim*. Därmed nådde *mochin* från *Mi* till *eleh*, bokstäverna gick samman med varandra, och *Malchut* förtjänade det övre namnet *Elokim*. I det övre namnet, ovan himmelen, från *YESHSUT*, vari det finns *Mi*, men inte i himmelen, som är *Ma*.

Det sades *Ma*, *Malchut*, och den byggdes inte i *Mi*, *eleh*, eftersom *Mi* är *Bina*, och efter *tzimtzum alef* fanns det ingen *tzimtzum* alls i henne på grund av att *tzimtzum* där var på mittpunkten, *Malchut*, som var begränsad att inte ta in ljus i sig, och hon bildades i ett *zivug de hakaa*, för att höja *Ohr chozer*. De första nio var emellertid rena från varje *tzimtzum* och var värdiga att ta emot ljuset *Chochma*. Men i *tzimtzum bet*, för att lindra *Malchut* i *midat ha rachamim* [egenskapen barmhärtighet], stiger *Malchut* till *Aba*, och *Aba* grundas i henne som manligt och kvinnligt, och *Malchut* tog emot *Binas* plats.

Och punkten, *Malchut*, steg till att vara en tanke, *Bina*. Hädanefter var även *Bina* begränsad och restes med en *masach* för att undvika att ta emot ljuset *Chochma* inom sig, att ta emot *zivug de hakaa* och att höja *Ohr chozer*. Därmed är *Bina*, vid sin källa, redo att ta emot

Chochma utan någon *tzimtzum*, och hon tog enbart emot *tzimtzum* och *masach* inom sig för att lindra *Malchut*.

Därför, genom att höja *MAN* från de lägre, sträcktes ett nytt ljus ut från *AB SAG de AK*, som sänker den svarta punkten tillbaka från *Binas* plats till sin plats, till *Malchut*, som det var i *tzimtzum alef*, och punkten kommer ut ur tanken. Därigenom renas *Bina* från varje *tzimtzum* och tar ännu en gång emot ljuset *Chochma*. Och när nivån *Chochma* väl kläder i *Chassadim*, lyser *Mi* upp i *eleh*, och namnet *Elokim* framträder.

Men ändå är hela denna namnet *Elokims* struktur fullständigt omöjlig i *Ma*, eftersom *Ma* är slutet av himmelen nedan, *Malchut* själv, på vilken även *tzimtzum* vid hennes källa skedde, och hon är inte redo att ta emot någon upplysning av *Chochma* inom sig. Därför sades det *Ma*, *Malchut*, och inte "Byggdes i *Mi eleh*", eftersom hela konstruktionen av namnet *Elokim* enbart avser *Mi*, genom återvändo och utgång från tanken, och inte *Ma*.

17) Men när bokstäverna *eleh* sträcker ut från ovan, från *Bina*, ner till *Malchut*, eftersom moderns lånar ut sina kläder till sin dotter och pryder henne med sina smycken, sträcker namnet *Elokim* ut sig från *Bina*, modern, till *Malchut*, dottern, och hon pryder henne med sina dekorationer, när varje manlig visar sig framför henne. Då står det skrivet om henne, "Inför mästaren, Herren". Så är det för att *Malchut* då kallas "mästare", i maskulin form [på hebreiska].

Om det står det skrivet, "Skåda, Herrens förbundsark med hela jorden". Men texten namnger *Malchut*, som kallas "förbundsarken", genom namnet "Herre över hela jorden", ett maskulint namn. Så är det på grund av att hon tog emot *kelim* kallade "kläder", och *mochin*, som kallas "prydnader", från modern, *Bina*, för då kommer *hey* ut ur *Ma*, *yod* går in istället för henne, och *Malchut* kallas *Mi*, som *Bina*. Då pryds hon i manliga kläder, *Binas* kläder, motsatt hela Israel.

Förklaring: När han har gjort en punkt vid *rosh de AA* och den steg till att vara en tanke, formade han, eftersom *Chochma* upprättades i henne som en sorts manligt och kvinnligt, alla bilder i henne. Detta innebär att alla *Atziluts* fem *partzufims* nivåer formades i henne på ett sådant vis att det inte finns mer än *KH* på varje nivå i *AA*, *AVI* och *ZON*. Han ristade även alla gravyrer i henne, genom vars kraft de tre *sfirot* – *Bina*, *ZA*, och *Malchut* – separerades från varje nivå till graden under, eftersom *Bina*, *ZA*, och *Malchut de AA* föll ner i *AVI*, och *Bina*, *ZA* och *Malchut de AVI* föll ner i *ZON*, och *Bina*, *ZA* och *Malchut de ZON* föll ner i *BYA*. Och dessa två *sfirot*, *KH*, förblev i graden. De kallas *Mi*, och de tre *sfirot* som avlägsnade sig från varje grad kallas "de tre bokstäverna *eleh*".

Det sades att när dessa tre bokstäver *eleh* drogs från ovan, från *Bina*, ner till *Malchut*, när punkten steg till att bli en tanke, skiljde sig de tre bokstäverna *eleh* från *AVI* och föll ner i graden under dem, *ZON*. Då anses det som att *eleh de AVI*, som är i *ZON*, sträckte ut ovanifrån och ner och klädde i *ZON*, eftersom *eleh de Aba*, som är *Ysrael Saba*, sträckte ut sig till *ZA*, och *eleh de Ima*, som är *Tvuna*, sträckte ut sig till *Nukva*.

Ima [mor] lånar ut sina kläder till sin dotter och pryder henne med sina dekorationer. Vid *mochin de gadluts* ankomst sträcktes en ristning av en dold bild ut, den heligaste av heliga, en djup struktur som kommer ut ur tanken – när punkten återvände och kom ut ur tanken till sin plats, till *Malchut*. Därigenom fördes de tre *kelim Bina* och *ZON* tillbaka till graden, och de tre ljusen *KHB*, som kallas "de heligaste av heliga", sträcktes ut. Man bör känna till att när *kelim Bina* och *ZON* fördes tillbaka från *guf* till *rosh de AA*, drogs *AVI* – som kläder dem – tillsammans med dem, och även de steg till *rosh de AA*, där de tog emot dessa *mochin* av heligaste av heliga vid *rosh de AA*.

Så är det för regeln är att den övre som stiger ner till den lägre blir som den, och den lägre som stiger till den övre blir som den. Alltså, i tillståndet *katnut*, när *Bina* och *ZON* avlägsnade sig från *rosh de AA* och föll ner till hans *guf*, när de klädde *AVI* från *peh* och neråt, blev *Bina* och *ZON de AA AVI*. Därför, i tillståndet *gadlut*, när *Bina* och *ZON de AA* återvände till graden av hans *rosh*, tog *de AVI* med sig, för de hade redan blivit en grad under tiden för *katnut*. Därmed blev de även i *gadlut*, nu när *AVI* steg med dem till *rosh de AA*, likvärdiga honom, och tog emot *mochin* i *rosh de AA*, som kallas "heligaste av heliga".

Och just på samma sätt steg *ZON* till *AVI*, eftersom när *AVI* väl tog emot *mochin* i *rosh de AA*, kom punkten ut ur tanken även i dem, till *Malchuts* plats, och därigenom fördes deras *Bina* och *ZON* tillbaka till deras grad *de AVI*. Och när *kelim Bina* och *ZON* ännu en gång steg till *AVI*, tog de med sig *ZON* som kläder dem, och även *ZON* steg till *AVI*, och tog emot den heligaste av heligas *mochin* som finns där.

Det sades, "Mor lånar ut sina kläder till sin dotter och pryder henne med sina dekorationer". Med andra ord, eftersom de tre bokstäverna *eleh de Ima* sträckte ut sig till *Nukva* i tillståndet *katnut*, anses det som att en mor lånar ut sina kläder till sin dotter, då de tre *kelim Bina* och *ZON*, som är *eleh*, avlägsnade sig från *Ima* och föll ner i *Nukva*. Därmed blev de faktiskt *Nukva*, för den övre som stiger ner till den lägre blir som den. Det betraktas som att *Ima* lånade ut sina *kelim* av *eleh* till dottern, *Nukva*, eftersom *Nukva* nu använder dem. Men det innebär också att hon pryder henne med sina dekorationer.

Med andra ord återvänder *kelim eleh*, *Bina* och *ZON de Ima*, vid tiden för *gadlut* till *Ima*. Då stiger *Nukva* till *Ima* tillsammans med dem, och *Nukva* tar emot den heligaste av heligas *mochin*, som finns i *Ima*, eftersom den lägre som stiger till den övre blir som den. Det följer att hon nu, eftersom *Ima* lånar ut sina kläder *eleh* till dottern vid tiden för *katnut*, pryder henne med sina dekorationer, med *mochin*, vid tiden för *gadlut*. Alltså pryder hon med *Imas* dekorationer.

Och när pryder hon henne ordentligt med sina dekorationer? Det finns två sorters dekorationer från *Ima* till *Nukva*, som är *mochin* av *GAR*: 1) Från den lägre *Ima*, *Tvuna*, som står från *chazeh de AA* och neråt. 2) Från övre *Ima*, som står från *chazeh de AA* och uppåt.

När *Nukva* stiger till *Tvuna* och *Tvuna* pryder henne med sina dekorationer, anses det som att dessa prydnader fortfarande inte är som de borde vara, för *Nukva* är då fortfarande redo för en fråga, som *Tvuna* före höjandet av *MAN*. Därmed är de inte som de borde vara. Snarare anses det, när *Nukva* stiger till den övre *Imas* plats, från *chazeh de AA* och uppåt, och övre *Ima* pryder *Nukva* med sina dekorationer, då som att hennes dekorationer är som de borde vara.

Det stod skrivet "när någon manlig träder fram inför henne". Då står det skrivet om henne, "Inför Mästaren, Herren". Så är det på grund av att *Malchut* kallas "mästare", i maskulin form. När *Nukva* stiger till *Tvuna* och tar emot *mochin* från henne är dekorationerna fortfarande inte som de borde vara, eftersom hon fortfarande är redo för en fråga, det vill säga att hon fortfarande måste höja *MAN* från de lägre, för att vara fullständigt korrigerad. Då anses det som att de manliga i Israel tar emot från *ZA*, som steg till *Ysrael Saba*. Men när

Nukva stiger till övre *Ima* fullständigas hon helt och hållet, och är inte längre redo för en fråga, att ta emot *MAN*. Då anses hon vara en man, och de manliga i Israel tar emot från henne.

Det sades, "när någon manlig träder fram inför henne", när alla manliga i Israel träder fram inför henne och tar emot från henne. Detta för att *Malchut* då kallas "Herren". Hon kallas inte *Adni*, en kvinnlig, utan *Adon* [Herre], manlig, eftersom hon inte är redo för en fråga, då ärendet att höja *MAN* inte längre gäller henne. Därför anses hon vara manlig.

Det står skrivet, "Skåda, Herrens förbundsark för hela jorden". Arken kallas "*Nukva*", eftersom *Yesod de ZA*, som kallas förbund, gick in i henne. Alltså kallar texten *Nukva* med namnet "Herre över hela jorden", en manlig.

Så är det för när *hey* kommer ut ur *Ma*, går *yod* in i hennes ställe, och *Malchut* kallas *Mi*, som *Bina*: *hey de Ma* går ut ur henne på grund av att *hey de Ma* indikerar att hon är redo för en fråga, "Vad visste du?" Därmed indikerar *hey de Ma* att hon är redo för en fråga, och detta *hey de Ma* kommer ut ur henne, *yod* går in istället för *hey*, och det kallas *Mi*, som *Ima*. Då är hon byggd i namnet *Elokim*, som *Ima*.

18) Israel sträcker ut till de övriga bokstäverna, *eleh*, från ovan, från *Bina*, till denna plats, till *Malchut*, som nu kallas *Mi*, likt *Bina*, som det står skrivet, "Dessa saker kommer jag ihåg, och jag häller ut min själ inom mig. För jag brukade gå tillsammans med skaran och leda dem i procession till Guds hus, med rösten av glädje och tacksägelse, en mångfald hållande festival."

"Dessa [*eleh*] saker kommer jag ihåg" innebär "Här nämner jag dessa bokstäver [bokstäverna *eleh*] med min mun, och jag fäller tårar i min själs begär, för att sträcka ut bokstäverna *eleh* från *Bina*. Då kommer jag att leda dem i procession från ovan, från *Bina*, till Guds hus, *Malchut*, så att *Malchut* kommer att kallas "Gud", likt *Bina*, *Elokim*. Och med vad skall jag leda dem? "Men rösten av glädje och tacksägelse, en mångfald hållande festival".

Rabbi Elazar sade, "Min tystnad byggde templet ovan, *Bina*, och templet nedan, *Malchut*. Säkerligen, som de säger, "Ett ord är en klippa, tystnad är två". "Ett ord är en klippa", vilket jag sade och kommenterade. "Tystnad är två" är tystnaden jag höll, vilket är värt dubbelt så mycket, eftersom de två världarna *Bina* och *Malchut* skapades tillsammans. Så är det på grund av att om jag inte hade avstått från att tala, hade jag inte erhållit dessa båda världars enighet.

Förklaring: När *hey* väl avlägsnar sig från *Ma*, och *yod* går in i *mem*, och det kallas *Mi*, sträcker Israel ut för henne genom att höja de andra bokstävernas, *eleh's*, *MAN* till denna plats, *Mi*, och *Nukva* förtjänar namnet *Elokim*. Detta för att den övres *eleh* faller till den lägre vid tiden för *katnut*, därmed dras de till de lägre vid tiden för *gadlut*. Så är det för när den övres – *Bina* och *TM* – bokstäver *eleh* återvänder till den övres *rosh*, tar de den lägre med sig. Då erhåller den lägre bokstäverna *eleh* och den *mochin* som finns i dem, för den är tillsammans med dem vid den övres *rosh*, eftersom den lägre som stiger till den övre blir som den.

Det sades, "Israel sträcker ut de andra bokstäverna, *eleh*, från ovan... till denna plats, som det står skrivet, 'Dessa saker jag kommer ihåg'". Utsträckandet av dessa bokstäver är höjande av *MAN*, när Israel höjer *MAN* för att sträcka ut *mochin de gadlut* genom att sträcka ut den övre *Imas* bokstäver till *Nukva*. Och det står skrivet, "Dessa saker jag kommer ihåg", att sträcka ut dem. Därför nämner jag bokstäverna *eleh* med min mun, "Och jag fäller tårar i min själs begär", bönen vid tårarnas port, som aldrig skickas tillbaka tomhänt.

Då, när *MAN* väl har höjts, kommer jag att leda dem i procession från ovan, sträcka ut bokstäverna *eleh* från ovan, från *AVI*, genom Guds [*Elokims*] hus, genom *Nukva*, som kallas "*Elokims* hus". Efter utsträckandet av dessa bokstäver *eleh*, kallas hon själv *Elokim*, och därför sades det att *Malchut* kommer att kallas *Elokim*, som *Bina*, som *Ima*.

Det sades "Ett ord är en klippa, tystnad är två". Så är det för att Rabbi Elazars ord höjde *Nukva* till *Tvuna*, under *chazeh de AA*, när hon fortfarande är redo för en fråga och kallas "en klippa". Därför sades det, "Ett ord är en klippa". Men Rabbi Elazars tystnad gav rum för Rabbi Shimon att avslöja *mochin de Chaya* genom *Nukvas* uppstigande till övre *Ima*, och därigenom byggdes två världar, eftersom den lägre världen, *Nukva*, blev en med den övre världen. Det sades att "Tystnaden jag höll är värd dubbelt så mycket", eftersom två världar skapades och byggdes samman, då *Nukva* steg till *Ima* och blev manlig, som övre *Ima*.

19) Rabbi Shimon sade "Hädanefter, textens helhet, som det står skrivet, 'Den som leder sin härskara genom antal'". Det finns två grader, *Ma* och *Mi*, och var och en av dem måste registreras, det vill säga nämnas. Den övre är *Mi*, och den lägre är *Ma*. Den övre graden registrerar och säger "Den som leder sin härskara genom antal", där "*ha*" [bestämd artikel på hebreiska] i "den som leder" hänvisar till den som är känd och som ingen annan är lik, *Mi*.

I likhet med detta, "Den som bringar fram bröd ur jorden". "*Ha*" i "den som bringar fram" pekar på den som är känd, den lägre graden, *Ma*, och allt det är ett. Båda är samma grad, *Malchut*, men den övre är *Mi de Malchut*, och den lägre är *Ma de Malchut*. "Den som leder sin härskara genom antal", eftersom antalet 600 000 är stjärnorna som står tillsammans, och frambringar härskaror enligt sina sorter, och de har inget antal.

Förklaring: Efter att texten i "Lyft upp din blick och se vem [*Mi*] som skapade dessa [*eleh*]", antyder för oss att observera *Nukvas* struktur i namnet *Elokim* – som sträcker ut från övre *AVI*, genom vilka övre *Ima* pryder henne med sina dekorationer – det fyller och fullbordar förklaringen av resten av texten, "Den som leder sin härskara genom antal, Han kallar dem alla vid namn; på grund av Hans krafts storhet och styrkan i Hans makt, saknas inte en enda av dem".

Det sades att de är två grader, och att de båda måste vara registrerade, nämnda i *"ha"*. Det vill säga att de båda graderna *Mi* och *Ma* måste nämnas i *Nukva*.

Den *mochin de GAR* som hon tar emot genom sitt uppstigande och klädande av den övre världen – när *Nukva* själv blir som den övre världen – kallas *Mi*, eftersom *hey de Ma* går ut, och *yod* går in i dess ställe. Även *Nukva* kallas *Mi* i den övre världen, eftersom hon pryder sig med det manliga kärlet.

Men samtidigt är hennes tidigare grad, som är *Ma*, inte bortdragen från henne. Snarare bör även *Ma* vara i henne som tidigare. Graden *Mi* är nödvändig för att sträcka ut helheten och den heligaste av heliga till sidoskotten, men att få söner och att mångfaldiga beror enbart på namnet *Ma*. Därmed kommer hon, om någon av de graderna saknas i *Nukva*, inte att kunna uthärda.

Det sades att de övre graderna registrerar och säger "Den som leder sin härskara genom antal", som är graden *Mi*, som *Nukva* ärver från den övre världen. Det sägs om det "Den som leder sin härskara genom antal", eftersom *"ha"* [bestämd artikel] i "Den som leder" pekar på den fullständiga *mochin* som hon tar emot från övre *AVI*, som är prydnaderna i det manliga *kli*, när *hey* går ut och *yod* går in.

Det sades "Den som bringar fram". *"Ha"* i "Den som bringar fram" pekar på den som är känd och som inte har någon like, då detta är den yttersta höjden av *mochin* som gäller i *Nukva* under 6 000 år.

Det sades "Som bringar fram bröd". Detta är den lägsta graden, *Ma*, och allt är ett: *"Ha"* i "bringar fram bröd" pekar även det på *mochin de GAR*, som är känd, men de är *mochin de YESHSUT*, där *Nukva* tar emot från dem och är känd av dem, graden *Ma*. Detta på grund av att graden även måste vara registrerad i *Nukva*. Därför sades det "allt är ett", med innebörden att både *Mi* och *Ma* tillsammans är inkluderade i *Nukva* som en *partzuf*, en ovan och en nedan.

Vi behöver inte fråga om vad *Zohar* säger, att varhelst *"ha"* står skrivet, är det från den lägre världen, *Malchut*, att det uppenbarades mer, medan det här sägs att det är från den övre världen, eftersom det även här hänvisar till den uppenbarade världen, *Nukva de ZA*. Och den kallar det "övre" på grund av graden av *Mi* i *Nukva*, som hon först tar emot när hon stiger och kläder den övre världen, övre *Ima*. Och på grund av det kallas hon "den övre", och den lägre gradens *Ma* kallas "den lägre".

Det sades på ett annat ställe att *hey* är dolt från allt det som kommer från den övre, dolda världen, *Bina*. Detta hänvisar till när den uppenbarade världen inte stiger och kläder den övre världen, när den övre världen är fördold och inte skiner till de lägre, därmed skriver man det inte med *"ha"*, för det är fördolt.

Det står att antalet stjärnor som står tillsammans är 600 000, att de framkallar härskaror efter deras slag, och att de inte har något antal.

Ett antal är en fullständig helhet. Ett antal indikerar fullständig upplysning av helhet, och ofullständig upplysning betraktas som att inte ha något antal, eller att de inte har något antal för att indikera att de är utan helhet, vilket kallas "ett antal".

Man bör känna till att dessa *mochin* av övre *AVI*, som *ZA* ger till *Nukva*, är "Himlarna berättar om Guds prakt". Så är det för att himlarna är *ZA*, Guds prakt är *Nukva de ZA*, och berättandet är överflödet av den övre *Aba ve Imas mochin*. Dessa *mochin* ses som 600 000 på grund av att graderna av *Nukva* betraktas som enheter, de av *ZA* anses vara tiotal, de av *YESHSUT* hundratal, de av övre *AVI* tusental, och de av *AA* tiotusental.

Det finns även två aspekter i övre *AVI*: 1) De själva, som ses som tusental; 2) Den *mochin de Chochma* som de tar emot från *rosh de AA*, under vilken tid de betraktas som tiotusental, som honom, även om blott som *VAK de AA*, eftersom de kläder från *peh de AA* och neråt. Därför är de i den relationen enbart *VAK de AA*, som är tiotusental. Och *VAK* är 60, därav 60 tiotusental [600 000].

Därför, när *Nukva* stiger och kläder övre *AVI*, tar hon emot ett helt antal, som är 600 000. 60 innebär *VAK*, eftersom den då fortfarande saknar *rosh de AA*. Och 10 000 indikerar graderna av *AA*, som lyser upp i *AVI*, inom dess *VAK*, som kläder *AVI*, följaktligen har *Nukva* antalet 600 000.

Det sades, "Antalet 600 000 är stjärnorna som står tillsammans, och framkallar härskaror efter deras slag, och de har inget antal". Det har förklarats att de två graderna, *Mi* och *Ma*, registreras i *Nukva*: 1) *Mi* i *Nukva* är den övre *AVI*, som kläder i *Nukva*. Därigenom urskiljs hon som den övre världen, och på så vis har hon sedan antalet 600 000. 2) *Ma* i *Nukva* är YESHSUT, som kläder i *Nukva* som i "redo för frågan 'Vad?' [*Ma?*]."På så vis är de den lägre världen.

Dessa två ovan nämnda grader, *Mi* och *Ma*, blir en *partzuf* i henne: övre *AVI* kläder från hennes *chazeh* och uppåt, och YESHSUT kläder från hennes *chazeh* och neråt, därmed är de en *partzuf* i henne. Därför urskiljs dessa två grader även i *Nukvas* sidoskott. Det är så för i förhållande till den övre världen är *Mi* i henne "Den som leder deras härskara genom antal", i antalet 600 000. Och i förhållande till den lägre världen, *Ma* i henne, anses sidoskotten inte ha något antal. Det sades, "framkalla härskaror efter deras slag, och de har inget antal". Detta innebär att hon producerar de olika sorternas sidoskott utan ett antal, med innebörden att de inte har dessa *mochin* av antal från övre *AVI*, utan bara från YESHSUT, som är utan antal.

Därmed är hennes sidoskott ofullständiga, för de är utan antal. Om det säger han, "Antalet 600 000 är stjärnorna som står tillsammans, och framkallar härskaror". Detta innebär att de två graderna i henne – med ett antal och utan ett antal – är tillsammans i henne, förbundna i henne i en enda grad, varför de även finns i hennes sidoskott. Och de är två grader tillsammans, där hennes sidoskott å ena sidan anses vara av antalet 600 000, och å andra sidan vara utan antal. Och eftersom det är så betraktas den utan ett antal enbart som fullständiga tillägg, utan någon brist.

Orsaken till det är att välsignelse och mångfaldigande av säd är fullständigt beroende av den lägre världen, *Ma*, som inte anses ha något antal. Detta är sädens välsignelse, som kommer med orden, "Skåda nu mot himmelen, och räkna stjärnorna, om du kan räkna dem'. Och

Han sade till honom, 'Sådan skall din säd vara'." Följaktligen kommer sädens välsignelse enbart utan ett antal, från namnet *Ma*. Därför, efter hela helheten av *mochin* av ett antal som hon erhöll från övre *AVI*, *Mi*, har hon ett tillägg till välsignelsen från *Ma*, utan ett antal, för de har inget antal. Även hon har en välsignelse, och båda är inkluderade i själarna och i sidoskotten.

20) "Han kallar dem alla" – de 600 000, alla deras härskaror, som inte har något antal – "vid namn". Vad är "kallar dem alla vid namn"? Han kallar dem inte vid deras namn, för om det hade varit så hade det stått "kallar dem alla vid sina namn". Men när den här graden inte förtjänar namnet *Elokim*, utan kallas *Mi*, uthärdar hon inte och framkallar inte det som är dolt i henne efter deras slag, även om de alla är fördolda i henne. Med andra ord, även om bokstäverna *eleh* redan har stigit, saknar de fortfarande ärans klädnad av *Chassadim*, därför är de dolda och förtjänar inte namnet *Elokim*.

När Han skapade bokstäverna *eleh* och de förtjänade Hans namn, klädde de i ärans klädnad av *Chassadim*, vid tiden då *eleh* går ihop med *Mi*, och Han kallas *Elokim*. Då framkallade Han dem till fullo med kraften av Sitt namn. Han kallar dem vid Sitt namn, och framkallar vartenda slag att existera helt. Sedan står det skrivet, "Den som leder sin härskara med antal, Han kallar dem alla vid namn", vid hela namnet *Elokim*. Det står skrivet, "Se, jag har kallat vid namn Bezalel, Uris son, son till Hur, av Judas stam". Med andra ord nämner Jag Mitt namn så att Bezalel ska existera till fullo.

Förklaring: *Mochins* stora helhet, namnet *Elokim*, är på hennes själar och sidoskott i båda hennes grader tillsammans, på graden 10 000 i henne, och på hela deras härskaras grad, som inte har något antal. På dem båda finns namnet, som det står skrivet, "Han kallas dem alla vid namn". Och när det sägs att *Mi* inte uthärdar, är det för att Han skapade bokstäverna *eleh*, vid vilken tid *eleh* går ihop med *Mi*, och det kallas *Elokim*. Då framkallade Han dem helt vid sitt namns kraft, eftersom sädens välsignelse helt är beroende av namnet *Ma*, som inte har något antal.

Mochin av antal är upplysning av *Chochma*, det fullständiga namnet, och alla hennes *bechinot* [aspekter/urskiljningar] är fullkomliga. Och den *mochin* utan antal som kommer just från namnet *Ma* är *mochin de Chassadim*, och upplysningen av *Chochma* tas inte emot utan en klädnad av ära, av *Chassadim*. Dessförinnan förtjänade den inte namnet *Elokim*, trots att bokstäverna *eleh* steg till *Mi*. Detta är innebörden av "Vem [*Mi*] skapade dessa [*eleh*]?", att så fort Han skapade ljuset *Chassadim* för en klädnad av ära för ljuset *Chochma* i namnet *Mi*, klädde de varandra och *Malchut* förtjänade det övre namnet *Elokim*.

Det sades att *Mi* inte uthärdar eller framkallar de som är dolda i henne, efter sina slag, även om de alla var gömda i henne. Även om punkten redan har kommit ur ut tanken till sin plats, till *Malchut*, och en dold bild, den heligaste av heliga, har ristats – då *Bina* och ZON *de kelim* och GAR av ljus återvände i henne – är de alla fördolda i henne. *Eleh* förblir också djup och dold i namnet *Elokim* på grund av att de inte kan ta emot upplysning av *Chochma* utan *Chassadim*.

Emellertid skapade Han *eleh* efter att han även parat sig på *masach de Ma*, den lägre världen, och framkallat nivån *mochin de Chassadim* på den, som kallas "utan ett antal", och gett den till *eleh*. Därmed skapade Han *eleh*, och placerade klädnaden av *Chassadim* i dem, som kallas "skapade", och sedan förtjänade hon ett namn och kallas *Elokim*. Så är det för när de nu har erhållit nivån *Chassadim* kan de ta emot upplysning av *Chochma*, som är *mochin* av antalet 600 000. Och då går bokstäverna samman och *Malchut* förtjänar det övre namnet *Elokim*. Då förde Han dem ut i sin helhet, genom sitt namn.

Av denna anledning är namnets helhet – som är klädnaden av *Chochma* i *Chassadim* – även på själarna och de sidoskott som kom ut ur namnet *Elokim*. Det skrevs "Han kallar dem alla vid namn", med innebörden att namnet ges efter sidoskottet i hans namn. Han kallade och framkallade vartenda slag såt att det till fullo skulle existera.

I detta namn framkallar han sidoskott, såväl i slaget av 600 000, såväl som i slaget i vilket det inte finns någon beräkning, så att de skulle existera i namnets helhet, så att de båda skulle kläda varandra såsom de är klädda i namnet. Det står skrivet "Se, jag har kallat vid namn". Det ger belägg för att orden "kallar vid namn" indikerar existens och fullkomlighet.

> 21) "På grund av Hans krafts storhet och styrkan i Hans makt, saknas inte en enda av dem." Vad är "På grund av Hans krafts storhet"? Det är gradernas huvud, när alla begär stiger i honom och på ett dolt vis transcenderar i honom. "Och styrkan i Hans makt" är den övre världen, *Mi*, som steg i namnet *Elokim*. "Inte en enda av dem saknas" av de 600 000 som Han framkallade genom det namnet. Och på grund av att inte en enda av antalet 600 000 saknades, varhelst Israel dog och straffades för sina synder, räknades de senare och inte en enda och de 600 000 saknades, så att alla kommer att vara i en form, ovan och nedan. Och på samma vis som inte enda av antalet 600 000 saknades ovan, var inte en enda av dem frånvarande nedan.

Förklaring: "På grund av Hans krafts storhet" tyder på den övre *Aba ve Imas Keter*, huvudet av graderna av dessa *mochin*, *Bina de AA*, som blev *Keter* till *AVI*, dit alla begären stiger och varifrån alla graderna tar emot. Av denna anledning stiger de i den på ett fördolt vis, eftersom han är okänd *avir* [luft], det vill säga att *yod* inte kommer ut ur dess *avir*, som det står skrivet, "För han suktar barmhärtighet".

Detta är anledningen till att han är i yttersta fullkomlighet, och därför kallas "ren *avir* [luft]".

Även om nivån *Chassadim*, som kallas *avir*, kommer ut på den lägre världen, *Ma*, är hon fortfarande i fullständig helhet på grund av det ljus som sträcker ut från *GAR de Bina de AA*, huvudet av alla grader av *Atzilut*, *YESHSUT* och *ZON*. Därmed betraktas även nivån av *Chassadim* i den vara ren luft, på samma sätt som i *GAR de Bina de AA*.

Det stod skrivet, "och styrkan i Hans makt". Detta är den övre världen, *Mi* i *Nukva*, från vilken antalet 600 000 drogs. Så är det för att hon kläder den övre världen, som är övre *AVI*, varför det sades, "Inte en enda av dem saknas" – av de 600 000 som Han framkallade genom det namnet, eftersom hon därifrån erhåller *mochin* av antalet 600 000.

Det sades att inte en enda av dem var frånvarande från antalet 600 000 ovan, och att inte en enda var frånvarande från det antalet nedan. På grund av att *Nukva* klädde övre *AVI*, lånade *Ima* [mor] ut sina kläder till sin dotter och prydde henne med sina dekorationer. Därigenom blev hon fullständigt lik övre *AVI*. Och likt *mochin de AVI* är hel i antalet 600 000, saknas inte en enda av dem, *Nukva* är hel i det antalet, inte en enda av dem saknas.

[...]

Under brudens natt *(Ba laila de kala)*

125) Rabbi Shimon satt och studerade Tora den natt när bruden, *Malchut*, förenas med sin make. Under den natten, efter vilken – på dagen *shavuot* – bruden skall vara med sin make under *chuppah* [bröllopsbaldakinen], måste alla vänner som är medlemmar av brudkammaren

vara tillsammans med henne den natten, och glädjas med henne i de korrigeringar hon genomgår, det vill säga att ägna sig åt Tora, från Tora till profeter, från profeter till hagiografi, tolkningarna av texterna, och visdomens hemligheter, för dessa är hennes korrigeringar och utsmyckningar.

Bruden och hennes tärnor kommer och står på sina huvuden, och hon korrigeras i dem och gläds i dem hela natten igenom. Nästa dag, dagen *shavuot*, kommer hon till *chuppah* bara med dem. Och dessa vänner, som hela natten ägnar sig åt Tora, kallas "medlemmar av *chuppah*". Och när hon kommer till *chuppah* frågar Skaparen om dem, välsignar dem, och kröner dem med brudens kronor. Lyckliga äro de.

Förklaring: Det finns två betydelser av det, som överlappar.

Tiden för exil kallas "natt", eftersom detta är tiden för döljandet av Hans ansikte från Israels barn. Då dominerar separationens kraft hos Skaparens tjänare, men ändå är det just vid den tiden bruden knyter band med sin make – genom de rättfärdigas Tora och *mitzvot*, som samtidigt betraktas som de som håller Toran. Alla de sublima grader, som kallas "Torans hemligheter", uppenbaras av dem, och detta är anledningen till att de kallas "de som väcker dem", för de gör till synes Toran. Det följer att tiden för exil kallas "natt", under vilken bruden knyter band till sin make, och alla vänner, som är medlemmar av brudkammaren, är de som håller Toran.

Om tiden efter slutet av korrigeringen och den fullständiga frälsningen, står det skrivet, "För en dag, som är känd av Herren, varken dag eller natt, kommer det att vara ljust under natten". Därför står det skrivet att bruden följande dag ska vara med sin make under *chuppah*, för då återvänder *BON* till att vara *SAG*, *MA* kommer att vara *AB*, och *AB* betraktas som nästa dag och en ny *chuppah*.

Då kallas de rättfärdiga "medlemmar av *chuppah*", som ägnar sig åt Tora, i vilken det inte finns någon handling, för då sägs det, "ty landet skall vara fullt av Herrens kunskap". Och eftersom dessa rättfärdiga – genom sina goda handlingar – höjer *BON* till att vara *SAG* genom sitt utsträckande av rädslan från det förflutna, anses de göra denna nya *chuppah*, och därför kallas de "medlemmar av *chuppah*".

Natten under *shavuot* kallas "natten då bruden förenas med sin make", för under den följande dagen är det förutbestämt att hon ska vara med sin make under *chuppah*, under *shavuotdagen*, dagen för mottagandet av Toran. Det är emellertid samma ämne som den första förklaringen, för under dagen för mottagandet av Toran var det redan slutet av korrigeringen, i formen "Han kommer att svälja upp döden för evigt, och Herren Gud kommer att torka bort tårarna från alla ansikten". Som det står skrivet i versen "*Harut* [ristad] i stentavlorna"; uttala det inte *harut*, utan *herut* [frihet], eftersom friheten från dödsängeln har kommit.

Men på grund av synden med kalven korrumperade de återigen korrigeringen. Alltså är dagen för mottagandet av Toran samma sak som slutet av korrigeringen. Det följer att alla de *zivugim* som skedde under fördöljningens dagars upphörde i henne under natten före mottagandet av Toran, och att det är därför den natten anses vara den natt då bruden förenas med sin make, efter vilken hon är ämnad att vara tillsammans med sin make under *chuppah*. Detta är helgen *shavuot*, under vilken slutet av korrigeringen återfinns i form av frihet från dödsängeln, som är tiden då de rättfärdiga – genom sina goda handlingar – gör en ny *chuppah* för bruden. Det är lättare för mig att fortsätta förklaringen i den första förklaringsformen, och den som noggrant undersöker kommer att kunna kopiera orden till *shavuotdagen*, eftersom de är samma ämne.

Alla de vänner som håller Toran kallas "medlemmar av brudkammaren". De måste hålla sig fast vid den heliga Gudomligheten, som kallas "brud", under hela exilens natt. Så är det för då, under tiden för exilen, korrigeras hon genom de som håller Toran med alla de goda gärningar och Tora och *mitzvot* de utför, tills hon är renad från gott och ont. Och hon är tillgänglig för dem som ägnar sig åt Tora, i vilka det inte finns någonting i form av *Assiya*, utan hon är helt god utan ondska.

Därmed måste de som håller Toran – medlemmarna av brudkammaren – glädjas med henne över denna stora korrigering som gjordes i bruden genom dem, och glädjas med henne i de korrigeringar med vilka hon korrigeras, att ägna sig åt Tora, det vill säga i de korrigeringar som träder fram inför oss: från Tora till profeter, från profeter till hagiografi, tolkningen av texterna, och visdomens hemligheter, som måste göras med glädje.

Det följer att alla grader och uppdagandet av Torans hemligheter, som är konstruerandet av Gudomligheten för slutet av hennes korrigering, enbart görs av de som håller Toran under exilen. Därför kallas alla de grader och nivåer som kommer ut under exilen "korrigeringen av bruden och hennes dekorationer". Dessa är de som den specificerar som från Tora till profeter, från profeter till hagiografi, tolkningen av texterna, och i visdomens hemligheter. *HGT* är Tora; *NH* är profeter; *Malchut* är hagiografi; *mochin de VAK* som sträcks ut till henne är tolkningen av texterna, och *mochin de GAR* som sträcks ut till henne är visdomens hemligheter. Så är det för att alla de korrigeringarna måste sträckas ut till bruden under natten, under vilken bruden fullbordas för slutet av korrigeringen, som är *chuppahs* dag.

Det sades "Bruden och hennes tärnor kommer och står på sina huvuden, och hon korrigeras i dem och fröjdas i dem alltigenom den natten". De änglar som kläder det första tillståndets *kelim de achoraim de Malchut* kallas "tärnor som tjänar Gudomligheten". Gudomligheten står på deras huvuden – de som håller Torans huvuden – som det står skrivet "och på mitt huvud är Herrens Gudomlighet".

Tillsammans med henne är de tärnor som tjänar henne, och hon fröjdas med dem när hon korrigeras av dem. Därför sades det "[Hon] fröjdas i dem alltigenom den natten", med innebörden att hela korrigeringsperioden kallas "natt". "Följande dag, *shavuotdagen*, kommer hon till *chuppah* enbart med dem", det vill säga att på dagen för slutet av korrigeringen, *chuppahs* dag, kommer hon enbart att kunna gå in i *chuppah* med de som stödjer Toran, som byggde och etablerade henne så mycket som krävdes – från Tora till profeter, från profeter till hagiografi, i tolkningen av texterna, och i visdomens hemligheter. Och därför kallas de "medlemmar av *chuppah*".

Det är känt att slutet av korrigeringen inte kommer att föra någonting nytt med sig. Istället kommer all *MAN* och *MAD*, alla *zivugim*, och de grader som kom ut en åt gången under de 6 000 åren att, genom *Atik Yomins* övre ljus, samlas i ett *zivug* och en stor och värdefull nivå, och därigenom kommer allt att korrigeras. Då kommer bruden att gå in i *chuppah*.

Och Skaparen frågar om dem, om var och en som någonsin höjt *MAN* för ett högt *zivug*, eftersom han till synes sitter och väntar på att de alla ska samlas. Alltså frågar Han efter och väntar på alla. Och när de väl samlas, görs *zivug* av *Rav Pe'alim uMekabtze'el*, och Han välsignar dem och kröner dem, det vill säga att de alla välsignas och kröns samtidigt. Och så, vid slutet av korrigeringen, kallas de "brudens kronor".

126) Rabbi Shimon och alla vännerna sjöng Torans sång, och var och en av dem förnyade Torans ord, och Rabbi Shimon var glad, likaså resten av vännerna. Rabbi Shimon sade till dem, "Mina söner, lyckliga äro ni, eftersom bruden imorgon kommer att komma till *chuppah* enbart med er, eftersom alla de som utför korrigeringar av bruden under den natten och glädjes i henne kommer att registreras och skrivas in i minnesboken, och Skaparen kommer att välsigna dem med 70 välsignelser och kronor från den övre världen".

Förklaring: Det står skrivet "Det är meningslöst att tjäna Gud, och vad har vi för nytta av att vi har hållit det Han befallt oss? Inte bara byggs de som gör ont upp, de testar även Gud och kommer undan. Sedan talade de som fruktar Herren med varandra, Herren lyssnade och hörde, och en minnesbok skrevs ner inför Honom för de som fruktar Herren och som högaktar Hans namn. 'De kommer att vara mina' säger Herren av härskaror, 'den dag då jag gör bot.'" Vi bör förstå dessa ord, när de talade med varandra och sade sådana avskyvärda ord till varandra: "Det är meningslöst att tjäna Gud, och vad har vi för nytta av att vi har hållit det Han befallt oss." Profeten säger om dem "då talade de som fruktade Gud med varandra".

Vid slutet, när det stora *zivug* av *Atik Yomin, Rav Pe'alim uMekabtze'el*, framträder, kommer ett stort ljus att träda fram i alla världarna. Därigenom kommer allt kött att fullständigt ångra sig ur kärlek, och det är känt att synderna för den som belönas med ånger ur kärlek kommer att bli som dygder. Detta är vad profeten säger om de orättfärdiga som svor och svär sinsemellan, "Det är meningslöst att tjäna Gud, och vad har vi för nytta av att vi har hållit det Han befallt oss?".

På den stora dagen vid slutet av korrigeringen, när ångern ur kärleks ljus träder fram, kommer till och med de värsta synderna att bli meriter, och de som talar kommer att betraktas som de som fruktar Herren. Vid slutet av korrigeringen, som profeten sade "'Kommer de alla att vara Mina', säger härskarornas Herre, 'på den dag jag gör bot'", det vill säga på dagen för slutet av korrigeringen. Därför finns det framför Honom med nödvändighet en minnesbok, som avser de synder och överträdelser som görs i världen, för Han behöver dem för den dag när Han gör bot, för de kommer då att bli meriter och ansluta sig till och komplettera ljusnivån vid slutet av korrigeringen.

Detta är innebörden av det som står skrivet "Och en minnesbok var nedtecknad inför Honom för de som fruktar Herren och högaktar Hans namn". "'De kommer att vara Mina' säger härskarornas Herre, 'på den dag då jag gör bot, för jag behöver dem för att komplettera nivån'". Därför avslutar profeten: "Och jag kommer att skona dem som en som skonar sin egen son som tjänar honom, för då kommer de att vara värdefulla för Mig och kära för Mig som om de var bland dem som tjänar Mig".

"De kommer alla att registreras och nedtecknas i minnesboken" kommer att inkludera, för även de synder de begick kommer då att registreras och nedtecknas i minnesboken. Och Skaparen kommer att skriva dem som om de vore meriter, och som om de med dem tjänade Honom, som profeten skrev.

Antalet 70 antyder *mochin de Chochma*, som kallas "kronor". En välsignelse är för ljuset *Chochma*. Världen skapades i *bet*, i *bracha* [välsignelse], som det står skrivet, "En värld av *Chesed* [nåd] kommer att byggas", i *VAK*. Det står också att även ljuset *Chassadim*, vid slutet av korrigeringen, kommer att vara i 70 kronor, likt *Chochma*, eftersom

MA och *BON* kommer att stiga till *AB SAG*, och detta är innebörden av att Skaparen välsignar dem i 70 välsignelser och kronor från den övre världen av *AB SAG*. Därmed betraktas då även välsignelserna som antalet 70.

127) Rabbi Shimon började och sade, "Himlarna förtäljer om Guds prakt". Bruden vaknar för att gå in i *chuppah*, för morgondagen; hon korrigeras och lyser upp i sina dekorationer med vännerna, som glädjes i henne alltigenom natten, och hon är lycklig med dem.

128) Följande dag samlas flera skaror, arméer och läger vid henne, och de alla, hon och alla de arméerna och lägren, väntar på var och en av dem som korrigerade henne i ägnandet åt Tora under den natten. Om när *ZA* och *Malchut* går samman och *Malchut* ser sin make, *ZA*, står det skrivet, "Himlarna förtäljer om Guds prakt". "Himmelen" är brudgummen, som går in i *chuppah*, *ZA*, som kallas "himmel", och "förtäljer" innebär att de lyser upp som safirens ljusstyrka, som lyser upp och skiner från den ena änden av världen till den andra änden av världen.

Förklaring: Dagen för korrigering kallas "imorgon", som det står skrivet, "Att utföra dem idag och att ta emot belöningen för dem imorgon". Skarorna är de världens nationer som inte tjänar Skaparen. Arméerna är Skaparens tjänare, och lägren syftar på de övre lägren, som är de änglar som åtföljer själarna, som det står skrivet, "För Han kommer att ge Sina änglar befäl över dig, för att skydda dig var du än går". Och hon och alla väntar på varandra, för så som Skaparen frågar efter var och en, väntar Gudomligheten på var och en. Därför sades det att när *ZA* och *Malchut* går samman, ser *Malchut* sin make, eftersom hon inte kan se sin make förrän de alla samlas och är beroende av varandra.

Himmelen är brudgummen som träder in i *chuppah* [bröllopsbaldakinen]. *Zohar* förklarar det angående slutet av korrigeringen, om vilket det sades, "och månens ljus kommer att vara som solens ljus. Det står att himmelen är brudgummen som träder in i *chuppah*, för Skaparen kallas "himmel", och vid tiden för slutet av korrigeringen kallas Han "en brudgum", som det står skrivet, "Och likt brudgummen fröjdas över bruden, kommer din Gud att fröjdas över dig".

Varhelst det står skrivet "och Herren kom ner" handlar det om *din* eller *gvura* för det pekar på ett nedstigande från Hans storhet och sublimitet, för "styrka och glädje finns på Hans plats". Men vid slutet av korrigeringen – när alla brister och synder förvandlats till dygder, kommer det att klargöras att alla nedgångar blott var uppgångar – kommer Skaparen att kallas "en brudgum", och den heliga Gudomligheten kommer att kallas "en brud".

Kala [brud] kommer från ordet *kilui* [slut] av korrigeringen, som i "Nu när Moses hade slutfört [hebreiska: *kalot*] resandet av tabernaklet", det vill säga när han fullbordat arbetet med tabernaklet och rest det. Ordet *chatan* [brudgum] indikerar även nedgång, som i "steg ned en grad och gifte sig med en kvinna". Denna nedstigning är emellertid större än alla tidigare uppstigningar, för den är gentemot bruden – Gudomligheten vid slutet av korrigeringen.

En *chuppah* är en samling och ihopsamlande av allt *ohr chozer* [reflekterat ljus] som kom ut över den *MAN* de rättfärdiga höjde i alla *zivugim* mellan Skaparen och Hans Gudomlighet, som trädde fram ett i taget under alla de 6 000 årens dagar och tid. Nu har de alla blivit ett enda stort ljus av *ohr chozer* som stiger och svävar över Skaparen och hans Gudomlighet, som nu kallas "brudgum och brud". *Ohr chozer* svävar över dem likt en baldakin *[chuppah]*, och därför kallas de rättfärdiga vid den tiden för "medlemmar av *chuppah*", för var och en av dem har en del i denna *chuppah*, till den grad de höjt *MAN* till *masach* i *Malchut* för att höja *ohr chozer*. När det står "himmelen", är det brudgummen som går in i *chuppah*. Detta syftar på tiden vid slutet av korrigeringen, när Skaparen kallas brudgum, och Han går in i sin *chuppah*.

Ordet "berätta" innebär att de lyser upp som safirens strålglans, som lyser upp och skiner från den ena änden av världen till den andra änden av världen. "Berätta" innebär det stora *zivug* som kommer att vara i framtiden, från orden, "En kvinna berättar med sin make". Safir är namnet på Gudomligheten, från orden "Och under Hans fötter fanns en gång av safir". Safirens strålglans avser det *ohr chozer* som hon höjer nerifrån och upp. "Lyser upp" avser *ohr yashar* [direkt ljus]. "Skiner" syftar på *ohr chozer*, och det sägs att *ohr yashar* och *ohr chozer* genom detta stora *zivug* som utförs vid slutet av korrigeringen, som är en samling av alla *zivugim*, i detta *zivug* lyser upp och skiner från den ena änden av världen till den andra, som det står skrivet, "Himlarna berättar".

> 129) "Guds prakt" är brudens, *Malchuts*, prakt, som kallas *El* [Gud]. Det står skrivet, "Gud är indignerad varje dag". Under årets alla dagar kallas hon "Gud", och nu under *shavuothelgen*, när hon redan har gått in i *chuppah*, kallas hon "prakt" och hon kallas "Gud". Detta indikerar dubbel ära, dubbelt ljus, och dubbelt styre.

Förklaring: Så är det på grund av att namnet "Gud" är namnet på det stora *Chesed*. Det står skrivet att "Gud är indignerad varje dag". Detta tycks vara motsatsen till *Chesed*. Saken är den att det är som det står skrivet "Och det vart kväll, och det vart morgon, en dag". Den heliga Gudomligheten är det svaga ljuset för styret av natten, och det kallas "fruktan inför himmelen", eftersom de rättfärdiga måste höja *MAN* genom deras uppvaknande från nedan och korrigera henne med *masach* som höjer *ohr chozer*. Då dras överflödet ner från ovan och inte på något annat vis.

Det står skrivet, "Gud har gjort så för att frukta Honom". Så är det för att det inte kan finnas något uppvaknande från nedan och höjande av *MAN* utan fruktan. Därför betraktas det som att hon styr natten, eftersom det genom brist på ljus, som är natten – som inkluderar alla *dinim* och plågor, som är motsatsen till egenskapen dag, *Chesed* – finns fruktan av Honom. Vore det inte för fruktan skulle måttet av dag och morgon inte framträda.

Det står skrivet, "Och det vart kväll och det vart morgon en dag". Även natten går in i morgonen, för om det inte vore för natten skulle det inte finnas någon morgon; det är omöjligt utan den. Det står skrivet, "Gud är indignerad varje dag", på grund av att egenskapen *Chesed*, som kallas "Gud" och enbart framträder under natten, anses vara indignation. Och därför betraktas indignation även som *Chesed*, för *Chesed* kan inte framträda på något annat vis. På så vis kallas även den heliga Gudomligheten "Gud".

Orden "Guds prakt" syftar på brudens prakt, som kallas "Gud". Och "Gud är indignerad varje dag", för det är omöjligt att ha en dag utan nattens ilska. Hon kallas "Gud" under årets alla dagar, för så är det under de sex dagarna av handling: i var och en av dem står det skrivet, "Och det vart morgon, och det vart kväll, en dag" eller "en andra dag", och så vidare. Det följer att natten faller under namnet dag; följaktligen kallas den under de sex dagarna av handling, så väl som under de 6 000 åren, för "Gud", vilket är *Cheseds* namn.

Och nu under *shavuothelgen*, när hon redan har gått in i *chuppah*, kallas hon "prakt" och hon kallas "Gud", för vid det stora *zivug* vid korrigeringens slut kommer månens ljus att vara som solens ljus, som det står skrivet, "När det kommer att vara ljust under natten". Därmed fördubblas hennes grader, eftersom hon under de 6 000 åren i månens tillstånd var "och det vart kväll, och det vart morgon". Och nu, när hon själv har blivit lika stor som solen, som är ZA, som kallas "prakt", har hon dubbel prakt, för har nu blivit praktens essens, för hon växte sig lik ZA. Prakt innebär även ära, därför sägs det "dubbel ära".

Detsamma gäller med "dubbelt ljus", eftersom hon under de 6 000 åren även inkluderades i morgonljuset, "och det vart kväll, och det vart morgon, en dag". Men nu när hon har vuxit sig lik solen, blir hon ljusets essens, och det följer att hon nu har sitt eget ljus över ljuset, i den *hitkalelut* [sammanblandning/inkludering] hon tidigare hade.

Samma sak är det med "dubbelt styre", under de 6 000 år då hon styrde, med blott ett litet ljus för nattens styre, men nu har hon även fått styret över dagen, eftersom hon har vuxit sig lik solens ljus för styret över dagen. Det säger oss att vi inte får göra misstaget att säga att hennes egna grader – som hon hade under de 6 000 åren – återkallas när hon vuxit till att bli som solens ljus. Så är det inte. Istället sker bara ett tillägg till hennes egen grad, på ett sätt så att hon har dubbel prakt.

> 130) Då, när himlen, ZA, går in i *chuppah* och kommer och skiner för henne, blir alla de vänner som etablerade henne i ägnandet åt Tora under natten kända där vid sina namn, som det står skrivet, "Himlarna förtäljer Hans händers verk". "Hans händers verk" är de med

förbundets tecken, som det står skrivet, "och bekräftar för oss våra händers verk", vilket är ett tecken på förbundet, inpräntat i människans kött.

Förklaring: Vänner är de som stöder Toran, i vilka det finns *Assiya*, som är gott och ont. Även de delar vars ondska fortfarande inte är korrigerade är kända vid sina namn av helighet, som det står skrivet, "Himlarna förtäljer Hans händers verk", eftersom himmelen är minnesboken, det stora *zivugs* ljus, som frambringar ånger från kärlek, när synd blir som meriter för dem. Till och med om de som baktalade kommer det att sägas "Då talade de som fruktade Herren med varandra".

Det följer att hela denna *Assiya*, som håller Toran, i vilken det finns gott och ont, där det finns gott för den som belönas och ont för den som inte belönas, nu har stigit till att bli helighet och har blivit Skaparens händers arbete. Detta på grund av att himmelen förtäljer "då talade de som fruktade Herren med varandra", även om de som inte belönades. Det följer att alla vännerna enbart utförde heligt arbete, för de etablerade henne för *chuppah*, och de är alla kända vid sina namn.

"Och bekräfta för oss våra händers verk". Det verkar som att evidensen säger motsatsen, för skriften säger "våra händers verk", inte "Hans händers verk". Men han hämtar inga bevis från texten, förutom att förbundets tecken kallas "våra händers verk". "Bekräfta för oss" är grunden som etablerar och fastställer hela strukturen, och korrigeringen av grunden *[Yesod]* är omskärelsen. Därmed kallas förbundets tecken "våra händers verk", eftersom vi tar bort förhuden från *Yesod* [basen], och detta är våra händers verk. Detta är emellertid enbart före slutet av korrigeringen.

Men vid slutet av korrigeringen kommer allt att framträda som Skaparens händers arbete, och Han själv kommer att vara den som tar bort förhuden. Det sägs "Hans händers verk". Dessa är de med förbundets tecken, eftersom Skaparen själv då kommer att ta bort förhuden, som det står skrivet "Himlarna förtäljer om Hans händers verk". Och han hämtar bevis för korrigeringen av förbundet, som nu kallas "våra händers verk", från orden "och bekräfta för oss våra händers verk".

131) Gamle Rav Hamnuna Saba sade, "Låt inte din mun få ditt kött att synda". Man får inte låta sin mun orsaka ankomsten av en ond tanke, och få det heliga köttet – i vilket det heliga förbundet är signerat – att synda. Om man gör det dras man ner i helvetet. Den som är satt att styra över helvetet, vars namn är Dumah, har tiotusentals saboterande änglar med sig. Han står över dörren till helvetet, men han har ingen tillåtelse att närma sig alla de som höll det heliga förbundet i den här världen.

Förklaring: Att komma in i en dålig tanke är en varningssignal om att man bör se efter sin mun – som är höjandet av *MAN* genom Tora och bön – så att den är i fullständig renhet. För om *sitra achra* skulle få något grepp om den, kommer *sitra achra* att ta emot denna *MAN*, och det kommer därmed få en att ifrågasätta Skaparen, det vill säga komma till främmande tankar. Detta kommer då att orsaka det heliga köttets synd, i vilket det heliga förbundet är inpräntat, för genom tankarna drar man förhuden över det heliga förbundet och den heliga *Neshama* [själen] blir fången i *sitra achras* händer, varpå *sitra achra* drar ner ens själ i helvetet. Det är som Rabbi Elazar sade, att det fåfänga firmament som kallas *Tohu* skapades från denna sak, vilken han inte med säkerhet känner till, och han faller i Lilits händer. Här talar han emellertid om en brist just i det heliga förbundet.

När det sades, "Och få det heliga köttet – i vilket det heliga förbundet är signerat – att synda", avser det den heliga *Neshama*, som är bunden och hållen av det heliga förbundet, som det står skrivet, "ur mitt kött kommer jag att se Gud". Bokstavligen ur mitt kött, för närhelst man skrivs in i denna heliga inskription av det tecknet, ser man Skaparen från inom sig, bokstavligen från inom sig, och den heliga *Neshama* håller sig fast vid en genom förbundets tecken. Och om man inte belönas, har man inte hållit detta tecken, och om honom står det skrivet "Genom Guds ande [*Neshama*] kommer de att förgås".

Här sägs det att "detta kommer att få det heliga köttet att synda", det vill säga att genom tankarna kommer förhuden – *sitra achra* – ännu en gång att vidröra det heliga förbundet. Därigenom avlägsnar sig omedelbart Guds *Neshama* [själ] från en. Därför står det i *Zohar* att trädet skrek "Ogudaktige! Vidrör mig inte!", eftersom trädet är *Yesod*, *Ateret Yesod*, trädet med kunskap om gott och ont.

Namnet på den utnämnde över helvetet är Dumah. Dumah kommer från ordet *dmamah* [tystnad], eftersom han tar livets själ från en och lämnar en i tystnad, vilket är döden. Vi kan även tolka att det är för att han är den ängel som bringar tankarna till syndaren och får Skaparens tankar att bli lika en man född kvinnas tankar. Så är det för så länge som man förstår att Hans tankar inte är våra tankar, eller Hans sätt våra sätt, att en tanke alls inte kan fånga Skaparen – varken i Hans tankar eller i Hans styre – kommer man inte ens att föreställa sig att det är möjligt att ifrågasätta Honom.

Men på grund av synden längtar ängeln Dumah efter en och bringar en ande av dårskap in i en, som säger att en man född kvinna är lik Skaparen i medvetande och förstånd. Och då är man kapabel till alla möjliga sorters tankar, och han drar ner en i helvetet. Därmed ligger hela hans kraft i namnet Dumah. Det står skrivet, "Vem är som Du, Mästare av stordåd, och vem är lik Dig, en kung som orsakar död och återupprättar liv", med innebörden att i misslyckande, i det som är likt dig, finns det död, och i förståelsen av att det inte finns någonting likt Honom finns det liv.

Det sades "och tiotusentals saboterande änglar är med honom. Och han står över dörren till helvetet". Så är det för de tankar som han bringar till en är en myriad [10 000, såväl som "talrika"], och de är alla vid dörren till helvetet. Det vill säga att detta är dörren genom vilken man dras ner i helvetet, även om den inte är själva helvetet.

"Och han har ingen tillåtelse att närma sig alla de som höll det heliga förbundet i denna värld". Detta innebär att även om de inte är fullständigt rena och det fortfarande finns görande av gott och ont bland dem, har ängeln Dumah fortfarande, om de håller det heliga förbundet på ett sådant vis att de aldrig ifrågasätter, ingen tillåtelse att dra dem ner i helvetet.

> 132) Kung David blev rädd när det hände honom. Då steg Dumah upp inför Skaparen och sade till Honom, "Herre över världen, det står skrivet i Toran, 'Den som har begått äktenskapsbrott med en annan mans hustru ... skall döden dö'. Och det står skrivet, 'Du skall inte idka könsumgänge med din nästas hustru'. David, som vanhelgade sitt förbund med oanständighet, vad är han?'".
>
> Skaparen sade till honom "David är rättfärdig och det heliga förbundet står intakt, för det är uppenbart för mig att Bat Sheba skapades för honom alltsedan dagen världen skapades.

Förklaring: Även om han inte syndade, som det står skrivet, "Den som säger 'David syndade' har fel", var han ändå rädd som om han faktiskt hade syndat, på grund av Dumahs förtal. "Det står skrivet i Toran, 'Den som har begått äktenskapsbrott med en annan mans hustru ... skall döden dö'. Och det står skrivet, 'Du skall inte idka könsumgänge med din nästas hustru'". *Zohar* framför två verser, en för bestraffning och en för varning.

Och Skaparen svarade honom att David inte hade en orättfärdig tanke för Bat Sheba hade varit hans maka sedan världens skapelse, därmed korrumperade han aldrig sitt förbund, och det heliga förbundet står fast. När han lustade, lustade han efter sin egen. Anledningen till att Uriah förde henne framför David är att Uriah tog henne med nåd även om hon inte var hans, och detta måste förstås.

Manligt och kvinnligt är två halvor av en kropp. Hur tog då Uriah – som inte hade någon förbindelse med henne – henne? Saken är den att Bat Sheba verkligen är Davids *Nukva* sedan dagen världen skapades, för David är den manliga i *Malchut* och Bat Sheba är den kvinnliga i *Malchut*. Men eftersom det skedde ett uppstigande av *Malchut* till *Bina* när *Malchut* grundades för världarnas emanation – där det skedde ett uppstigande av *Malchut* till *Bina* – för att lindra henne med egenskapen *rachamim* – behövde Bat Sheba det lindrandet även i *GAR*.

Hittiten Uriah var en mycket hög själ, för han var helt och hållet *GAR*, som hans namn bevisar, *Ohr Koh* [Ljus av *Yod-Hey*], för det fanns ingenting i form av *VAK* i honom, vilket är *Vav-Hey*. För att lindra Bat Sheba med egenskapen *rachamim*, tog Uriah – *GAR* – henne, och hon lindrades av honom, varpå hon var redo för kungamakten över Israel. Därför sades det att Uriah tog henne med nåd [*rachamim*], för att lindra henne med *rachamim*, i namnet *Koh* i Uriah. Därför tog han henne även om hon inte var hans.

133) Dumah sade till Honom, "Om det uppenbaras för Dig, uppenbaras det inte för honom". Skaparen sade till honom, "Dessutom hände allt med tillåtelse, eftersom ingen som går ut i krig gör det utan att först ha gett sin hustru en skilsmässa". Dumah sade till Honom, "Alltså borde han ha väntat tre månader, men han väntade inte." Skaparen svarade, "Vad beträffar det? Det är bara på en plats där vi fruktar att hon kanske har blivit gravid. Men det är uppenbart för Mig att Uriah aldrig närmade sig henne, för Mitt namn är signerat i honom som en vittnesbörd, Uriah, med bokstäverna *Ohr* [ljus] *Koh* [*Yod-Hey*]. Det står skrivet Uriahu, med bokstäverna *Ohr Yod-Hey-Vav*. Mitt namn är förseglat i honom som en vittnesbörd om att han aldrig hade samlag med henne.

Förklaring: Hur vittnar namnet *Yod-Hey* i Uriah om att han aldrig vidrörde Bat Sheba? I profeten Nathans allegori jämför han David med en rik man, Uriah med en fattig man, Bat Sheba med den fattige mannens lamm, och *sitra achra* med en vandringsman. Han säger att en fattig man inte har någonting förutom ett litet lamm, eftersom Uriah var *GAR* utan *VAK*. Det står skrivet som Uriah, och det står skrivet som Uriahu, eftersom detta namn Uriahu i *Yod-Hey-Vav* är *Yod-Hey*, *VAK* och *Vav*, *VAK*.

Men här står det bara Uriah, utan *Vav*, vilket indikerar att det inte fanns någon *VAK* i honom, bara *Chochma* utan *Chassadim*. Därför anses han vara fattig, utan någonting, eftersom ljuset *Chassadim* impliceras i "allt". Det står skrivet "inget förutom ett enda litet lamm som han hade köpt och fött upp". Detta är Bat Sheba, som han hade köpt. Detta indikerar att hon inte är en del av hans själ, utan han köpte henne bara för att upprätthålla henne och för att korrigera henne med *rachamim*. Detta är innebörden av "som han hade köpt och fött upp".

Det står också "och det växte upp tillsammans med honom och hans barn". Detta indikerar att han förlänade sin *gadlut* på henne, som till sina söner, på så sätt att "hon skulle äta av hans bröd och dricka ur hans bägare och ligga i hans famn". Men ändå bör vi inte göra misstaget att tänka att han även närmade sig henne. Därför slutar det "och var som en dotter för honom", inte som en kvinna.

Följaktligen vittnar texten om att Uriah inte närmade sig henne. Men *Zohar* förklarar varför han inte närmade sig henne, och säger därför "Det står skrivet som Uriah och inte skrivet som Uriahu", i vilken Mitt namn är signerad, som vittnesbörd om att han aldrig hade samlag med henne, det vill säga namnet *Koh* utan *Vav*, vilket indikerar frånvaron av *Chassadim, Vav*. Detta är orsaken till att han inte kunde närma sig henne, för det finns inget *zivug* utan ljuset *Chassadim*. Det följer att namnet *Koh*, som är undertecknat i hans namn, vittnar om att han var oförmögen att alls ha samlag med henne.

134) Han sade till honom "Herre över världen, detta är vad jag sade. Om det är uppenbarat för Dig att Uriah inte låg med henne, vem är uppenbarad för honom? Han borde ha väntat tre månader. Dessutom, om Du säger att David kände till att han aldrig låg med henne, varför sände då David iväg honom och befallde honom att ha samlag med sin hustru, som det står skrivet, "Gå ner till ditt hus, och tvätta dina fötter"?

135) Han sade till honom "Han visste med säkerhet inte, men han väntade mer än tre månader, eftersom det var fyra månader. På den femtonde av *nissan* skickade David ett bud alltigenom Israel att gå i krig. De var med Yoav den sjunde *sivan*, och gick och förstörde Amons barns land. De kvarhölls där hela *sivan, tamuz, av,* och *elul,* och det som skedde med Bat Sheba var den tjugofjärde *elul*. Och på *yom kippur* [försoningsdagen] förlät Skaparen hans ogärning. Och några säger att han förmedlade manifestet den sjunde *adar* och att de samlades den femtonde *iyar*, och det som hände med Bat Sheba var den femtonde *elul*. Och på *yom kippur* sades det till honom "Herren har

även tagit bort din synd; du kommer inte att dö" genom Dumahs hand.

Dumah styr över incest, och denna synd sonades honom på *yom kippur*. Det följer att han inte skulle dö av Dumahs hans. Hans död var emellertid på grund av Uriahs synd, som han dödade med Amons barns svärd, som det står skrivet "David gjorde det som var rätt i Herrens ögon, och vände sig inte bort ifrån någonting Han befallde honom under hela sitt liv, förutom i fallet Uriah hittiten".

136) Dumah sade "Herre över världen, jag har en sak när det gäller honom: Han öppnade sin mun och sade 'Så sant som Herren lever, förtjänar säkerligen den som gjort detta att dö'. Därmed dömde han sig själv till döden, vilket är anledningen till att jag har makten att döda honom." Skaparen sade till honom "Du har ingen tillåtelse att döda honom, för han bekände inför mig och sade, 'Jag har syndat inför Herren', även om han inte syndade. Men för hans synd med att döda Uriah, har jag skrivit in ett straff för honom och han har accepterat det." Prompt återvände Dumah besviken till sin plats.

Förklaring: Omskärelsens *mitzva* är kopplad till förbundets tecken. Det finns två punkter i namnet *Elohah* [Gud], i *Hey* i namnet Elohah, *Malchut*: Din och *rachamim*. Hela korrigeringen av förbundet ligger i kraften av att *din* är dold och gömd, och att *rachamim* är öppen. Då är namnet Elohah på honom. Så är det för även om *Malchut* också finns där, på vilken *tzimtzum alef* [den första begränsningen] gjordes, diar *din* och alla de yttre från henne. Men på grund av att hon är dold och gömd, och enbart egenskapen *rachamim* från *Bina* är uppenbarad, har de yttre inte kraften att hålla fast vid henne. Och han har ingen tillåtelse att närma sig alla de som höll det heliga förbundet i den här världen.

Men den som korrumperar ett förbund avslöjar *din* i *Malchut*, i *Hey* i Elohah, och alla de yttre närmar sig omedelbart henne för att dia från henne, eftersom hon är deras lott och all deras vitalitet. Följaktligen avlägsnar sig den heliga själen, det vill säga namnet Elohah, omedelbart.

David kom från den *Malchut* som var mildrad med egenskapen *rachamim*. Därmed behövde han extra omsorg så att *din* i *Malchut* inte skulle uppenbaras i honom. Därmed, genom att säga "Så sant som Herren lever, förtjänar säkerligen den som gjort detta att dö", dömer man den som korrumperar förbundet av att ge den fattige mannens lamm inför vandraren, som är *sitra achra*, hans dom är döden, *din* före *sitra achra* trädde fram i honom själv, det vill säga ängeln Dumah. Därför ville han greppa tag i Davids själ, eftersom kraften av *din* som är dold och gömd i honom med dessa ord trädde fram.

Detta är innebörden av det ängeln Dumah sade, "Jag har en sak avseende honom: Han öppnade sin mun och sade, 'Så sant som Herren lever, förtjänar säkerligen den som gjort detta att dö'. Han dömde sig själv till döden med orden att han dömde den som bryter ett förbund med döden. Det följer att han dömde sig själv till döden, för därigenom trädde den *din* som var dold i hans själ fram, och därmed har jag makt över honom, jag har herravälde över honom, att dia från hans själ."

Detta är innebörden av vad Skaparen sade till honom, "Du har ingen tillåtelse att döda honom, för han erkände inför Mig och sade, 'Jag har syndat inför Skaparen', även om han inte hade syndat". Med orden han sade dömde han sig själv till döden, och uppenbarade *din* inför *sitra achra*, som en som skändar sitt förbund. Och ängeln Dumah ville greppa hans själ och dra ner den i helvetet. Men Skaparen sade att han redan erkänt och ångrat för incest, även om han inte alls begick någon synd med det. Därför hjälpte ångern för att döma sig själv till döden honom, och därmed har du ingen tillåtelse att närma dig honom.

"Men för hans synd med att döda Uriah hag jag skrivit in en bestraffning för honom och han har accepterat den." Med andra ord hade han redan, för synden att döda Uriah med Amons barns svärd, tagit emot sitt straff från Mig, och detta har ingenting med dig att göra, för du styr bara över incest. Prompt återvände Dumah besviken till sin plats, dörren till helvetet.

137) David sade om det, "Om Skaparen inte hade varit min hjälp, hade min själ nästan vistats med Dumah". "Om Herren inte hade varit min hjälp" innebär om Han inte hade blivit den som vakar över mig avseende ängeln Dumah. "Hade nästan", likt en fin tråd mellan mig och den andra sidan, det var så nära att "min själ nästan hade vistats med Dumah", med ängeln Dumah i helvetet.

Förklaring: David är *Malchut*, om vem det står skrivet att "Hennes ben sträcker sig ner till döden", och sådan är hon på grund av *sium* [slutet] av *Kdusha* [Heligheten], från vilken *sitra achra* och *klipot* närs, som det står skrivet, "Hans kungadöme härskar över allt". Men när *Malchut* korrigeras med *midat ha rachamim* [egenskapen av barmhärtighet], betraktas hon som två punkter: punkten *din* från henne själv, och punkten av *rachamim*, som hon tog emot från *Bina*. Det är även så att *din* i henne är dold och gömd, och enbart *rachamim* i henne ligger öppet för ögat.

Genom denna korrigering har *sitra achra* enbart ett tunt ljus av upplysningen av *Malchut*. Detta betraktas som *shoresh* [rot], och det är tillräckligt för upprätthållandet av *klipot*, men de har ingen makt att expandera alls. Denna *shoresh* kallas även "en fin tråd", det vill säga en smal rot för synderna. Om det står det skrivet, "Först är det likt ett spindelnät, och därefter blir det som ett kraftigt rep". Det kallas "fin" för det är *din* som är dold och gömd vid punkten av *rachamim*.

Men den som skändar sitt förbund får punkten av *din* i *Malchut* att träda fram, och då närmar sig *klipot* henne och diar ett stort överflöd från henne, och tar emot styrka för en stor expansion. Och den som gör det förlorar sin själ i händerna. Och när han belönas och ångrar sig, korrigerar han återigen *Malchut* i en korrigering av *midat ha din* [egenskapen av givande], och därför kallas det *tshuva* [ånger, vilket betyder "återvända" på hebreiska]. Det har bokstäverna *tashuv hey*, som för henne tillbaka till sin plats, till *midat ha rachamim*, och kraften av *din* göms återigen i henne, med enbart ett svagt ljus.

"Om Herren inte hade varit min hjälp", och blivit en som vakar över mig, det vill säga att Han accepterade min *tshuva* och sände ängeln Dumah tillbaka till sin plats. Han bringade *Malchut* tillbaka till sin plats, till *midat ha rachamim*, och lämnade enbart ett tunt ljus av *midat ha din*, som ett mått av en tunn tråd som det finns mellan honom och *sitra achra*.

Med andra ord är det bara som den lilla mängd som måste förbli mellan *Malchut* och *sitra achra*, för att ge henne uppehälle i en förminskad upplysning, som kallas "en tunn tråd". Det var det måttet: "Min själ vistades nästan med Dumah". Och detta mått räddade mig från att falla i ängeln Dumahs händer. Med andra ord, om *din* i *Malchut* inte återvände till att bli som en tunn tråd, vore jag redan i Dumahs händer.

138) Därför måste man akta sig för att säga saker som David gjorde, för han kan inte säga till ängeln Dumah att det var ett misstag som skedde med David när Skaparen besegrade honom i meningen, som det står skrivet: "Varför skulle Gud vredgas vid din röst", det vill säga

den röst som sade, "och förstör dina händers verk" – det vill säga det heliga köttet, det heliga förbund som han vanhelgade och drogs ner i helvetet av Dumah.

Förklaring:

Det finns två aspekter av ånger:

1) Ånger ur fruktan, när synderna blir som misstag för en
2) Ånger ur kärlek, när synderna blir som meriter för en

Förklaringen är att före slutet av korrigeringen, så länge som kraften av *din* behövs i världen, som det står skrivet, "och Gud gjorde det så för att frukta Honom", måste *Malchut* hålla *sitra achra* åtminstone till ett mått av svagt ljus, så att *klipot* och *sitra achra* inte kommer att upphöra. Följaktligen ligger hela korrigeringen av *Malchut* i två punkter – *rachamim* och *din*. Men *din* är dold och gömd, och *rachamim* är uppenbarad, för därigenom finns det fruktan i det, som i trädet med kunskap om gott och ont: om han belönas är det gott. Om han inte belönas, är det ont.

Det följer att när vi ångrar oss under de 6 000 åren är det bara ånger ur fruktan, där synderna blir som misstag för en. Så är det för genom ångern bringar vi *Malchut* tillbaka till *midat ha rachamim* [egenskapen av givande], och *din* i henne är fördold till ett mått av ett svagt ljus och en tunn tråd, eftersom *Malchut* fortfarande måste förbli i egenskapen fruktan. Därför kallas det "ånger ur fruktan".

Denna tunna tråd som måste återstå kallas misstag, eftersom det för den som felar inte är en synd i och för sig själv, utan misstagen för en med mening till synd. Så är det på grund av att man inte syndar medvetet före man begår något misstag, och här finns den tunna tråd som återstår i *Malchut*, för även om den återstår är det ingen synd. Men på grund av denna dolda *din* kommer vi att synda. Därför sades det, "Det börjar som ett hårstrås tjocklek", en tunn tråd, och om förbundet inte hålls ordentligt blir det "som tjocka rep", eftersom *midat ha din* [egenskapen av dömande] framträder i *Malchut*.

Detta är innebörden av att Dumah sitter vid helvetets port. Det är en kraft som är en tunn tråd, enbart en öppning. Det sägs om den att den i begynnelsen är som ett hårstrås tjocklek. Därför anses vår ånger vara som om våra ogärningar har förlåtits och blivit misstag, eftersom den tunna tråden återstår och kan bringa oss till en överlagd handling. Och innebörden av den andra formen av ånger, som är från kärlek, är att synder blir som meriter.

Därför måste man akta sig för att säga saker som David, det vill säga undvika att säga någonting som skulle kunna orsaka framträdandet av *midat ha din* i *Malchut*, som David gjorde, eftersom han inte kan säga till ängeln Dumah att det var ett misstag, att han inte är säker att han kommer att kunna ångra sig omedelbart, att ogärningen kommer att sonas till ett misstag för honom, som det skedde med David, som Skaparen besegrade i *din*.

David gjorde hela sitt liv det som var rätt i Skaparens ögon. Han begick ingen synd hela sitt liv, förutom när det gäller Uriah. Därför blev Skaparen hans beskyddare, som omedelbart hjälpte honom med sin ånger, och ogärningen blev ett misstag för honom, som det står skrivet, "Om Herren inte hade varit vid min sida, hade min själ nästan vistats med Dumah". Men resten av människorna bör frukta att de till ängeln inte kommer att kunna säga att det var ett misstag, och då falla i Dumahs händer, i helvetet.

"Och förstöra dina händers arbete" är ett heligt kött, det heliga förbundet som han vanhelgade, och han drogs ner i helvetet av Dumah, eftersom korrigeringen av det heliga förbundet kallas "våra händers arbete." Om det står det skrivet, "bekräfta våra händers arbete." Och den heliga själen kallas "heligt kött", som det står skrivet, "ur mitt kött kommer jag att se Gud", varigenom yppandet av din i *Malchut*, korrigeringen av förbundet, korrumperas och själen dras ner i helvetet av Dumah.

Därför "förtäljer himlarna om Hans händers arbete", och därför kretsar de kring hela Rav Hamnuna Sabas artikel, som han presenterade för oss. Efter den korrigeringen av förbundet, i dess belöning och i dess bestraffning, klargörs det i den, såväl varför det kallas "korrigeringen av förbundet" och "våra händers arbete", som "slutet av korrigeringen", den dag då himlarna är brudgummen som går in i sin *chuppah* med bruden.

Därmed "förtäljer himlarna om Hans händers verk" vid slutet av korrigeringen, för då kommer det att bli känt att alla de korrigeringarna inte är våra händers verk, utan Hans händers verk. Detta är vad himlarna förtäljer, och på det gjordes det stora *zivug* av *Rav Pe'alim UMekabtze'el*. "Förtäljer" innebär även yppandet av överflödets utsträckande.

Man bör känna till att hela skillnaden mellan den här världen, före korrigeringen, och slutet av korrigeringen, ligger häri. Före slutet av korrigeringen kallas *Malchut* "trädet med kunskap om gott och ont", eftersom *Malchut* är Skaparens vägledning i den här världen. Så länge som mottagarna inte har fullbordats så att de kan ta emot hela Hans välvilja, som Han hade tänkt ut till vår fördel i skapelsetanken, måste vägledningen vara i form av gott och ont, belöning och bestraffning. Så är det på grund av att våra mottagandekärl fortfarande är färgade av egenmottagande, vilket är mycket begränsat till sitt mått, men även separerar oss från Skaparen.

Den fullständiga nyttan, i det stora mått Han har tänkt ut för oss, ligger enbart i givande, som är njutning utan någon begränsning. Men mottagande för sig själv är begränsat och högst inskränkt, för tillfredsställandet släcker prompt njutningen. Det står skrivet, "Herren har gjort allt för Sitt eget syfte", det vill säga att allt som sker i världen skapades från dess begynnelse enbart för att bringa Honom belåtenhet. Följaktligen ägnar sig människor åt världsliga ting i bjärt kontrast till hur de ursprungligen skapades, eftersom Skaparen säger, "Hela världen skapades för Mig", som det står skrivet, "Herren har gjort allt för Sitt eget syfte", och "Alla som kallas vid Mitt namn, har jag skapat för Min ära."

Och vi säger den fullständiga motsatsen för vi säger, "Hela världen skapades enbart för oss". Vi vill sluka hela världens överflöd i våra magar, för vårt eget nöje, och för vår egen ära. Därmed är det inte att undra på att vi fortfarande är ovärdiga att ta emot Hans fullständiga nytta. Därför har Hans vägledning genom gott och ont föreskrivits oss, med vägledning genom belöning och bestraffning, för de är ömsesidigt beroende då belöning och bestraffning är ett resultat av gott och ont. När vi använder mottagandekärlen på ett motsatt sätt till hur de skapades, förnimmer vi med nödvändighet ondska i Försynens operationer på oss.

Det är en lag att skapelsen inte kan ta emot blottad ondska från Skaparen, för det är en brist i Skaparens ära när skaparen upplever Honom som en som gör ont, för detta är opassande för den fullständige Operatören. När man mår dåligt, ligger alltså förnekande av Skaparens vägledning på en och den övre Operatören döljs från en i samma utsträckning. Detta är det strängaste straffet i världen.

Därmed för känslan av gott och ont i relation till Hans vägledning med sig känslan av belöning och bestraffning, för den som anstränger sig för att inte skilja sig från tro på Skaparen belönas även när han känner en dålig smak i Försynen. Men om han inte anstränger sig kommer han att bestraffas för att han är separerad från tro på Skaparen. Det följer att även om Skaparen gjort, gör och kommer att utföra alla handlingar, förblir det fortfarande fördolt från de som känner gott och ont, eftersom *sitra achra* vid tiden för ont ges styrkan att dölja Hans vägledning och tro.

Men genom vägledningen av belöning och bestraffning själv, har Skaparen förberett det så att vi i slutändan kommer att belönas med slutet av korrigeringen genom det, att alla människor kommer att erhålla de korrigerade kärlen för mottagande för att skänka belåtenhet till sin Skapare, som det står skrivet, "Herren har gjort allt för Sitt eget syfte", så som de ursprungligen skapades. Då kommer det stora *zivug* av *Atik Yomin* att träda fram, vi kommer att komma till ånger ur kärlek, alla synder kommer att förvandlas till meriter, och allt det onda till ett stort gott.

Då kommer Hans privata Försyn att uppenbaras över hela världen, så att alla kan se att Han allena gjort, gör och kommer att göra alla de handlingarna från tidigare. Så är det för nu, när ondskan och bestraffningarna har blivit förmåner och meriter, kommer det att vara möjligt att uppnå deras Görare, för de har nu blivit lämpade för Hans händers arbete. Nu kommer de att prisa och välsigna Honom för det tidigare imaginära onda och de imaginära bestraffningarna.

Detta är essäns huvudpoäng, för än så länge betraktades även korrigeringarna som våra händers verk, för vi tog emot belöning och bestraffning för det. Men vid det stora *zivug* vid slutet av korrigeringen kommer det uppenbaras att både korrigeringar och bestraffningar helt och hållet var Hans verk, som det står skrivet, "Himlarna förtäljer om Hans händers verk". Så är det för firmamentets stora *zivug* kommer säga att allt är Hans händers verk, och att Han allena gjort, gör och kommer att göra alla handlingar.

> 139) Därför är "Himlarna förtäljer om Hans händers verk" de vänner som knöt sig samman med bruden, *Malchut*, genom att ägna sig åt Tora under natten vid *shavuot*, och de av henne som har förbundets tecken, som kallas "Hans händers verk". Han nämner och registrerar var och en. Vem är firmamentet? Det är firmamentet i vilket solen, månen, stjärnorna och tecknen finns. Och detta kallas "minnesboken", som nämner och registrerar dem, och skriver ner dem, så att de kommer att vara medlemmar av Hans palats, och så att Han alltid ska utföra deras vilja.

Förklaring: *Yesod de ZA*, i vilken *zivug* för yppandet av alla de övre platserna och graderna tog plats – som är solen, månen, stjärnorna, och tecknen – kallas "firmamentet". Om det står det skrivet, "Och Gud placerade dem i himlarnas firmament". Och när de alla står i det, gläds de med varandra. Då förminskade månen sig inför solen, och hädanefter är allt som solen tar enbart för att lysa upp till *Nukva*, och inte för sig själv, som det står skrivet, "till ljus som lysa över jorden".

Kommentar: Alla de övre ljusen placerades i himmelens firmament, i *Yesod de ZA*. De står alla i det, och han kopulerar med glädje med

Nukva, som kallas "jorden", och han ger henne alla de ljusen, som det står skrivet, "till ljus som lysa över jorden". Då anses det som att *Malchut* är mindre än solen, *ZA*. Men vid korrigeringens slut kommer månen ljus att vara som solens ljus, och solens ljus kommer att vara sjufaldigt, i de sju dagarnas ljus. Då kommer *Malchut* inte att vara mindre än *ZA*, utan hon kommer att växa till att bli som *ZA* under skapelsens sex dagar, och *ZA* själv kommer att stiga sjufaldigt jämfört med skapelsens sex dagar.

Det här kommer att vara vid en tid om vilken det står skrivet, "kommer att svälja upp döden för evigt". Och då står det skrivet, "På den dagen kommer Herren vara en och Hans namn ett", för firmamentet, *ZA*, *HaVaYaH* [יהוה] och Nukva, månen, som tar emot från Honom. Under de 6 000 åren, som tar emot från de sex skapelsedagarna, uppenbaras det inte för dem att Han är en och Hans namn ett, eftersom månen är mindre än solen, *ZA*, *HaVaYaH*. *Malchuts katnut* korrigeras i Assiya för det finns gott och ont i den, belöning och bestraffning. Det finns även en stor skillnad mellan "Han" och "Hans namn". I "Hans namn", *Malchut*, kommer *zivugim* ett i taget, ibland sammankopplade och ibland separerade.

Men vid slutet av korrigeringen, när döden sväljs upp för evigt, kommer det att vara "Herren *[HaVaYaH]* är en och Hans namn ett", eftersom "Hans namn", *Nukva*, ännu en gång kommer att vara mycket mer lik *Zeir Anpins* ljus: allt gott utan något ont alls. Privat försyn kommer också att träda fram i henne, som det står skrivet, "Månens kommer att lysa som solen".

Därför kommer *Nukva* då att kallas "en minnesbok", eftersom *Malchut* kallas "en bok", för alla människor i hela världens handlingar skrivs in i henne, och *Yesod de ZA* kallas "ihågkommande", eftersom den kommer ihåg världens handlingar och studerar alla de antika skapelserna, för de förmedlas alla av honom.

Under de 6 000 åren före slutet av korrigeringen är boken ensam och ihågkommandet ensamt, ibland sammankopplade och ibland separerade. Men vid slutet av korrigeringen kommer båda dessa grader bli en, som det står skrivet, "Herren är en och Hans namn ett". Då kommer *Malchut* själv att kallas "en minnesbok", för de är bokstavligen en, då månens ljus har blivit som solens ljus.

I firmamentet finns solen, månen, stjärnorna och tecknen, det vill säga *Yesod de ZA*, i vilket alla världens ljus kommer ut, och i vilket de existerar. Han ger dem till *Malchut* medan hon är mindre än honom, och medan hon fortfarande inte betraktas som "Herren är en och Hans namn är ett". Han kallas "en minnesbok", och han kommer även själv att vara *Malchut* vid korrigeringens slut, som därför kommer att kallas "en minnesbok", för *Malchut* kommer då att ta emot *Zeir Anpins* hela essens. Och detta firmament, som kallas "ihågkommande", kommer då att kallas "en minnesbok", och *Malchut* själv kallas "en bok". Och ihågkommandet, som är firmamentet, kommer bokstavligen att vara ett med henne, som det står skrivet, "Den dagen kommer Herren att vara en och Hans namn ett".

> 140) "Dag talar till dag därom och natt undervisar natt." Detta innebär att en helig dag, från Kungens övre dagar, från *sfirot de ZA*, som kallas "dagar", prisar de vänner som ägnade sig åt Tora under natten vid *shavuot*, och var och en berättar för sin vän den sak han sade. Det vill säga, "Dag talar till dag därom" och prisar honom. Och "natt undervisar natt" innebär varje grad som styr under natten. *Sfirot* av *Malchut* prisar den andre, och den kunskapen är att var och en tar emot från sin vän. Och för den fullständiga helheten, har de blivit vänner och älskare.

Förklaring: När han väl förklarar att "Himlarna förtäljer om Hans händers verk" är minnesboken, förklarar skriften "Du har sagt, 'Det är meningslöst att tjäna Gud, och vad har vi för nytta av att vi har hållit det Han befallt oss, och att vi har vandrat sörjande inför Herren av härskaror?' ... Då talade de som fruktade Herren med varandra, och Herren lyssnade och hörde det, och en minnesbok skrevs inför Honom för de som fruktar Herren och som högaktar Hans namn. 'De kommer att vara Mina', säger Herren över härskaror, 'den dagen då jag utför Min *sgula* [speciell merit/frälsning] kommer jag att förbarma mig över dem som en man som förbarmar sig över sin egen son som tjänar honom.'"

Vi finner att de säger samma sak till varandra som Han sade: "Det är meningslöst att tjäna Gud, och vad har vi för nytta av att vi har hållit det Han befallt oss ... och en minnesbok skrevs inför Honom för de som fruktar Herren och som högaktar Hans namn". Detta för att Skaparen kommer att förbarma sig över dem som en som förbarmar sig över sin son, som tjänar honom, det vill säga först den dag då jag utför *sgula* – dagen vid korrigeringens slut.

Så är det för innan korrigeringens slut, före vi kvalificerat våra mottagandekärl att enbart ta emot för att bringa vår Skapare belåtenhet och inte för vår egen nytta, kallas *Malchut* "trädet med kunskap om gott och ont". Detta på grund av att *Malchut* är vägledandet av världen genom människors handlingar. Och då vi är oförmögna att ta emot all förnöjsamhet och njutning som Skaparen tänkt sig till vår fördel i skapelsetanken, måste vi ta emot vägledningen genom gott och ont från *Malchut*. Denna vägledning gör oss redo att till slut korrigera våra mottagandekärl för att ge och att belönas med den förnöjsamhet och njutning Han tänkt sig till vår fördel.

Vår förnimmelse av gott och ont orsakar även belöning och bestraffning, eftersom förnimmelsen av ont orsakar separation från tro på Skaparen. Det följer att om man, under tiden man känner den dåliga känslan, anstränger sig att inte skända sin tro enbart på grund av det, och att hålla Tora och *mitzvot* i sin helhet, då belönas. Och om man inte lyckas i prövningen och tar emot separation, då fylls man med onda tankar.

Det är känt att Skaparen för sådana tankar bestraffar som för handlingar. Om det står det skrivet, "lägga beslag på huset Israels hjärtan". Det är även känt att den rättfärdiges rättfärdighet inte kommer att rädda honom på hans överträdelses dag. Men detta angår enbart de som begrundar begynnelsen.

Men ibland segrar tankarna över en tills man undrar om alla de goda gärningar man utfört och säger, "Det är meningslöst att tjäna Gud, och vad har vi för nytta av att vi har hållit det Han befallt oss, och att vi har vandrat sörjande inför Herren av härskaror?" Då blir man fullständigt orättfärdig för att man begrundar begynnelsen och förlorar alla de goda handlingar man utfört genom denna dåliga tanke, som det står skrivet, "Den rättfärdiges rättfärdighet kommer inte att rädda honom på dagen för hans överträdelse". Därför hjälper ånger, även om detta redan betraktas som att ånyo börja tjäna Skaparen, som ett nyfött barn, vars rättfärdighet från det förflutna helt har försvunnit.

Ofta orsakar vägledningen genom gott och ont oss uppgångar och nedgångar, var och en i enlighet med vad man är. Man bör känna till att varje uppgång därför betraktas som en separat dag på grund av den stora nedgång man hade, när man tvivlade på begynnelsen, och under uppgången är man som ett nyfött barn. Därmed är det i varje uppgång som om man ånyo börjar tjäna Skaparen. Därför anses varje uppgång vara en specifik dag, och likaledes, varje nedgång anses vara en specifik natt.

Det står skrivet "Dag talar till dag därom", en helig dag, från Kungens övre dagar. Med andra ord prisas vännerna under varje uppgång man har, när man håller sig fast vid Skaparens övre dagar, och var och en säger den sak han sade till sin vän. Så är det för genom det stora *zivug* vid korrigeringens slut kommer de att belönas med ånger ur kärlek, för de kommer att fullborda korrigeringen av alla mottagandekärl, så att de enbart kommer att vara för att bringa belåtenhet till Skaparen. I detta *zivug* kommer hela den väldiga fröjden och njutningen i skapelsetanken att träda fram för oss.

Då kommer vi uppenbart se att alla straffen från nedgångarnas tid, som förde oss till att betvivla begynnelsen, var de saker som renade oss och var de direkta orsakerna till all glädje och allt det goda som kommit till oss vid korrigeringens slut. Så är det, för vore det inte för de fruktansvärda straffen, skulle vi aldrig ha kommit till denna fröjd och njutning. Då kommer dessa synder att inverteras till faktiska meriter.

"Dag talar till dag därom" innebär att varje uppgång före slutet av korrigeringen är en de Kungens övre dagar som prisar vännerna. Nu träder den därmed åter fram i sin helhets fulla storslagenhet, som hör till den dagen, och prisar de vänner som håller Toran med den sak som var och en sade till vännerna, vilket är, "Det är meningslöst att tjäna Gud, och vad har vi för nytta av att vi har hållit det Han befallt oss", vilket då tillfogade stränga straff.

Så är det för att de nu har förvandlats till meriter, eftersom den dagens fullständiga helhet och lycka nu inte skulle kunna framträda, i denna storhet och prakt, om det inte vore för de straffen. Därför betraktas handlingarna hos de som yttrar orden "de som fruktar Herren och som högaktar Hans namn" som goda handlingar. Därför sades det även om dem, "Jag kommer att förbarma Mig över dem som en man som förbarmar sig över sin egen son som tjänar honom".

Det sägs att "Dag talar till dag därom" och prisar den. Så är det på grund av att alla nätterna är nedgångarna, lidandet, och bestraffningarna som hindrade *dvekut* [vidhäftande] med Skaparen fram tills de blev många dagar, den ena efter den andra. Nu, när nätterna och mörkret har blivit meriter och även goda handlingar, skiner natten som dagen och mörkret som ljus, det finns inga hinder mer, och alla de 6 000 åren förenas i en enda stor dag.

Därmed har alla de *zivugim* som kom ut det ena efter det andra, och yppade uppgångar och nedgångar som var skilda från varandra, nu samlats i en nivå av en sublim och transcendent nivå av *zivug*, som skiner från den ena änden av världen till den andra änden av världen. Det står skrivet, "Dag talar till dag därom", för ordet som skilde mellan den ena dagen och nästa dag har nu blivit en stor lovordan, som lovordar den, för den har blivit en merit. Följaktligen blev de alla en dag för Herren.

När det sägs "och natt undervisar natt" avser det alla grader som styr under natten, som prisar varandra, till den kunskap som var och en tar emot från sin vän. Detta för att alla de orden och det lidande som kallas "nätter", för vilket graderna blev diskreta, en i taget, nu även de skiner likt dagen, eftersom de alla har samlats och blivit ett enda mottagandekärl för den stora kunskap som fyller hela jorden med kunskapen om Herren.

Det följer att varje natt för sig skulle förbli i mörker, om den inte hade kommit in i samlingen av alla nätter. Så är det för att varje natt tar emot sin andel av kunskapen enbart ur förbindelsen med resten av nätterna. Därmed anses varje natt uppenbara kunskap för de andra, för den vore opassande för kunskapen, förutom i kombination med en annan.

Och alla grader som styr under natten, det vill säga varje natt, som nu har kompletterats till att vara ett mottagandekärl för Herrens kunskap, prisar varandra. Det följer att var och en prisar sin vän på grund av den kunskap han tagit emot från sin vän, genom förbindelsen med sin vän, med natten. Han skulle inte ta emot om det inte vore för förbindelsen med sin vän, eftersom de bara alla tillsammans, samlade, blev värdiga att ta emot den stora kunskapen. Därför sades det "Och för den fullständiga helheten har de blivit vänner och älskare", för i den stora helhet de tagit emot tillsammans blir alla nätterna kära vänner för varandra.

> 141) "Det finns varken tal eller ord" innebär ord och ting från resten av ämnena i världen, som inte hörs framför Kungen, och Han har inget begär att höra dem. Men de ämnena, "Deras linje har gått ut genom hela jorden", det vill säga att de ämnena gör en linje mellan de som vistas ovan och de som vistas nedan. Och om någon skulle säga att de sakerna flackar omkring i världen, säger skriften, "och deras yttranden till världens ände".

Förklaring: Hittills har vi talat om de värsta straffen och det värsta lidandet, separationen från tro på Skaparen. *Zohar* säger att straffen och lidandet från andra ting i världen, från personliga överträdelser, och från helvetets plågor, och kroppsliga plågor, och så vidare, som fyller hela denna värld, även de samlas och inkluderas i detta stora *zivug*. Om det står det skrivet, "Och så som Herren fröjdas över att få dig att blomstra och förökas, så kommer Herren att fröjdas över att få dig att gå under och förstöra dig".

Så är det för de samlas alla och blir ett stort ljus, som förvandlas till munterhet och stor glädje. Och det sägs, "Det finns varken tal eller ord" om resten av de världsliga ämnena, som är allt lidande i denna värld. De hörs inte framför den helige Kungen, då de förvandlas till munterhet och glädje. Han vill inte höra dem så han kommer inte att längta efter att höra dem, eftersom Kungen ur deras invertering till munterhet och glädje, kommer att åtrå dem och längta efter att höra dem.

Med andra ord kommer minnet av varje sorg och smärta från det förflutna nu, vid korrigeringens slut, orsaka stor glädje och njutning. Om det står det skrivet, "under de dagarna och vid den tiden", förkunnar Herren, "man kommer att söka efter Israels ogärningar, men inga kommer att finnas". Så är det för när de förvandlas till meriter kommer de att orsaka en sådan belåtenhet att det förflutnas ogärningar kommer att sökas för att skämta om dem, men de kommer inte att finnas". Det vill säga att det för oss kommer att verka som om de inte längre existerar i deras verkliga form, som de gjorde i det förflutna. Och det sägs, "Han vill inte höra dem", det vill säga att det inte finns något yttrande eller tal, att det inte kommer att återvända till dem med ett begär och en längtan efter att höra dem, eftersom de nu alla har blivit heliga och trofasta ljus.

Denna stora nivå som vid korrigeringens slut stiger i det stora *zivug* från alla själarna och alla dåden – goda eller onda – betraktas som en linje och en pelare av ljus som skiner från den ena änden av världen till den andra änden av världen. Detta är den stora föreningen, som det står skrivet, "Herren kommer att vara en och Hans namn ett". Och det sades, "Men de ämnena, deras linje har gått ut genom hela jorden", då den nivå som kommer ut på de ämnena, vilka är varje sorts lidande och bestraffning, lyser upp från den ena änden av världen till den andra änden, det vill säga genom hela landet.

Det sades "Från de som vistas ovan och från de som vistas nedan". Detta ämne är sannerligen sublimt, och jag kommer att göra mitt bästa för att klargöra detta. Vi bör känna till att tidens ordning i evigheten inte är som den är i den här världen. Det följer att när Skaparen övervägde att skapa världen, var alla själarna med sina förhållanden redan skapade i Honom – fram till slutet, i den fullständiga helhet som krävs av dem, att ta emot all njutning och förnöjsamhet som Han hade tänkt glädja dem med. I Honom är framtiden som nuet, och framtid och förflutet gäller inte Honom.

Nu kan vi förstå orden "Skaparen visade Adam HaRishon varje generation och dess lärare", såväl som Moses. Detta verkar förbryllande. Eftersom de ännu inte skapats, hur kunde Han visa dem det? Det står emellertid skrivet att alla själarna och allt deras beteende fram till korrigeringens slut redan har kommit ut framför Honom i verkligheten. De är alla närvarande i den övre Edens lustgård, och därifrån kommer de ner, kläder kroppar i denna värld, var och en under sin tid. Skaparen visade dem för Adam HaRishon därifrån, även för Moses, och alla som var värdiga det. Detta är ett omfattande ämne som inte varje medvetande kan tåla.

Därför sägs det i *Zohar* att när de förenas i en ovan, förenas hon i ett nedan, eftersom nivån hos det stora *zivug* vid korrigeringens slut – som det står skrivet, "Herren kommer att vara en och Hans namn ett" – redan har kommit ut ovan, alla själarna och allt beteende i världen, som kommer att skapas fram till korrigeringens slut, i relation till Hans evighet, för framtiden är som nuet för Honom. Det följer att denna pelare av ljus – som skiner från den ena änden av världen till den andra, som kommer att skina vid korrigeringens slut – redan står i den övre Edens lustgård och skiner för Honom som den kommer att framstå för oss vid korrigeringens slut.

Det står där, "Den ena motsatt den andra", eftersom Skaparen är en, för vid korrigeringens slut kommer de två nivåerna att skina den ena motsatt den andra, och då "kommer Herren vara en och Hans namn ett". Och det står skrivet, "Dessa saker utgör en linje mellan de som vistas ovan och de som vistas nedan", en linje som skiner från de som vistas ovan och från de som vistas nedan, den ena motsatt den andra.

Så är det för att den nivån skiner från de som vistas ovan – som är själarna som alla vistas i den övre Edens lustgård – och skiner från de som vistas nedan – som är alla själar när de väl faktiskt har klätt sig i en kropp i denna värld och nått korrigeringens slut. Med andra ord skiner de två nivåerna tillsammans vid korrigeringens slut, och då framträder föreningen av "Herrens är en och Hans namn är ett".

Det säger oss att vi inte kommer att fela i att tänka att denna ljuspelare som skiner i den övre Edens Lustgård sträcker ut sig och lyser upp vid korrigeringens slut i den här världen. Därtill säger den oss att det inte är så. Istället görs firmamenten av de sakerna för denna nivå kommer ut på *Yesod de ZA*, som kallas "ett firmament".

Av denna anledning finns fortfarande denna distinktion i alla *zivugim*, där den första nivån kommer ut från firmamentet och ovan, och sedan lyser upp till mottagarna från firmamentet och neråt. Den nivå som kommer ut från firmamentet och uppåt kallas "himmelen", och den nivå som tas emot från firmamentet och nedåt kallas "jorden".

Det sades att när linjen av ljus förenar de som vistas ovan med de som vistas nedan förblir distinktionen mellan den övre Edens lustgård och de som vistas i denna värld. Så är det för enbart de som vistas i den övre Edens lustgård tar emot nivån av det *zivug* som kommer ut från firmamentet och uppåt, för firmamenten görs av dessa ting, det vill säga en ny himmel för de som vistas ovan. Enbart den ljusstyrka som sträcker ut sig från firmamentet och neråt tas emot av de som vistas nedan, och det kallas "ett nytt land". Det är det här som avslutar det lovprisandet, det vill säga att de som vistas nedan enbart erhåller det lovprisande och den ljusstyrka som sträcker ut sig från himmelen till jorden.

Och om man skulle säga att de ämnena är på en plats, eftersom det förklarades att *zivug* utfördes likt alla *zivugim*, där det från firmamentet och ovan sträcker ut sig till firmamentet och nedan, och att det därför är möjligt att fela och säga att det bara är en tunn linje, som stiger på en plats. Det står skrivet om det i skapelsehandlingen, "Låt vattnen ... samlas på en plats", det vill säga enbart till världarnas inre, som enbart når Israel, och inte till världarnas yttre.

Men han säger att det inte är så, utan att de snarare vandrar i världen, att ljuset vandrar och fyller världen från den ena änden av världen till den andra. Om det står det skrivet, "Och deras yttranden till världens ände", det vill säga även till världarnas yttre, att det även når världens nationer, som det står skrivet, "ty jorden kommer att vara full med Herrens kunskap".

142) Och vem är i dem, eftersom firmamenten gjordes av dem? Han sade återigen, "I dem har Han placerat ett tält för solen". Den heliga solen, *ZA*, har där sin kammare och sin boning i dem, och han kröns i dem. Han säger att ljuspelaren kommer ut från firmamentet och ovan, och enbart ett lovordande av dem sträcker ut sig från firmamentet och nedan. Därmed bör vi fråga, "Vem använder den ljuspelaren? Vem är i dem? Han svarade att *ZA*, solen, kröner och placerar sin boning i denna pelare av ljus, för han kröns i denna pelare som under en *chuppah* [vilket även betyder bröllopsbaldakin], eftersom ett tält innebär att det finns en baldakin ovan den. "I dem placerade Han ett tält för solen."

143) Då *ZA* är närvarande i dessa firmament och kröns i dem, är han som en brudgum som kommer ut ur sin *chuppah*, förtjust och springandes genom dessa firmament, gåendes ut ur dem och kommandes in i dem, springandes in i ett annat torn på en annan plats. Den träder fram från den ena änden av himmelen, kommer ut från den övre världen, och når den andra änden av himmelen ovan, *Bina*. Dess tid är slutet av himmelen nedan, *Malchut*, tiden på året som omger alla slut och som bands från himmelen till detta firmament.

Kommentar: Här antyder det en stor och sublim hemlighet – uppkomsten av solen från sin skida, från sin *chuppah*. När det stora *zivug* väl utförs i de firmamenten, i en *chuppah*, kommer han ut ur de firmamenten in i ett annat torn på en annan plats, i *Malchut*, som kallas "Herrens namn är 'ett starkt torn', eftersom *Malchut* då stiger och förenas med Honom som en.

Slutet av *Malchut* kallas "årstiden". Före korrigeringen kallas *klipot* "tidens ände" som skulle kunna få fäste där, men nu, efter slutet av korrigeringen, finns det fortfarande ett behov av att korrigera just denna bechina [aspekt]. Detta görs genom framträdandet av solen från sin skida, som det står skrivet, "En brudgum kommer ut ur sin *chuppah*", lyser upp och kommer in i ett annat torn, som är *Malchut*. Och då, "Den gläder sig som en stark man åt att gå sin väg", för den springer in i just det tornet, "och dess tid till den andra änden av dem", för den skiner från den enda änden av himmelen ovan, genom alla ändar i *Malchut*, för att korrigera denna årstid fram till slutet av himmelen nedan.

Därför sades det "Omger alla slut". Slut, eftersom denna korrigering kompletterar korrigeringen av alla slut i *Malchut*. Därigenom bands hon från himmelen genom detta firmament, det vill säga att *Malchut* tar emot upplysning från änden av himmelen ovan genom detta firmament av ZA.

> 144) "Och det finns ingenting dolt från dess hetta", från den årstiden och från solens period, som cirklar på varje sida. "Och det finns ingenting dolt" innebär att det inte finns någon, bland alla de övre graderna, som kommer att gömma sig från den; de kommer alla att vända sig mot och komma till den, och det fanns inte en enda som doldes från den. "Från dess hetta" innebär att den värmer upp och återvänder till dem, till vännerna, medan de är i fullständig ånger. All denna lovordan och all denna merit är på grund av att de ägnar sig åt Tora, som det står skrivet, "Herrens Tora [lag] är hel".

Förklaring: Så är det för efter det stora *zivug* hände ett fördöljande i alla de övre ljusen. Därmed sker detta nya *zivug* med nödvändighet i ett annat torn, som det står skrivet, "Och dess tid till den andra änden av dem", det vill säga att den åter öppnar alla de övre ljus som var dolda på grund av utsläckandet av *BON*, före dess uppstigande till *SAG*. Och det sades, "Och det finns ingenting dolt från dess hetta", från den perioden och från solens period, som omger på alla sidor.

Detta på grund av att detta *zivug* av solens period med årets period korrigerar slutet av *Malchut* på alla sidor, i varje aspekt, fram till att det är tillräckligt för den fullständiga korrigeringen, när *BON* stiger och blir *SAG* igen, som är en fullständig korrigering i varje aspekt. Därefter "finns det inget fördolt", det vill säga, ingen av de övre graderna är fördold för den, eftersom alla graderna och de övre ljusen som skulle vända och komma till den återigen uppenbaras i fullständigt yppande; de skulle alla vända och komma till den. Och det finns ingen som kan gömma sig från den, eftersom alla graderna och övre ljusen återvänder och långsamt kommer till den tills ingenting är dolt från den.

Det sägs "från dess hetta", eftersom den värmer upp och återvänder till dem medan de är i fullständig ånger. Detta innebär att det ovan nämnda yppandet inte sker under en minut, eftersom solens period gradvis skiner tills den är tillräckligt upphettad för fullständig ånger, när de orättfärdiga döms i den och de rättfärdiga helas av den. Och då belönas man med den ovan nämnda stora uppenbarelsen.

145) Sex gånger står här skrivet *HaVaYaH* [Herren]. Sex verser är från versen "Himmelen förtäljer" fram till "Herrens lag är hel". Därför står det *Bereshit* [I begynnelsen], där det finns sex bokstäver [på hebreiska]. "Gud skapade himmelen och jorden" är sex ord [på hebreiska]. De andra verserna, från versen, "Herrens lag är hel", fram till "som är skönare än guld" är enbart motsatta de sex gånger *HaVaYaH* som står skrivet i dem. De sex verserna själva förklaras emellertid inte.

De sex verserna från versen, "Himlarna förtäljer" fram till "Herrens lag är en", är för de sex bokstäverna i ordet *Bereshit*. De sex namnen är för de sex ord som finns här, vilka är "Gud skapade himmelen och jorden".

Förklaring: Hela graden som framträder i världarna kommer först i bokstäverna, då det fortfarande är fördolt. Efteråt kommer det i kombinationer av orden, och vad som då finns i graden blir känt i 216 bokstäver och 72 ord. Det sades att de sex bokstäverna i orden *Bereshit* redan inkluderar himmelens och jordens existens i sig. Men de är fortfarande dolda, för de är enbart antydda i bokstäverna, utan några kombinationer av ord.

Efteråt finns det sex ord: "Gud, skapade, himmelen, och, jorden". Och det som finns i ordet *Bereshit* blir uppenbarat, för de är himmelen och jorden och det som fyller dem. På liknande vis måste vi förstå de sex verserna från versen, "Himmelen förtäljer" fram till "Herrens lag är hel", där det fortfarande är början av yppandet av korrigeringens slut, när det fortfarande är i bokstäver, som i de sex bokstäverna i ordet *Bereshit*. Det fullständiga yppandet vid korrigeringens slut börjar från "Herrens lag är hel" och vidare, där det finns sex namn och varje namn indikerar ett uppnående, för att visa att det först är efter den fullständiga frälsningen som alla kombinationerna av ord som fanns i det stora *zivug* vid korrigeringens slut framträder i sex namn, som det står skrivet, "Och det finns ingenting dolt från dess hetta".

Det sades att det är om det det står skrivet *Bereshit* [I begynnelsen], där det finns sex bokstäver. "Gud skapade himmelen och jorden" är sex ord. Om de sex verserna och sex namnen, är de sex bokstäverna i *Bereshit* skrivna i Toran, där himmel och jord försvinner. Och de yppas i sex ord: "Gud, skapade, himmelen, ord, jorden". Så i de sex verserna från "Himmelen förtäljer" fram till "Herrens lag är hel" har det stora *zivug* vid korrigeringens slut inte uppenbarats fullständigt.

Först efter orden "Och det finns ingenting dolt från dess hetta" uppenbarades de sex namnen. I de sex namnen kommer hela uppenbarelsen av korrigeringens slut till dess yttersta och till fulländning.

Det sades att de andra verserna enbart motsvarar de sex namnen *HaVaYaH*, eftersom verserna skrivs efter "Och det finns ingenting dolt från dess hetta", fram till slutet av psalmen, vilket antyder de sex namn som står skrivna i dem. Det följer att de sex verserna är för de sex bokstäverna här, och de sex namnen är för de sex orden här.

Detta innebär att de sex bokstäverna från versen "Himmelen förtäljer" fram till "Herrens lag är hel" är som de sex bokstäverna i *Bereshit*, som inte är fullständigt uppenbarade. Och de sex namnen i orden från "Herrens lag är hel" fram till slutet är som de sex orden, "Gud, skapade, himmelen, och, jorden" som har kommit till sin fulländning. Det kommer för att berätta för oss att i de sex verserna uppenbaras deras grad ännu inte, och de är som de sex bokstäverna i *Bereshit*. Men efter de sex andra verserna, i vilka det finns sex namn, anländer de vid den önskade uppenbarelsen.

146) Medan de satt kom Rabbi Elazar, hans son, och Rabbi Abba in. Han berättade för dem, "I sanning har Gudomlighetens ansikte kommit, därför kallade jag dig Peni'el, som har de tre bokstäverna i *Pnei El* [Guds ansikte], för du såg Guds ansikte ansikte mot ansikte. Och nu när du vet, och han för dig har uppenbarat text av Benaiah son till Jehoida, måste det vara ett ord av den heliga *Atik*, *Keter*. Och även den följande texten, "Och han dödade egyptiern". Och den mest fördolda, sade de, är den heliga *Atik*.

Kommentar: Detta syftar på frågan om åsneryttaren, som uppenbarade Benaiah son till Jehoidas själ, varför Rabbi Shimon kallade dem Peni'el. Själen till Benaiah, son till Jehoida, är en nivå som är ämnad att framträda vid korrigeringens slut. Därför upplevde även de täckandet och döljandet av alla de övre ljusen, som det står här i *zivug* av solens period under årets tid, fram tills de återigen belönats med alla ljusen.

Det är det här Rabbi Shimon uppenbarade för dem, versen om Benaiah son till Jehoida. Han antydde för dem att de redan har belönats med de sex verserna i "Himmelen förtäljer", och att de redan är i de sex namnen i de andra verserna. Så är det för medan de uppnådde själen till Benaiah, son till Jehoida, genom den åsneryttaren, var deras insikt ännu inte uppenbarad, eftersom de då var i sex verser, för de har genomgått miraklens och tecknens väg.

Men nu är Benaiahs själ öppet uppenbarad för dem, som det sades, "Och nu när du vet att det är ett den heliga *Atiks* ord", och även den följande texten. Detta på grund av att själen till Benaiah, Jehoidas son, är omskärelsen av *Atik*, det vill säga det stora *zivug* vid *Atik Yomin*, som de kände till även då. Men du känner även till följande vers – att han dödade "De två av Ariel, Moab", och han dödade egyptiern. Alla de verserna är även de omskärelsen av *Atik*, och den som är mest fördold, sade de, avseende *Atik Yomin*, som är den mest fördolda.

> 147) Denna vers, "Och han dödade egyptiern" förklaras på annan plats, det vill säga på en annan grad. "Och han dödade egyptiern, en man av mått, fem alnar hög". Allt det är en sak. Denne egyptier är den kände om vem det står skrivet, "Mycket stor i landet Egypten i tjänarnas ögon", för han var stor och värdefull, som den gamle mannen avslöjade.

Kommentar: Den vers som Rav Hamnuna Saba förklarade, "Han dödade en egyptier, en man med visioner", förklaras på en annan grad, i enlighet med orden i Krönikorna, "Och han dödade en egyptier", och det är allt ett. De två verserna är en, för det står skrivet, "Han dödade en egyptier, en man med visioner", och det står skrivet, "Och han dödade egyptiern, en man av mått, fem alnar hög". Båda är en, och det syftar på Moses i olika ordalag.

148) Denna vers studeras i det övre seminariet. En man av resning; det är allt ett. En man med visioner och en man av resning är allt ett, eftersom han är sabbaten och sabbatområdet, som det står skrivet, "Du skall även mäta utanför staden". Det står även skrivet, "Du kommer inte att döma fel, i mått av vikt". Därmed är han en man av mått. Och han är sannerligen en man av mått; hans längd är från den ena änden av världen till den andra änden av världen. Likaså Adam Ha-Rishon. Och om du skulle säga, "Men det står skrivet 'fem alnar hög'", var dessa fem alnar från den ena änden av världen till den andra änden av världen.

Kommentar: Det är Skaparens seminarium. Rabbi Shimon sade om detta seminarium, "Jag såg ädla män, och de var få". Det finns ett seminarium nedan, som är Matats seminarium. Han säger att du kommer att förklara denna vers, som Saba förklarade, i det övre seminariet. En man med visioner syftar på graden Moses, om vilken det står skrivet, "Det har aldrig funnits en profet såsom Moses", som det står skrivet, "I syn, och inte i gåtor". En man av mått nämns även efter visionen, men ett mått av den visionen, eftersom måttet av den visionen är från den ena änden av världen till den andra.

Vision och mått är besläktade med sabbaten och sabbatzonen: sabbatzonen är slutet av måttet av sabbaten. Men under de 6 000 åren är sabbatzonens mått begränsat till 2 000 alnar. Efter korrigeringens slut kommer sabbatzonen att vara från den ena änden av världen till den andra, som det står skrivet, "Och Herren kommer att vara kung över hela jorden". Och det sades, "En man med visioner och en man av mått är allt ett, eftersom det är sabbaten och sabbatzonen. Det står skrivet, "Du skall även mäta utanför staden", och det står skrivet, "Du kommer inte att döma fel, i mått av vikt". Därmed handlar mått om slutet av sakens gräns. På liknande vis indikerar en man av mått slutet av gränsen för sabbaten efter korrigeringens slut – från den ena änden av världen till den andra.

Det sades "Och han är verkligen en man av mått". En man av mått innebär innehavaren av just den egenskapen, [på hebreiska betyder *mida* egenskap såväl som mått], att egenskapen inte styr honom, utan att han styr den egenskapen och utför den i enlighet med sin vilja och sitt begär.

Detta var Adam HaRishon före hans synd med kunskapens träd – hans längd var från den ena änden av världen till den andra. Han lyste upp från den ena änden av världen till den andra, som måttet av sabbatzonen efter korrigeringens slut. Dessa fem alnar var från den ena änden av världen till den andra änden av världen på grund av att de fem alnarna är 10 *sfirot*, som egentligen bara är *KHB TM*, som efter korrigeringens slut kommer att sprida sig från den ena änden av världen till den andra.

> 149) "Och i egyptiens händer fanns en spira", som det står skrivet, "likt en vävbom", vilket är Guds stav som fanns i hand hans, ingraverad i det ristade och explicita namnet i upplysningen av bokstavskombinationer, som Bezalel och hans seminarium – som kallas "vävare" – graverade in. Det står skrivet, Han fyllde dem ... en gravör och en tänkare ... i fina tyger, och en vävare". Och i den spiran lyste namnet som var graverat in i den på alla sidor upp i de visas upplysning, som graverade det explicita namnet i 42 *bechinot* [urskiljningar/aspekter]. Och hädanefter är texten som den gamle mannen förklarade ovan, lycklig är han.

Kommentar: Bokstavskombinationerna för det heliga namnet kallas "vävande". Likt en vävare som väver trådarna till kläder, förenas bokstäverna och förenas i ord av det heliga Namnet, vilket innebär heliga insikter. Det sägs att med Guds spira, som var i Moses händer, graverades det explicita Namnets bokstavskombinationer in, likt Bezalel och hans seminarium graverade in tabernaklets arbete. Därför kallas Guds stav en "vävbom", efter Bezalel, som kallas "en vävare".

En "bom" är som en ljusstråle, och vävaren är Bezalel, vilket antyder att det explicita Namnets bokstavskombinationers ljus var som det explicita Namnets ljus som Bezalel graverade. Därför sades det, "i upplysning av bokstavskombinationer, som Bezalel graverade".

Före korrigeringens slut sken spiran inte på alla sidor, eftersom det fanns en skillnad mellan Guds spira och Moses spira. Om Moses spira står det skrivet, "Sträck ut din hand och greppa den vid dess svans ... och den blev en spira i hans hand". Alltså sken den inte på alla sidor. Däremot skiner den på alla sidor efter korrigeringens slut.

Det sades att det inristade Namnet i den staven sken på alla sidor med de visas upplysning, som skulle gravera det explicita Namnet i 42 *bechinot*, eftersom det explicita Namnet som var inristat i spiran lyste upp på alla sidor, som i "Döden kommer att sväljas upp för evigt".

> 150) Återvänd O dyre, återvänd, och vi kommer att förnya brudens korrigering denna natt. De som binder sig med henne den natten kommer att hållas med henne under hela det året, ovan och nedan, och kommer att fullgöra sitt år i fred. Om dem står det skrivet, "Guds ängel slår sitt läger runt de som fruktar Honom, och befriar dem. Smaka och se att Herren är god".

Det finns två tolkningar av detta, som båda tillsammans är sanna:

Enligt den första tolkningen är dagen för givandet av Toran upplysning av korrigeringens slut, när döden sväljs upp för evigt och frihet från dödsängeln råder. Därmed är det lönt att anstränga sig för att vid dess tid attrahera detta ljus, på *shavuotdagen*. Så är det för det är ljusens natur att de förnyar sig vid sina säsonger, och man kommer att försäkras om att man även nu kommer att fullborda sitt år i fred, och vara fri från dödsängeln.

Den andra tolkningen syftar på den faktiska tiden för korrigeringens slut. Här kommer innebörden av "kommer att fullborda sitt år i fred" vara att *Malchut* kallas "år", och ur ljusens förnyelse hos de som håller Toran efter korrigeringens slut, kommer man vara garanterad att korrigera året, *Malchut*, till fullo. Så är det på grund av att ljusens förnyelse hos de som håller Toran kallas "korrigeringen av brudens natt", som är *Malchut*, som kallas "år". Därigenom kommer man att fullborda sitt år i fred, i fullständig perfektion.

Utvalda stycken ur Introduktion till TES

1) När jag påbörjar mitt skrivande finner jag ett stort behov av att bryta igenom järnmuren som separerat oss från kabbalans visdom, sedan förstörandet av Templet fram till denna generation. Den vilar tungt över oss och väcker fruktan för att glömmas av Israel.

Men när jag börjar tala med någon om dessa studier, då är hans första fråga: "Varför skulle jag behöva känna till hur många änglar det finns i himlen och vad deras namn är? Kan jag inte hålla hela Toran med alla dess detaljer utan den här kunskapen?"

För det andra kommer han fråga: "De visa har redan fastslagit att man först måste fylla sin buk med *Mishna* och *Gmara*. Hur kan man då bedra sig själv och påstå att man redan har fullbordat hela den avslöjade Toran, och att man endast saknar den dolda visdomen?"

För det tredje är han rädd att han kommer att bli bitter på grund av sitt engagemang. Detta är för att det redan har funnits fall av avvikande från Torans väg på grund av man engagerat sig i kabbala. Därför, "Varför behöver jag dessa problem? Vem är dåraktig nog att sätta sig själv i fara utan orsak?"

För det fjärde: Även de som talar för detta studium tillåter det endast för de heliga, Skaparens tjänare. Och inte alla de som vill ta Herren kan komma och ta.

För det femte, det viktigaste, "Det finns ett gängse sätt bland oss att, vid tvivel, följa detta: Gör som folket gör", och mina ögon skall se att alla de som studerar Tora i min generation är av samma sinne, och avstår från att studera det dolda. Dessutom råder de dem som frågar att det utan tvivel är bättre att studera en sida i *Gmara* istället för att ägna sig åt detta.

2) Det är utan tvivel så att om vi ägnar våra hjärtan åt att besvara endast en mycket känd fråga, då är jag säker på att alla dess frågor och tvivel kommer försvinna från horisonten, och du kommer se åt dem och finna dem försvunna. Denna indignerade fråga är en fråga som hela världen ställer, nämligen "vad är meningen med mitt liv?" Med andra ord, detta begränsade antal år i våra liv som kostar oss så dyrt, och de talrika smärtor och plågor vi lider för dem, för att fullborda dem till det yttersta, vem är det som åtnjuter dem? Eller mer precist, vem gläder jag?

Det är sant att historikerna har tröttnat på att begrunda det, och speciellt i vår generation. Ingen vill ens beakta det. Men ändå kvarstår frågan lika bitter och lidelsefull som någonsin. Ibland kommer den till oss oinbjuden, pickar på våra medvetanden och förödmjukar oss till botten tills vi finner vår kända list att driva tanklöst i livets strömmar som alltid.

3) Det är sannerligen för att lösa denna stora gåta som versen säger, "Smaka och se att Herren är god". De som håller Tora och *mitzvot* på ett korrekt sätt är de som smakar livets smak. Det är de som ser och vittnar om att Herren är god, som våra visa säger, att Han skapade världarna för att göra gott åt sina skapelser, eftersom det är den godes sätt att göra gott.

Men de som ännu inte har smakat livets smak i att hålla Tora och *mitzvot* kan inte känna och förstå att Herren är god, som våra visa säger, att när Skaparen skapade oss var Hans enda syfte att gynna oss.

Vi har därför ingen annan råd än att hålla Tora och *mitzvot* på rätt sätt.

Det står skrivet i Tora *(parashat Nitzavim)*: "Se, jag har satt inför er denna dag liv och godhet, och död och ondska". Med detta menas att vi innan givandet av Tora endast hade död och ondska inför oss, som våra visa säger, "De onda, i sina liv, kallas 'döda'". Detta beror på att deras död är bättre än deras liv, eftersom smärtan och lidandet som de utstår för sitt uppehälle är många gånger större än den lilla njutning de känner i det här livet.

Men nu har vi blivit tilldelade Tora och *mitzvot*, och genom att hålla dem belönas vi med det verkliga livet, glädjefyllt och njutbart för dess ägare, som det står skrivet, "Smaka och se att Herren är god". Därför säger skriften, "Se, jag har satt inför er denna dag liv och godhet", som ni inte hade i verkligheten över huvud taget innan givandet av Tora.

Och skriften avslutas med, "välj därför livet, så att du må leva, du och din avkomma". Det finns ett till synes upprepat uttalande: "välj livet, som du må leva". Detta är dock en syftning till livet i att hålla Tora och *mitzvot*, som är när det finns riktigt liv. Dock, ett liv utan Tora och *mitzvot* är svårare än döden. Detta är betydelsen av våra visas ord, "De onda, i sina liv, kallas 'döda'".

Skriften säger "att du må leva, du och din säd". Det betyder att ett liv utan Tora inte bara är glädjelöst för sin ägare, utan man kan heller inte glädja andra. Man finner ingen tillfredsställelse ens i sin avkomma, eftersom ens avkommas liv också är svårare än döden. Så vilken gåva lämnar man åt dem?

Men en person som lever i Tora och *mitzvot* njuter inte bara av sitt eget liv, utan han är till och med glad över att få barn och efterlämna åt dem detta goda liv. Detta är betydelsen av "att du må leva, du och din avkomma", för man erhåller ytterligare njutning i sin avkommas liv, för vilket man själv var orsaken.

4) Du kan nu förstå våra visas ord angående versen "därför, välj livet". Det sägs "Jag uppmanar dig att välja livets del, som en som säger till sin son: välj åt dig en bra del av min mark'. Han placerar honom på den goda delen och säger till honom: 'Välj detta för dig själv'". Det står skrivet om detta, "O Herre, min del i arvet och min kopp, Du bibehåller min del. Du lade min hand på det goda ödet, för att säga 'detta, tag för dig'".

Orden är till synes förvirrande. Versen säger "välj därför livet". Detta betyder att man gör valet själv. Men de säger att Han placerar en på den goda delen. Finns det då inte längre något val här? De säger dessutom att Skaparen lägger ens hand på det goda ödet. Detta är verkligen förvirrande, för om det är på det sättet, var är då ens val?

Du kan nu se den sanna betydelsen av deras ord. Det är verkligen sant att Skaparen själv lägger ens hand på det goda ödet genom att ge en ett liv av njutning och tillfredsställelse i det kroppsliga livet som är fyllt med plåga och smärta, och som saknar allt innehåll. Man ger sig av och flyr dem nödvändigtvis när man ser en lugn plats, även om den till synes uppstår bland sprickorna. Man flyr där från sitt liv, som är svårare än döden. Verkligen, det finns ingen bättre placering av ens hand än denna.

Och ens val syftar endast till stärkandet. Detta beror på att det verkligen finns en stor ansträngning här innan man renar sin kropp att förmå hålla Tora och *mitzvot* korrekt, inte för sin egen njutning, utan för att ge belåtenhet till sin Skapare, som kallas *lishma* (för Hennes namn). Endast på detta sätt begåvas man med ett liv i lycka och behaglighet som kommer med att hålla Tora.

Men innan man kommer till denna rening finns verkligen ett val att stärkas på ett bra sätt genom olika medel och tillvägagångssätt. Man bör även göra vad helst ens hand finner styrka till, till dess man fullbordar renandets arbete, och man ska inte falla under sin börda under vägens gång.

5) Enligt detta ovan kan man förstå våra visas ord i *Masechet Avot*: "Sådan är Toras väg: Ät bröd med salt, drick lite vatten, sov på marken, lev ett sorgtyngt liv, och arbeta i Tora. Om du gör det, lycklig skall du bli; lycklig i denna värld och lycklig i nästa värld".

Vi måste fråga om deras ord: Hur skiljer sig Toras visdom från de andra lärorna i världen, som inte kräver denna asketism och detta sorgtyngda liv, utan arbetet själv är tillräckligt för att erhålla dessa läror? Även då vi arbetar ytterligt i Tora, så räcker det ändå inte för att erhålla visdomen i Tora, förutom genom förödmjukelse av bröd med salt och ett sorgtyngt liv.

De avslutande orden är ännu mer förvånande, som de säger, "Om du så gör, lycklig skall du vara; lycklig i denna värld och lycklig i nästa värld". Det är möjligt att jag kommer bli lycklig i nästa värld. Men i den här världen, medan jag plågar mig själv genom ätande, drickande och sovande, och genom att leva ett sorgtyngt liv, kan det om ett sådant liv sägas "lycklig i denna värld"? Är detta betydelsen av ett lyckligt liv i den här världen?

Emellertid förklaras det ovan att det korrekta åtagandet i Tora och *mitzvot*, under dess strikta villkor, är att ge belåtenhet åt sin Skapare och inte för självtillfredsställelse. Och detta är omöjligt att uppnå förutom genom stort arbete och ansträngning i kroppens renande.

Den första taktiken är att vänja sig vid att inte mottaga något för sin egen njutning, inte ens de tillåtna och nödvändiga sakerna för kroppens existens, såsom att äta, dricka och sova, och andra sådana nödvändigheter. På så sätt lösgör man sig helt och hållet från alla njutningar som kommer till en, även i nödvändigheterna, i uppfyllandet av ens uppehälle, tills man lever ett sorgtyngt liv i dess bokstavliga bemärkelse.

Och efter att man vant sig vid det, och ens kropp inte äger något begär att mottaga någon njutning för egen del, då är det möjligt för en att ägna sig åt Tora och hålla *mitzvot* på det sättet, också, för att ge belåtenhet åt sin Skapare och inte alls för sin egen njutning.

När man uppnår det, då belönas man med att smaka det lyckliga livet, fyllt med godhet och glädje och obefläckat av sorg, som uppstår i utövandet av Tora och *mitzvot lishma*. Det är som Rabbi Meir säger (*Avot* 6), "Vem som helst som ägnar sig åt Tora *lishma* tillägnas många saker. Dessutom är hela världen givande för honom, Toras hemligheter avslöjas för honom, och han blir som en flödande källa".

Det är om honom som versen säger, "Smaka och se att Herren är god". En som smakar smaken av utförandet av Tora och *mitzvot lishma* begåvas med att själv se Skaparens avsikt, som är att endast göra gott för Hans skapelser, eftersom det den Godes sätt att göra gott. Då känner han glädje och han gläder sig åt det antal år av liv som Skaparen har begåvat honom med och hela världen är givande för honom.

7) Nu kan du förstå de två sidorna av myntet när det gäller utövandet av Tora och *mitzvot*: Å ena sidan är det Toras väg, som syftar på den omfattande förberedelsen man måste genomgå för att förbereda sin kropps rening innan man verkligen belönas med att hålla Tora och *mitzvot*.

I det tillståndet ägnar man sig nödvändigtvis åt Tora och *mitzvot lo lishma* (inte för Hennes namn), utan uppblandat med självtillfredsställelse. Detta är för att man ännu inte har renat och rensat sin kropp från viljan att ta emot njutning från fåfängligheterna i den här världen. Under den här tiden måste man leva ett sorgtyngt liv och arbeta i Tora, som det står skrivet i *Mishna*.

Men efter att man fullbordat Torans väg och renat sin kropp, och nu är mogen att hålla Tora och *mitzvot lishma* för att ge belåtenhet åt sin Skapare, kommer man till andra sidan av myntet. Detta är ett liv i njutning och stort lugn, till vilket skapelsens avsikt – "att göra gott för Hans skapelser" – hänvisar, det vill säga det lyckligaste livet i den här världen och i nästa värld.

8) Detta förklarar den stora skillnaden mellan Torans visdom och resten av världens läror: att erhålla de andra lärorna i världen gynnar inte livet i den här världen över huvud taget. Det beror på att de inte ens återger tacksamhet för de plågor och det lidande man upplever i livet. Man behöver därför inte korrigera sin kropp, och arbetet som

man ger i utbyte för dem är fullt tillräckligt, som med alla andra världsliga ägodelar som mottages i utbyte för arbete och slit.

Det enda syftet för att ägna sig åt Tora och *mitzvot* är emellertid att göra en värdig att ta emot godheten i Skapelsens avsikt, "att göra gott för Hans skapelser". Man måste därför nödvändigtvis rena sin kropp för att erhålla denna gudomliga godhet.

9) Detta klargör också grundligt orden i *Mishna*: "Om du så gör, lycklig skall du vara i denna värld". De gjorde detta förtydligande avsiktligt, för att påvisa att ett lyckligt liv i den här världen bara är för dem som har fullbordat Torans väg. Späkelserna i ätandet, drickandet, sovandet, och ett sorgtyngt liv som nämns här gäller bara på Torans väg. Det är därför de så grundligt uttalade, "sådan är Torans väg".

Och, avslutar *Mishna*, när man fullbordar denna väg *lo lishma* i ett sorgtyngt liv och späkelser, "... lycklig är du i denna värld". Detta är för att du kommer att beviljas den lyckan och godheten i Skaparens avsikt, och hela världen kommer att bli belönande för dig, även denna värld, och ännu mer nästa värld.

10) Zohar (*Bereshit* s. 31b) skriver om stycket "och Gud sade 'Varde ljus' och ljus vart", Ljus var för denna värld och Ljus var för nästa värld. Detta betyder att skapelsens handlingar skapades i sina fulla mått och former, det vill säga i sin fulla ära och fullbordan. Ljuset som skapades den första dagen uppstod i all sin fullbordan, som inkluderar livet i denna värld, likaså, i ytterlig behaglighet och mildhet, som uttrycks med orden "Varde ljus".

Men för att bereda utrymme för val och möda, stod Han och dolde det för den rättfärdige i tids ände, som våra visa säger. De sade därför med sitt rena språk "Varde Ljus för denna värld". Men det förblev inte så, utan "varde ljus för nästa värld".

Med andra ord, de som utövar Tora och *mitzvot lishma* belönas med det bara i tids ände, vid tidens slut, efter att reningen av deras kropp i Torans väg avslutats. Då belönas de med detta stora Ljus även i denna värld, som våra visa säger "Ni skall beskåda er värld under ert liv".

11) Men vi finner och ser att de visa i *Talmuds* ord har underlättat Torans väg för oss mer än de visa i *Mishna*. Detta beror på att de säger "man bör alltid utöva Tora och *mitzvot*, även i *lo lishma*, och från *lo lishma* skall man komma till *lishma*, för Ljuset däri omformar en".

De har så försett oss med ett nytt medel i stället för botgörelsen som uttrycks i ovan nämnda *Mishna, Avot*: "Ljus i Tora". Det uppbär tillräcklig styrka för att omforma en människa och få henne att utöva Tora och *mitzvot lishma*.

De nämnde inte botgöring här, bara att enbart det att ägna sig åt Tora och *mitzvot* förser en med Ljuset som omformar, så man får ägna sig åt Tora och *mitzvot* för att bringa belåtenhet till sin Skapare och inte alls för sin egen njutning. Och detta kallas *lishma*.

12) Det verkar dock som att vi måste ifrågasätta deras ord. När allt kommer omkring har vi funnit några elever vars studier i Tora inte hjälpte dem komma till *lishma* genom dess Ljus. Att utöva Tora och *mitzvot* i *lo lishma* betyder verkligen att man tror på Skaparen, på Tora, och på belöning och bestraffning. Och man utövar Tora för att

Skaparen förelade utövandet, men relaterar sin egen njutning till att man ger belåtenhet till sin Skapare.

Om man, efter all ens möda i utövandet av Tora och *mitzvot*, finner att ingen njutning eller egen vinning kom till en genom ens stora ansträngningar och slit, kommer man ångra att man lagt ner alla dessa ansträngningar. Detta beror på att man från första början har plågat sig själv och trott att även jag skulle få njuta av mina ansträngningar. Detta kallas *lo lishma*.

Våra visa tillät dock även påbörjandet av Tora och *mitzvots* utövning i *lo lishma*, för från *lo lishma* kommer man till *lishma*. Men det råder inget tvivel om att om denna elev inte har belönats med tro i Skaparen och Hans lag, utan fortfarande tvivlar, det är då inte om honom våra visa säger "från *lo lishma* ska han komma till *lishma*". Det är inte om honom de säger att "ljuset omformar" den som ägnar sig åt det.

Att det är på detta vis beror på att Ljuset i Tora endast skiner för dem med tro. Dessutom är måttet av detta ljus som måttet av kraften i ens tro. Men för de utan tro är det motsatsen, för de erhåller mörker från Tora och deras ögon mörknar.

13) Visa har redan gett oss en bra allegori om versen "Ve dig som har begär för Herrens dag! Varför skulle du få Herrens dag? Den är mörker, och inte ljus" (*Amos* 5). Det finns en allegori om en tupp och en fladdermus som väntade på Ljuset. Tuppen sade till fladdermusen "Jag väntar på Ljuset för Ljuset är mitt. Men du, varför behöver du ljuset?" (*Sanhedrin* 98b).

Uppenbarligen mottog inte de elever som inte förlänats med att gå från *lo lishma* till *lishma*, på grund av deras avsaknad av tro, något Ljus från Tora. De skall därför gå i mörker och dö utan visdom.

Å andra sidan, de som givits full tro garanteras enligt våra visas ord att, eftersom de ägnar sig åt Tora, även i *lo lishma*, dess Ljus omformar dem. De ska tilldelas Tora *lishma*, som ger ett lyckligt och gott liv i denna värld och i nästa värld, även utan föregående plågor och sorgtyngt liv. Det är om dem versen förtäljer "Då skall du finna glädje i Herren, och jag skall förläna dig jordens upphöjda vidder".

14) Angående det ovan sagda tolkade jag en gång våra visas talesätt, "Han vars Tora är hans yrke". Hans mått av tro är uppenbart i hans utövande i Tora för bokstäverna i ordet *umanuto* (hans yrke), är desamma (på hebreiska) som bokstäverna i ordet *emunato* (hans tro).

Det är som med en person som litar på sin vän och lånar honom pengar. Han kan förlita honom med ett pund, och om han ber om två pund lånar han inte ut dem till honom. Han kanske förlitar honom hundra pund, men inte mer. Kanske litar han på honom tillräckligt för att låna honom halva sin egendom, men inte hela sin egendom. Slutligen, har han kanske tillräcklig tillit för hela sin egendom utan ett spår av fruktan. Denna sista tro anses vara "hel tro", och de tidigare formerna anses vara "ofullständig tro". Snarare är det tro endast till en viss del, större eller mindre.

På liknande vis, ägnar den ene endast en timme om dagen åt att utöva Tora och arbete utifrån måttet av hans tro till Skaparen. En annan ägnar det två timmar, enligt måttet av hans tro till Skaparen. En tredje låter inte ett enda ögonblick gå till spillo av hans fritid utan att ägna sig åt Tora och arbete. Därför är endast den sistes tro hel, eftersom han förlitar Skaparen hela sin egendom. De föregåendes tro är emellertid fortfarande ofullständig.

15) Det har nu grundligt klargjorts att man inte bör förvänta sig att utövandet av Tora och *mitzvot* i *lo lishma* kommer ta en till *lishma*, förutom när man i sitt hjärta vet att man har erhållit tillräcklig tro till Skaparen och Hans Tora. För då omformar dess ljus en och man uppnår "Herrens dag", som är helt och hållet Ljus. Trons helighet renar ens ögon att glädjas i Hans Ljus tills Ljuset i Tora omformar en.

Men de utan tro är som fladdermöss. De kan inte se på dagens Ljus för dagsljuset har omvänts för dem till ett mer fruktansvärt mörker än nattens mörker, eftersom de bara närs i nattens mörker.

På detta vis är ögonen hos de som saknar tro förblindade för Guds Ljus; och så blir Ljuset mörker för dem. För dem förvandlas livets dryck till en dödens dryck. Det är om dem som skriften säger, "Ve dig som har begär för Herrens dag! Varför skulle du få Herrens dag? Den är mörker, och inte ljus". Därför måste man först göra sin tro hel.

16) Detta besvarar ytterligare en fråga i *Tosfot* (*Taanit* s. 7): "Den som praktiserar Tora *lishma*, hans Tora blir för honom en livets dryck. Och den som praktiserar Tora *lo lishma*, hans Tora blir för honom en dödens dryck". De frågade, "Men de sade 'Man praktiserar alltid Tora, även i *lo lishma*, och från *lo lishma* kommer man till *lishma*'".

Enligt det som förklarats ovan, bör vi dela upp det på ett enkelt sätt: Den som ägnar sig åt Tora för *mitzvan* att studera Tora, och tror på belöning och bestraffning, men relaterar egenglädje och vinning med intentionen att ge belåtenhet till sin Skapare, Ljuset i den omformar honom och han kommer att komma till *lishma*. Men den som inte studerar för *mitzvan* att studera Tora, för att han inte tror på belöning och bestraffning till det måttet, att arbeta så för det, utan utför sin ansträngning endast för sin egen njutning, för honom blir det en dödens dryck, för dess Ljus blev för honom till mörker.

17) Eleven utfäster så, innan studierna, att styrka sig själv i tro till Skaparen och till Hans vägledning i belöning och bestraffning, som våra visa sade, "Din markägare är förpliktad att belöna dig för ditt arbete". Man bör tillägna sitt arbete åt *mitzvot* i Tora, och på detta sätt kommer man tilldelas glädjen från Ljuset i det. Ens tro kommer stärkas och växa genom Ljusets bot, som det står skrivet, "Det skall vara hälsa för din navel, och märg för dina ben" (*Ordspråksboken* 3:8).

Då ska ens hjärta vila, försäkrad om att man från *lo lishma* kommer till *lishma*. Därför har även den som vet om sig själv att man inte har belönats med tro, fortfarande hopp genom utövandet i Tora.

För om man ägnar sitt hjärta och sinne till att uppnå tro på Skaparen genom det, finns ingen större *mitzva* än det, som våra visa sade, "Habackuk kom och underströk bara det: 'den rättfärdige skall leva genom sin tro'" (*Makkot* 24).

Dessutom finns det ingen annan råd än det, som det står skrivet (*Masechet Baba Batra* s. 16a), "Rabbi sade: 'Job önskade befria hela världen från dömande. Han sade inför Honom: 'Åh Herre, Du har skapat de rättfärdiga; Du har skapat de onda; vem håller Dig nere?'".

Och Rashi tolkar där: "Du har skapat rättfärdiga genom den goda böjelsen; Du har skapat onda genom den onda böjelsen. Därför undgår ingen Din hand, för vem håller dig nere? Tvingade är syndarna".

Och vad svarade Jobs vänner (*Job* 15:4)? "Du bryter fruktan, och minskar din oro inför Gud, Skaparen har skapat den onda böjelsen, Han har för den skapat kryddan Tora."

Rashi tolkar där: "Skapade Toran, som är en krydda som upphäver 'tankar av överträdelse'", som det står skrivet (*Kidushin* s.30), "Om du kommer över denna skurk, dra med honom till *beit midrash* (seminariet). Om han är hård kommer han att mjukna. Alltså är de inte tvingade, för de kunde rädda sig själva."

[...]

149) När vi har kommit så långt kan vi erbjuda en idé och insikt i de fyra världarna, som i visdomen kabbala är kända under namnen *Atzilut, Bria, Yetzira, Assiya* av *Kedusha* (helighet), och i de fyra världarna *ABYA* av *klipot* arrangerade den ena mittemot den andra, i motsats till *ABYA* av *Kedusha*.

Du kommer att förstå det i de fyra aspekterna av uppnåendet av Hans Försyn, och i de fyra graderna av kärlek. Först ska vi förklara de fyra världarna *ABYA* av *Kedusha*, och vi ska börja underifrån, från världen *Assiya*.

150) Vi har redan förklarat de två första aspekterna av Försyn av döljandet av ansiktet. Du ska veta att båda anses vara världen *Assiya*. Det är därför det i boken *Livets träd* står skrivet att världen *Assiya* är mest ond, och även det lilla goda som ingår i den är uppblandad med ondska och är oigenkännlig.

Ur den första fördoldhetens perspektiv följer att den är mest ond, vilket syftar på lidandena och smärtorna som de som tar emot den här försynen känner. Och ur den dubbla fördoldhetens perspektiv, är det goda likväl uppblandat med det onda och det goda är helt och hållet omöjligt att komma till insikt om. Den första insikten av uppenbarandet av ansiktet anses vara "världen *Yetzira*". Därav står det skrivet i boken *Livets träd* (port 48, kapitel tre), att världen *Yetzira* är till hälften god och till hälften ond. Detta betyder att den som uppnår den första insikten om uppenbarande av ansiktet, vilket är den första formen av villkorlig kärlek, ansedd ren "ånger av rädsla", kallas "medel", och han är till hälften ovärdig, och till hälften värdig.

Den andra insikten av kärlek är också villkorlig, men det finns inget spår av något ont eller någon skada mellan dem. Vidare är det tredje urskiljandet av kärlek det första urskiljandet av ovillkorlig kärlek. Båda anses vara världen *Bria*.

Det står därför i boken *Livets träd* skrivet att världen *Bria* är mest god och endast dess minoritet är ond, och den minoriteten av ont är ej möjlig att komma till insikt om. Detta betyder att eftersom det som är mellan belönas med en *mitzva*, dömer man sig själv till förtjänstens vågskål. Och därför anses man vara "mest god", som syftar på urskiljandet av form av kärlek.

Den minutiösa ondska som ej är möjlig att komma till insikt om, som existerar i *Bria*, är en förlängning ur det tredje urskiljandet om kärlek, som är ovillkorlig. Dessutom har man redan dömt sig själv till förtjänstens vågskål, men man har ännu inte dömt hela världen; därför är en minoritet inom en ond, eftersom den här kärleken ännu inte anses evig. Men den här minoriteten är inte möjlig att komma till insikt om eftersom man ännu inte känt något ont eller någon skada, även mot andra.

Den fjärde insikten om kärlek, den ovillkorliga kärleken, som också är evig, anses vara världen *Atzilut*. Detta är betydelsen av det som står skrivet i boken *Livets träd*, att i världen *Atzilut* finns inget ont alls, och där "skall ondska icke uppehålla sig med dig".

Detta kommer sig av att efter att man har dömt hela världen till förtjänstfullhetens vågskål, är det även så att kärleken är evig, komplett, och ingen fördoldhet och täckande kommer någonsin att föreställas. Det är så för att det finns en plats för absolut uppenbarelse av ansiktet, som det står skrivet, "icke skall din Lärare gömma sig mer, utan dina ögon skall se din Lärare". Detta för att man nu känner till Skaparens alla förehavanden med alla människor, som sann Försyn som kommer från Hans namn, "Den Goda som gör gott mot de goda och mot de onda".

151) Nu kan vi även förstå urskiljandet av de fyra världarna *ABYA* av *klipa*, motsatta *ABYA* av *Kedusha*, som i "Gud har skapat den ena såväl som den andra". Så är det på grund av att *klipot* av *assiyas* triumfvagn stammar från det dolda ansiktets aspekt i båda dess grader. Den triumfvagnen dominerar för att få människan att döma allt till syndens vågskål.

Och världen *Yetzira* av *klipa* fångar syndens vågskål – som inte korrigeras i världen *Yetzira* av *Kedusha* – i sina händer. Därmed dominerar de det mellanliggande, som tar emot från världen *Yetzira*, genom "Gud har skapat den ena såväl som den andra."

Världen *Bria* av *klipa* har samma makt att upphäva den villkorliga kärleken, att upphäva den enda sak kärleken hänger fast vid, det vill säga imperfektionen i den andra aspektens kärlek.

Och världen *Atzilut* av *klipa* är det som i sin hand fångar den minoritet av ondska vars existens i *Bria* inte är uppenbar, på grund av den tredje aspekten av kärlek. Och även om det är sann kärlek, genom kraften av den Gode som gör gott för de goda och de onda, som betraktas vara *Atzilut* av *Kedusha*, är det ändå så att *klipa*, på grund av att man inte belönats med att döma hela världen till förtjänstens vågskål, har styrkan att få kärleken att fallera avseende Försynen över andra.

152) Detta är betydelsen av det som står skrivet i *Livets träd*, att *Atzilut* av *klipot* står i motsats till världen *Bria*, inte i motsats till världen *Atzilut*. Det är så för att det fjärde urskiljandet av kärlek utgår från världen *Atzilut* av *Kedusha*. Därför finns det inget dominerande från *klipot* alls där, eftersom man redan har dömt hela världen till förtjänstens vågskål, och känner alla Skaparens förehavanden i Hans Försyn av folket, men även från Försynen i Hans namn: "Den Goda som gör gott för de goda och för de onda".

Men i världen *Bria*, från vilken den tredje aspekten utgår, finns fortfarande inget dömande av hela världen. Därför finns där fortfarande grepp för *klipot*. Men dessa *klipot* anses vara *Atzilut* av *klipa*, eftersom de är motsatta den tredje aspekten, den ovillkorliga kärleken, och denna kärlek anses vara *Atzilut*.

153) Nu har vi utförligt förklarat de fyra världarna *ABYA* av *Kedusha*, och *klipot*, som är de två sidorna av varje enstaka värld. De anses vara

bristen som existerar i sina motsvarande världar, i *Kedusha*, och det är de som kallas "de fyra världarna *ABYA* av *klipot*".

154) Dessa ord räcker för vilken åhörare som helst för att kunna känna den kabbalistiska visdomens essens till en viss grad. Man bör veta att de flesta författare till kabbalaböcker inte riktat sina böcker annat än till sådana läsare som redan uppnått ett avslöjande av ansiktet och alla sublima insikter.

Vi bör inte fråga: "Om de redan har belönats med insikter, då vet de allt genom eget uppnående. Varför skulle de då fortfarande behöva ägna sig åt böcker i kabbala av andra författare?"

Men det är inte vist att ställa den frågan. Det är som en som ägnar sig åt den bokstavliga Toran som inte har någon kunskap om förehavandena i den här världen i förhållande till "värld, år, själ" av den här världen, och som inte känner folks beteende och deras förehavanden med sig själva och med andra. Och dessutom känner personen inte till bestarna och fåglarna i den här världen.

Skulle du ens kunna föreställa dig att en sådan person skulle kunna förstå ens en enda sak i Toran på ett korrekt sätt? Han skulle vända på orden i Toran från gott till ont och från ont till gott, och han skulle inte finna sina händer eller fötter i någonting.

Sådan är saken vi har framför oss: Även om någon har belönats med insikt till och med på nivån av Tora av *Atzilut* skulle denne inte uppfatta mer än vad som angår hans egen själ. Ändå måste man vara förtrogen med alla tre insikter "värld, år, själ", i varje begivenhet och företeelse i fullt medvetande, kunna förstå frågorna i Toran som relaterar till den världen.

Dessa frågor förklaras i *Zohar* och de äkta kabbalaböckerna med alla dess detaljer och inveckling. Därför måste varje vis person och den som förstår med sitt eget förstånd betrakta och fundera över dem dag och natt.

155) Därför måste vi fråga varför kabbalisterna har förpliktigat varje person att studera den kabbalistiska visdomen? Det finns verkligen en stor sak i den, värdig att publiceras: Det finns ett underbart, ovärderligt botemedel för de som engagerar sig i kabbalans visdom. Även om de inte förstår det de studerar väcker de, genom längtan och det stora begäret att förstå det de studerar, Ljusen som omger deras själar. Detta innebär att varje människa från Israel är garanterad att äntligen uppnå alla underbara insikter som Skaparen i skapelsetanken planerat att glädja varje varelse med. Och den som inte har blivit belönad i detta liv kommer att beviljas i nästa liv, osv, tills man belönas med att slutföra Hans Tanke, som Han planerat för en. Och medan man inte har uppnått fullkomlighet, anses Ljusen som är avsedda att nå en vara omgivande Ljus. Det innebär att de är redo för en, men väntar på att man ska rena sina mottagningskärl, då dessa Ljus kommer att kunna klä de dugliga kärlen.

Därför är det så att även när man inte har kärlen, men man engagerar sig i denna visdom, nämner namnen på Ljusen och kärlen som är relaterade till ens själ, lyser de omedelbart över en i viss utsträckning. Men de lyser för en utan att klä ens själs inre, i brist på dugliga kärl som kan ta emot dem. Ändå drar belysningen man får gång på gång under sina ansträngningar nåd från Ovan, och tilldelar en överflöd av helighet och renhet, som för en mycket närmare att uppnå fullkomlighet.

[...]

Förord till kabbalans visdom (Pticha), par. 1-30

Förord till kabbalans visdom

Vid läsning av denna text rekommenderas att titta på ritningarna i slutet av boken Kabbalah for the Student

SKAPELSETANKEN OCH DE FYRA FASERNA AV DIREKT LJUS

1) Rabbi Chanania, Akashias son, säger: "Skaparen ville rena Israel; därmed gav Han dem mycket Tora och *mitzvot* (bud), som det står skrivet, "Herren gladdes, för Sin rättfärdighets skull, åt att göra läran stor och härlig'" *(Makot, 23b)*. Det är känt att "rena" härstammar från (det hebreiska) ordet "renande". Det är som våra visa sade, "*Mitzvot* gavs endast för renandet av Israel" *(Bereshit Rabba, Parasha 44)*. Vi måste förstå denna rensning, som vi uppnår genom Tora och *mitzvot*, och vad *aviut* (tjocklek/grovlek/vilja att ta emot) inom oss är, som vi ska rengöra med hjälp av Tora och *mitzvot*.

Eftersom vi redan har diskuterat det i min bok, *Panim Masbirot*, och i *Studiet av de tio sfirot* ska jag kort upprepa att skapelsetanken var att glädja varelserna, alltefter Hans rikliga generositet. Därför inpräntades en stor önskan och längtan att ta emot Hans överflöd i själarna.

Detta beror på att viljan att ta emot är *kli* (kärlet) för måttet av njutning i överflöd, eftersom måttet och styrkan i viljan att ta emot överflödet exakt motsvarar mängden njutning och glädje i överflödet. Och de är så förenade att de är odelbara, utom i vad de relaterar till: nöjet är relaterat till överflödet, och den stora viljan att ta emot överflödet är relaterat till den mottagande varelsen.

Dessa två sträcker nödvändigtvis ut sig från Skaparen, och kom med nödvändighet i Skapelsetanken. De bör dock delas in i ovan nämnda sätt: överflödet kommer från Hans väsen, som sträcker sig från existens till existens, och viljan att ta emot som är inkluderad där är roten till varelserna. Det innebär att den är roten till begynnelsen, det vill säga uppkomsten av existens ur frånvaro, eftersom det verkligen inte finns någon form av viljan att ta emot i hans väsen.

Därför anses det att den ovan nämnda viljan att ta emot är hela substansen i Skapelsen från början till slut. Således är alla varelser, och alla deras otaliga uttryck och beteenden som har framträtt och kommer att framträda, inget annat än olika mått och benämningar av viljan att ta emot. Allt som existerar i dessa varelser, det vill säga allt som tas emot i den vilja att ta emot som är präglad i dem, sträcker sig från Hans väsen, existens ur existens. Det är inte alls en ny skapelse, eftersom den inte är ny alls. Snarare sträcker den sig från Hans Ändlöshet, existens ur existens.

2) Som vi har sagt är viljan att ta emot naturligt inkluderad i Skapelsetanken med alla dess benämningar, tillsammans med det stora överflödet Han planerat att skänka och glädja dem med. Och du ska veta, att dessa är just de *Ohr* (Ljus) och *kli* som vi varseblir i de övre världarna. De kommer med nödvändighet sammanbundna och faller som en kaskad nedåt grad för grad. Och i den utsträckning graderna faller från Hans ansiktes Ljus och avlägsnar sig från Honom, i samma utsträckning materialiseras viljan att ta emot, som innefattas i överflödet.

Vi skulle också kunna hävda det motsatta: i den utsträckning viljan att ta emot i överflödet materialiseras, faller den grad för grad till den lägsta av alla platser, där viljan att ta emot blir fullt materialiserad. Den platsen kallas för "världen *Assiya*". Viljan att ta emot betraktas som "människans kropp" och överflödet man tar emot betraktas som måttet av "livskraft i den kroppen".

Det är på ett liknande sätt med andra varelser i den här världen. Därför är den enda skillnaden mellan de övre världarna och den här världen att så länge viljan att ta emot, som är inkluderad i överflödet, inte har materialiserats till fullo, anses den befinna sig i de andliga världarna, ovanför den här världen. Och när viljan att ta emot har materialiserats till fullo anses den befinna sig i den här världen.

3) Den ovan nämnda ordningen av nedåtfallande, som leder viljan att ta emot till sin slutgiltiga form i den här världen, följer en sekvens av fyra aspekter som finns i namnet med fyra bokstäver; *HaVaYaH*. Detta beror på att de fyra bokstäverna *HaVaYaH (yud, hey, vav, hey)* i Hans namn innehåller hela verkligheten, utan undantag.

I allmänhet är de beskrivna i de tio *sfirot Chochma, Bina, Tifferet, Malchut* och deras *shoresh* (rot). De är tio *sfirot* eftersom *sfira Tifferet* innehåller sex interna *sfirot*, som kallas *HGTNHY (Chesed-Gvura-Tifferet Netzach-Hod-Yesod)* och roten, som kallas *Keter*. Men i huvudsak kallas de *HB TM (Chochma-Bina Tifferet-Malchut)*.

Och de är fyra världar, som kallas *Atzilut, Bria, Yetzira* och *Assiya*. Världen *Assiya* innehåller denna värld inuti sig. Det finns alltså inte en varelse i denna värld, som inte påbörjades i världen *Ein sof*, i Skapelsetanken att glädja sina skapelser. Därför är den naturligt bestående av Ljus och *kli*, vilket innebär ett visst mått av överflöd med viljan att ta emot det överflödet.

Mängden överflöd sträcker sig existens ur existens från Hans väsen, och viljan att ta emot överflödet initieras existens ur frånvaro.

Men för att viljan att ta emot ska få sin slutliga kvalitet måste den nedfalla tillsammans med överflödet inuti sig genom de fyra världarna – *Atzilut, Bria, Yetzira* och *Assiya*. Detta fullbordar skapelsen med Ljus och *kli,* kallat *guf* (kropp), och "Livets Ljus" inuti den.

4) Anledningen till att viljan att ta emot måste nedfalla genom de fyra ovan nämnda aspekterna *ABYA (Atzilut, Bria, Yetzira, Assiya)* är att det finns en viktig regel gällande *kelim (kli* i plural): **expansionen av ljus och dess tillbakagång gör *kli* lämpat för sin uppgift.** Detta innebär att så länge som detta *kli* inte har separerats från sitt Ljus, ingår det i Ljuset och annulleras inom det som ett ljus i en fackla.

Denna annullering sker för att de är helt motsatta varandra, på motsatta ändar. Detta beror på att Ljuset sträcker sig från Hans väsen existens ur existens. Ur Skapelsetankens perspektiv i *Ein sof,* är allting riktat mot givande och det finns inga spår av viljan att ta emot i den. Dess motsats är *kli,* den stora viljan att ta emot detta överflöd, som är den ursprungliga varelsens rot, i vilken det inte finns något givande alls.

Därför är det så att när de är sammanbundna, är viljan att ta emot annullerad i Ljuset i den, och kan bestämma sin form först när Ljuset har avvikit därifrån en gång. Detta beror på att efter Ljusets avlägsnande från den, börjar den att längta efter det, och detta begär bestämmer och sätter formen för viljan att ta emot. När Ljuset därefter klär det en gång till, betraktas det som två separata ämnen: *kli* och

Ljus, eller *guf* och liv. Observera detta noga, för det är synnerligen djupgående.

5) Därför behövs de fyra aspekterna i namnet *HaVaYaH*, som kallas *Chochma, Bina, Tifferet* och *Malchut*. Bechina **alef (fas ett),** som kallas *Chochma,* är verkligen hela den emanerade varelsen, Ljus och *kli*. I den finns den stora viljan att ta emot med allt Ljus inkluderat i den som kallas *Ohr Chochma* (visdomsljus) eller *Ohr Chaia* (Ljuset *Chaia),* eftersom det är hela *Chaim* (livet) i den emanerade skapelsen, klädd i sitt *kli*. Däremot betraktas *bechina alef* som enbart Ljus då *kli* i den knappt är märkbart, eftersom det är sammanblandat med Ljuset och annulleras i det som ett ljus i en fackla.

Efter det kommer *bechina bet* (fas två), eftersom *kli Chochma* vid dess slut är i ekvivalens i form med det övre Ljuset i den. Det innebär att en önskan att skänka till Utstrålaren uppstår i den, beroende på den typ av ljus som finns inom den – helt för att skänka.

Sedan sträcker sig, med hjälp av denna önskan som har vaknat i den, ett nytt ljus ut till den från Utstrålaren, som kallas *Ohr Chassadim* (barmhärtighetsljus). Till följd av det skiljs den nästan helt från det *Ohr Chochma* som Utstrålaren inpräntat i den, eftersom *Ohr Chochma* endast kan tas emot i sitt eget *kli* – ett begär att ta emot som har vuxit till sitt fulla mått.

Således är Ljuset och *kli* i *bechina bet* helt annorlunda än i *bechina alef,* eftersom *kli* i det är viljan att skänka. Ljuset inom det anses vara *Ohr Chassadim,* ett ljus som härstammar från *dvekut* (vidhäftande) av den emanerade vid Utstrålaren, eftersom viljan att skänka inducerar ekvivalens i form med Utstrålaren, och i andligheten är ekvivalens i form *dvekut.*

Därefter följer *bechina gimmel* (fas tre). När Ljuset hade minskat i den emanerade varelsen till *Ohr Chassadim* utan *Chochma* – det är ju känt att *Ohr Chochma* är kärnan i den emanerade varelsen – vaknade den därmed i slutet av *bechina bet,* och drog in ett mått av *Ohr Chochma* i sig, för att skina inom sitt *Ohr Chassadim*. Detta uppvaknande sträckte åter ut ett visst mått av viljan att ta emot, som bildar ett nytt *kli,* vilket kallas *bechina gimmel* eller *Tifferet.* Ljuset i det kallas "Ljuset *Chassadim* i belysning av *Chochma*", eftersom största delen av ljuset är *Ohr Chassadim,* och dess mindre del är *Ohr Chochma.*

Efter det kom *bechina dalet* (fas fyra), då *kli* av *bechina gimmel* också vaknade på sitt håll för att dra fullständig *Ohr Chochma,* så som det var i *bechina alef.* Således betraktas detta uppvaknande vara "suget" i måttet på viljan att ta emot i *bechina alef,* och mer än det, eftersom det nu redan har skiljts från det ljuset, eftersom ljuset *Chochma* inte längre kläs i det, utan längtar efter det. Således har viljan att ta emots form helt fastställts, eftersom *kli* bestäms efter expansionen av Ljuset och dess uppbrott därifrån. Senare, när det återvänder, kommer den att ta emot Ljuset ännu en gång. Det visar sig att *kli* föregår Ljuset, och det är därför denna *bechina dalet* anses vara fulländningen av *kli,* och den kallas *Malchut* (Kungadöme).

6) De fyra ovan nämnda aspekterna är de tio *sfirot,* urskilda i varje emanation och varje varelse, i helheten, som är de fyra världarna, såväl som i verklighetens minsta beståndsdel. *Bechina alef* kallas *Chochma* eller "världen *Atzilut*"; *bechina bet* kallas *Bina* eller "världen *Bria*"; *bechina gimmel* kallas *Tifferet* eller "världen *Yetzira*"; och *bechina dalet* kallas *Malchut* eller "världen *Assiya*".

Låt oss förklara de fyra aspekterna som är tillämpade i varje själ. När själen kommer ut ur *Ein sof* och in i världen *Atzilut*, är det själens *bechina alef* (första aspekt eller fas). Men ändå urskiljs den inte med det namnet, eftersom namnet *Neshama* (själ) antyder att det finns en skillnad mellan den och Utstrålaren, och att den genom den skillnaden har avlägsnat sig från *Ein sof* och uppenbarats som sin egen auktoritet.

Men så länge som den inte har formen av ett *kli*, finns det ingenting som skiljer den från Hans väsen, för att förtjäna sitt eget namn. Vi känner redan till att *klis bechina alef* inte alls betraktas som ett *kli*, och är fullkomligt upphävd inför Ljuset. Detta är innebörden av det som sägs om världen *Atzilut*, att den är fullständig Gudomlighet, som i "Han, Hans Liv, och Hans Själv är Ett". Även alla levande varelsers själar betraktas fortfarande, när de rör sig genom världen *Atzilut*, som häftade vid Hans väsen.

7) Denna ovan nämnda *bechina bet* härskade i världen *Bria* – viljan att ges *kli*. När själen alltså rör sig ner i världen *Bria* och uppnår det *kli* som finns där, anses det vara en *Neshama* (själ). Detta innebär att den redan har separerats från Hans väsen och förtjänar sitt eget namn – *Neshama*. Men detta är ett väldigt rent och fint *kli*, då det är i formlikhet med Utstrålaren. Därför betraktas det som fullständig andlighet.

8) Den ovan nämnda *bechina gimmel* härskar i världen *Yetzira*, och innehåller en aning av viljan att ta emots form. När själen alltså rör sig in i världen *Yetzira* och uppnår *kli* där, går den ut ur *Neshamas* andlighet och kallas då *Ruach*. Så är det på grund av att dess *kli* här redan är sammanblandat med en viss *aviut*, det vill säga det lilla måttet av vilja att ta emot inom den. Men den anses ändå vara andlig

eftersom mängden *aviut* är otillräcklig för att helt separera den från Hans väsen och förtjäna namnet "kropp", som står i sin egen rätt.

9) *Bechina dalet* härskar i världen *Assiya*, som är den stora viljan att ta emots fullständiga *kli*. Följaktligen erhåller den en kropp helt separerad och skild från Hans väsen, som står i sin egen rätt. Ljuset i den kallas *Nefesh* (från det hebreiska order "vila"), som indikerar att Ljuset är stilla i och för sig själv. Man bör veta att det inte finns en enda beståndsdel i verkligheten som inte består av hela *ABYA*.

10) Därmed finner vi att denna *Nefesh*, Livets Ljus som är klädd i kroppen, sträcker ut sig från Hans essens existens från existens. När den rör sig genom de fyra världarna *ABYA* avlägsnas den mer och mer från Hans ansiktes Ljus, tills den kommer in i sitt avsedda *kli*, som kallas *guf* (kropp). Detta betraktas som att *kli* har uppnått sin önskade form.

Och även om Ljuset i det har avtagit så att dess ursprung blivit omöjligt att upptäcka, renar man, genom att ägna sig åt Tora och *mitzvot* för att bringa belåtenhet till Skaparen, sitt *kli*, som kallas *guf*, tills det blir värdigt att ta emot det stora överflödet i det fulla mått som fanns i skapelsetanken, när Han skapade det. Detta är vad rabbi Chanania menade med "Skaparen ville rena Israel; därmed gav Han dem mycket Tora och *mitzvot*".

11) Nu kan vi förstå den verkliga skillnaden mellan andligheten och det materiella: allt som innehåller en fullständig vilja att ta emot, i alla dess aspekter, det vill säga *bechina dalet*, betraktas som "materiellt". Det är detta som existerar i alla delar av verkligheten framför oss i denna värld. Omvänt, allt ovan detta stora mått av vilja att ta

emot betraktas som "andlighet". Detta är de fyra världarna *ABYA* – ovan denna värld – och hela verkligheten inom dem.

Nu kan vi se att hela saken med uppgångar och nedgångar beskrivna i de övre världarna inte relaterar till en imaginär plats, utan bara till de fyra aspekterna i viljan att ta emot. Ju längre bort från *bechina dalet* det är, desto högre anses det vara. Och omvänt, ju närmare *bechina dalet* det är, desto lägre anses det vara.

12) Vi bör förstå att den skapades essens, i hela skapelsen i allmänhet, bara är viljan att ta emot. Allt förutom det är inte en del av skapelsen, utan sträcker ut sig från Hans essens genom existens från existens. Varför urskiljer vi då denna vilja att ta emot som *aviut* (tjocklek) och grumlighet, och är anbefallda att rena den genom Tora och *mitzvot*, såpass att vi utan det inte skulle uppnå skapelsetankens sublima mål?

13) Saken är den att materiella objekt separeras från varandra genom rumslig avlägsenhet, andliga objekt separeras från varandra genom olikhet i form dem emellan. Detta kan vi finna även i vår värld. Till exempel när två människor delar liknande åsikter, gillar de varandra och den rumsliga avlägsenheten får dem inte att bli avlägsna från varandra.

Å andra sidan, när deras åsikter är avlägsna från varandra hatar de varandra, och rumslig närhet för dem inte närmare varandra. Därmed separerar deras åsikters olikhet i form dem från varandra, och deras åsikters likhet i form för dem närmare varandra. Om, till exempel, den enas natur är den andras fullständiga motsats, är de så långt från varandra som öst är från väst.

På liknande vis är allt som har med närhet och avlägsenhet att göra, kopulation och enhet som sker i andligheten, blott mått på olikhet i form. De avskiljs från varandra enligt måttet på deras olikhet i form, och fästs vid varandra enligt måttet på deras likhet i form.

Men man bör förstå att även om viljan att ta emot är en tvingande lag i den skapade, då den är den skapades väsen och det lämpliga kärlet för mottagandet av målet i skapelsetanken, separerar den ändå fullständigt den skapade från Utstrålaren. Det är så för att det finns en olikhet i form till punkten av motsatthet mellan den själv och Utstrålaren. Det är så på grund av att Utstrålaren är fullständigt givande utan ett spår av mottagande, och den skapade är fullständigt mottagande utan ett spår av givande. Därmed finns det ingen större olikhet i form än så. Det följer därmed att denna olikhet i form med nödvändighet separerar den från Utstrålaren.

14) För att rädda de skapade från denna jättelika separation, ägde *tzimtzum alef* (den första begränsningen) rum. I huvudsak separerade den *bechina dalet* från resten av *partzufim* (ansiktena) av *Kedusha* (helighet) på ett sådant vis att det stora måttet av mottagande förblev ett tomrum, ett utrymme i avsaknad av Ljus.

Detta på grund av att alla *partzufim* av *Kedusha* framträdde med en *masach* (skärm) upprättad i deras *kli Malchut* så att de inte skulle ta emot i denna *bechina dalet*. Då, när det övre Ljuset sträcktes ut och spreds till den emanerade varelsen, avfärdade denna *masach* det. Detta betraktas som slag mellan det övre Ljuset och *masach*, som höjer *Ohr chozer* (reflekterat Ljus) nerifrån upp, och kläder det övre Ljusets tio *sfirot*.

Den del av Ljuset som avfärdas och stöts tillbaka kallas *Ohr chozer* (reflekterat Ljus). Då det kläder det övre Ljuset, blir det ett *kli* för mottagande av det övre Ljuset istället för *bechina dalet*, eftersom *kli Malchut* därefter expanderat med måttet av *Ohr chozer* – det avfärdade Ljuset – som steg och klädde det övre Ljuset nerifrån upp, och även expanderade ovanifrån ner. Sålunda kläddes Ljusen i *kelim* (plural av *kli*) inuti *Ohr chozer*.

Detta är innebörden av *rosh* (huvud) och *guf* (kropp) på varje grad. *Zivug de hakaa* (kopulation med slag) från det övre Ljuset på *masach* höjer *Ohr chozer* nerifrån upp och kläder det övre Ljusets tio *sfirot* i formen av tio *sfirot de* (av) *rosh*, det vill säga *kelims* (kärlens) rötter. Detta på grund av att det inte kan finnas något faktiskt klädande där.

Följaktligen, när *Malchut* expanderar med detta *Ohr chozer*, ovanifrån ner, upphör *Ohr chozer* och blir *kelim* för det övre Ljuset. Då kläder sig Ljusen i *kelim*, och detta kallas den gradens *guf*, det vill säga fullständiga kelim.

15) På så vis skapades nya *kelim* i *partzufim* av *Kedusha* istället för i *bechina dalet* efter *tzimtzum alef* (den första begränsningen). De skapades av *zivug de hakaas Ohr chozer* i *masach*.

Vi bör sannerligen förstå detta *Ohr chozer* och hur det blev ett kärl av mottagande, eftersom det till en början blott var ett avfärdat Ljus. Nu tjänstgör det alltså i en roll motsatt sitt väsen.

Jag kommer förklara det med en allegori från livet. Människans natur är att vårda och gynna egenskapen av givande, och att förakta och avsky mottagande från sin vän. När man kommer till sin vän och han (värden) bjuder in en till en måltid, kommer man (gästen) alltså att avböja, även om man är mycket hungrig, då det i ens ögon är förödmjukande att ta emot en gåva från sin vän.

Men när vännen tillräckligt ber en, då det är tydligt att man genom att äta skulle göra vännen en stor tjänst, går man med på att äta, då man inte längre känner att man tar emot en gåva och att vännen är givaren. Tvärtom är man (gästen) den som ger, som gör sin vän en tjänst genom att ta emot detta goda från honom.

Därmed finner vi att även om hunger och aptit är kärl för mottagande avsedda för ätande, och att man var tillräckligt hungrig och hade tillräcklig aptit att ta emot vännens måltid, kunde man ändå inte smaka på någonting, på grund av skammen. Men då vännen bad en och man avfärdade honom, började nya kärl för ätande att ta form i en, eftersom kraften i vännens vädjan och ens eget avfärdande, till slut, då de ackumuleras, ackumuleras i en tillräcklig mängd som vänder måttet av mottagande till ett mått av givande.

Slutligen kan man se att man genom att äta kommer att göra en stor tjänst och bringa stor belåtenhet till sin vän. I det tillståndet skapades nya kärl för mottagande inom en, för att ta emot vännens måltid. Nu betraktas det som att kraften i ens avfärdande har blivit det väsentliga kärlet för att ta emot måltiden, och inte hungern och aptiten, även om de faktiskt är de vanliga kärlen för mottagande.

16) Från allegorin ovan om de två vännerna, kan vi förstå saken med *zivug de hakaa* och det *Ohr chozer* som stiger genom det, som sedan blir nya kärl för mottagande av det övre Ljuset istället för *bechina dalet*. Vi kan jämföra det övre Ljuset, som slår *masach* och vill expandera in i *bechina dalet*, med vädjan att äta, för när han längtar efter att vännen ska ta emot sin måltid vill det övre Ljuset spridas till mottagaren. Och *masach*, som slår Ljuset och tillbakavisar det, kan liknas

vid vännens avfärdande och vägran att ta emot måltiden, då han avfärdar hans favör.

Och precis som man här finner att det just är avfärdandet och vägran som blir de lämpliga kärlen för att ta emot vännens måltid, kan man föreställa sig att *Ohr chozer*, som stiger genom slagen på *masach* och tillbakavisandet av det övre Ljuset, blir det nya kärlet för mottagande av det övre Ljuset, istället för *bechina dalet*, som tjänade som kärl för mottagande före den första begränsningen.

Detta placerades emellertid enbart i *partzufim* (plural av *partzuf*) av *Kedusha* (helighet) av *ABYA*, inte i *partzufim* av *klipot* (skal), eller i denna värld, där *bechina dalet* själv betraktas som kärl för mottagande. Därmed separeras de från det övre Ljuset, eftersom olikheten i form i *bechina dalet* separerar dem. Därför anses *klipot* vara onda och döda, då de är skilda från Livens Liv genom viljan att ta emot i dem.

FEM ASPEKTER I MASACH

17) Hittills har vi klargjort de tre grundläggande elementen i visdomen. Det första är Ljus och *kli*, där Ljuset är en direkt förlängning av Hans essens, och *kli* är viljan att ta emot, som nödvändigtvis är inkluderad i det Ljuset. Man avlägsnar sig från Utstrålaren och blir en emanerad varelse enligt omfattningen av detta begär. Dessutom betraktas denna vilja att ta emot som *Malchut*, som urskils i det övre Ljuset. Det är därför det heter *Malchut*, enligt "Han är En och Hans namn En", liksom hans namn i *gimatria* är *ratzon* (begär).

Det andra elementet är urskiljandet av de tio *sfirot* och de fyra världarna *ABYA*, som är fyra grader, den ena under den andra. Viljan att ta emot måste hänga ner genom dem tills den blir fullständig – *kli* och innehåll.

Det tredje elementet är *tzimtzum* och *masach* som placerades på detta mottagarkärl kallat *bechina dalet*, i utbyte mot att nya kärl för mottagande skapades i de tio *sfirot*, som kallas *Ohr chozer*. Förstå och memorera dessa tre grundläggande element och deras orsaker, som om de hade uppträtt framför dig, eftersom det utan dem inte kan finnas förståelse för ett endaste ord i denna visdom.

18) Nu ska vi förklara de fem aspekterna i *masach*, varmed nivåerna ändras under det att *zivug de hakaa* utförs med det övre Ljuset. Först måste vi grundligt förstå att även om *bechina dalet* förbjöds att vara ett kärl för mottagande av de tio *sfirot* efter *tzimtzum*, och *Ohr chozer* som stiger från *masach* i och med *zivug de hakaa* blev mottagarkärlet i dess ställe, så måste det ändå beledsaga *Ohr chozer* med sin styrka att ta emot. Hade det inte varit för det, så skulle *Ohr chozer* ha varit oförmöget att vara ett kärl för mottagande.

Man bör också förstå detta utifrån allegorin i punkt 15. Vi visade där att kraften att avvisa och avböja måltiden blev kärlet för mottagande istället för hunger och aptit. Detta beror på att hunger och aptit, de vanliga kärlen för mottagande, förbjöds från att vara kärl för mottagande i detta fall på grund av skammen och vanäran som uppstår vid mottagandet av en gåva från en vän. Endast kraften att avvisa och avböja har blivit kärl för mottagande i deras ställe, eftersom mottagande blev givande i och med avvisningarna och avböjningarna, och genom dem förvärvade gästen mottagarkärl lämpliga för att ta emot vännens måltid.

Ändå kan man inte säga att han inte längre behöver de vanliga kärlen för mottagande, nämligen hunger och aptit, eftersom det är tydligt att utan aptit för att äta kommer han inte att kunna tillfredsställa sin väns vilja och skänka honom belåtenhet genom att äta hos honom. Men saken är den att hunger och aptit, som förbjöds i sin vanliga form, nu har förvandlats genom kraften av avvisande och avböjning till en ny form – mottagande med avsikten att ge. På så vis har förödmjukelsen förvandlats till värdighet.

Det visar sig att de vanliga kärlen för mottagande fortfarande är lika aktiva som någonsin, men har förvärvat en ny form. Du kommer angående vårt tema även komma fram till att det är riktigt att *bechina dalet* har förbjudits från att vara ett *kli* för mottagande av de tio *sfirot* på grund av dess *aviut*, vilket betyder olikheten i form från Givaren, som separerar från Givaren. Men ändå, genom att korrigera *masach* i *bechina dalet*, vilket stöter emot det övre Ljuset och repellerar det, har hennes tidigare felaktiga form förvandlats och fått en ny form, kallad *Ohr chozer*, liksom omvandlingen av mottagandets form till en form av givande.

Innehållet i dess ursprungliga form har inte förändrats; den äter fortfarande inte utan aptit. På liknande sätt har all *aviut*, som är kraften av mottagande i *bechina dalet*, kommit in i *Ohr chozer*, därav blir *Ohr chozer* lämpat för att vara ett kärl för mottagande.

Därför måste två aspekter alltid urskiljas i *masach:*

1) *Kashiut* (hårdhet), som är den kraft inom den som avvisar det övre Ljuset;
2) *Aviut*, som är måttet på *bechina dalets* vilja att ta emot som är inkluderad i *masach*. Genom *zivug de hakaa* med *kashiuts* kraft i den,

blir dess *aviut* omvänd till renhet, vilket innebär att mottagande förvandlas till givande.

Dessa två krafter i *masach* agerar i fem aspekter: de fyra *bechinot HB TM* och deras rot, som kallas *Keter*.

19) Vi har redan förklarat att de tre första aspekterna fortfarande inte anses vara ett *kli*, utan endast *bechina dalet* anses vara ett *kli*. Men ändå, eftersom de första tre aspekterna är dess orsaker och framkallar *bechina dalets* fullständigande, blir fyra mått registrerade i dess mottagande kvalitet när *bechina dalet* väl är fullständig.

- o *Bechina alef* i det är det minsta måttet på mottagandets kvalitet.
- o *Bechina bet* är något grövre (har mer *aviut*) än *bechina alef* i fråga om kvaliteten på mottagandet.
- o *Bechina gimmel* är grövre än *bechina bet* i sin kvalitet på mottagandet.
- o Och slutligen är *bechina dalet* den grövsta av de alla, och kvaliteten på dess mottagande är perfekt på alla sätt.

Vi bör också göra klart att roten till de fyra *bechinot* (plural för *bechina*), som är den renaste av dem alla, också är inkluderad i den.

Dessa är mottagandets fem aspekter inneslutna i *bechina dalet*, vilka är uppkallade efter namnen på de tio *sfirot KHB (Keter - Chochma - Bina) TM*, som ingår i *bechina dalet*, eftersom de fyra faserna är *HB TM*, och roten kallas *Keter*.

20) Mottagandets fem aspekter i *bechina dalet* är uppkallade efter namnen på *sfirot KHBTM*. Detta beror på att före *tzimtzum*, medan *bechina dalet* fortfarande var mottagarkärlet för de tio *sfirot* som är inkluderade i det övre Ljuset enligt "Han är en och Hans namn En",

eftersom alla världar är inkluderade där, följde beklädandet av de tio *sfirot* på den platsen dessa fem *bechinot*. Varje *bechina* av de fem *bechinot* i henne klädde dess motsvarande *bechina* i det övre Ljusets tio *sfirot*.

- *Bechinat shoresh* (rotfasen) i *bechina dalet* klädde *Keters* Ljus i de tio *sfirot*
- *Bechina alef* i *bechina dalet* klädde *Chochmas* Ljus i de tio *sfirot*
- *Bechina bet* i henne klädde *Binas Ljus*
- *Bechina bet* i henne klädde *Binas Ljus*
- *Bechina gimmel* i henne klädde *Tifferets* Ljus
- och hennes egen *bechina* klädde *Malchuts* Ljus

Även nu, efter den första restriktionen, då *bechina dalet* har förbjudits från att vara ett kärl för mottagande, är *aviuts* fem aspekter i henne alltså uppkallade efter de fem *sfirot KHB TM*.

21) Och vi känner redan till att det väsentliga av *masach* i allmänhet kallas för *kashiut*, som betyder något mycket hårt, som inte låter någonting genomtränga dess gränser. På liknande sätt låter inte *masach* något av det högre Ljuset komma genom det och in i *Malchut*, i *bechina dalet*. Därför anses *masach* stoppa och repellera hela den mängd Ljus som ska kläda *Malchuts* kärl.

Det har också klargjorts att de fem *bechinot* av *aviut* i *bechina dalet* är inkluderade och kommer in i *masach*, och ansluter till dess mått av *kashiut*. Följaktligen urskiljs fem sorters *zivug de hakaa* i *masach*, motsvarande de fem måtten av *aviut* i den:

Ett *zivug de hakaa* på en fullständig *masach* med alla nivåer av *aviut* höjer tillräckligt *Ohr chozer* för att kläda alla tio *sfirot*, upp till nivån *Keter*.

Ett *zivug de hakaa* på en *masach* som saknar *bechina dalets aviut*, och enbart innehåller *bechina gimmels aviut*, höjer tillräckligt med *Ohr chozer* för att enbart kläda de tio *sfirot* upp till nivån *Chochma*, i saknad av *Keter*.

Och om den bara har *aviut* av *bechina bet*, avtar dess *Ohr chozer* och räcker enbart för att kläda de tio *sfirot* upp till nivån *Bina*, i saknad av *Keter Chochma*.

Om den enbart innehåller *aviut* av *bechina alef*, avtar dess *Ohr chozer* ännu mer och räcker enbart upp till nivån *Tifferet*, i saknad av *KHB*.

Och om den även saknar *aviut* av *bechina alef*, och enbart förblir med *aviut* av *bechinat shoresh*, är dess slag mycket svagt och räcker enbart för att kläda upp till nivån *Malchut*, i saknad av de första nio *sfirot*, som är *KHB* och *Tifferet*.

22) Följaktligen ser vi hur de fem nivåerna av de tio *sfirot* framträder genom fem sorters *zivug de hakaa* på *masach*, tillämpade på sina fem grader av *aviut* i den. Och nu ska jag berätta varför, för det är känt att Ljus inte uppnås utan ett *kli*.

Dessutom vet vi att dessa fem grader av *aviut* kommer från de fem graderna av *aviut* i *bechina dalet*. Före *tzimtzum* fanns fem *kelim* i *bechina dalet*, som klädde de tio *sfirot KHB TM* (punkt 18). Efter *tzimtzum alef*, inkorporerades de i de fem graderna av *masach*, vilka, tillsammans med det *Ohr chozer* de reser, återgår till att vara fem *kelim*, med avseende på *Ohr chozer* i de tio *sfirot KHB TM*, i stället för de fem *kelim* i *bechina dalet* själv före *tzimtzum*.

Följaktligen är det uppenbart att om en *masach* innehåller alla dessa fem grader av *aviut* innehåller den de fem *kelim* att klä de tio *sfirot* med. Men när den inte innehåller alla fem grader, eftersom *bechina dalets aviut* är frånvarande i den, innehåller den bara fyra *kelim*. Därför kan den bara klä fyra Ljus: *HB TM*, och saknar ett Ljus – *Keters* Ljus – precis som den saknar ett *kli* – *aviut* i *bechina dalet*.

Likaså, när den saknar *bechina gimmel*, och *masach* endast innehåller tre grader *aviut*, det vill säga endast upp till *bechina bet*, innehåller den bara tre *kelim*. Således kan den bara klä tre Ljus: *Bina, Tifferet* och *Malchut*. I det tillståndet, saknar den nivån de två Ljusen *Keter* och *Chochma*, precis som den saknar de två *kelim bechina gimmel* och *bechina dalet*.

Och när *masach* endast innehåller två grader av *aviut*, dvs. *bechinat shoresh* och *bechina alef*, innehåller den endast två *kelim*. Därför kläder den bara två Ljus: *Tifferets* Ljus och *Malchuts Ljus*. Sålunda saknar den nivån de tre Ljusen *KHB*, precis som den saknar de tre *kelim bechina bet, bechina gimmel* och *bechina dalet*.

Och när *masach* bara har en grad av *aviut*, som blott är *bechinat shoresh* av *aviut*, har den endast ett *kli*. Den kan därför endast klä ett Ljus: *Malchuts* Ljus. Denna nivå saknar de fyra Ljusen *KHB* och *Tifferet*, precis som den saknar de fyra *kelim bechina dalet, bechina gimmel, bechina bet*, och *bechina alef*.

Således beror nivån för varje *partzuf* just på måttet av *aviut* i *masach*. *Bechina dalets masach* framkallar nivån *Keter*, *bechina gimmel* framkallar nivån *Chochma*, *bechina bet* framkallar nivån *Bina*, *bechina alef* framkallar nivån *Tifferet* och *bechinat shoresh* framkallar nivån *Malchut*.

23) Men vi måste ändå ta reda på varför det är så att när *Malchuts kli – bechina dalet –* saknas i *masach,* saknar det *Keters* Ljus, och när *Tifferets kli* saknas, saknar det *Chochmas* Ljus, etc. Det kan tyckas att det borde ha varit tvärtom, att när *Malchuts kli, bechina dalet, är frånvarande i masach, skulle endast Malchuts Ljus saknas i den nivån och den skulle ha de fyra Ljusen KHB och Tifferet.* Dessutom, i frånvaro av de två *kelim bechina gimmel* och *bechina dalet,* skulle *Tifferets* och *Malchuts* Ljus saknas, och nivån skulle ha de tre Ljusen *KHB* etc.

24) Svaret är att det alltid finns ett omvänt förhållande mellan Ljus och kärl. I *kelim* växer de högre först i *partzuf:* först *Keter,* sedan *Chochmas kli,* etc., och *Malchuts kli* växer sist. Det är därför vi namnger *kelim* i ordningsföljden *KHB TM,* eftersom detta är den ordning de växt från ovan nedåt.

Det motsatta förhållandet råder med Ljusen. Med Ljusen är det de lägre Ljusen som först kommer in i *partzuf.* Först kommer *Nefesh* in, som är *Malchuts* Ljus, sedan *Ruach,* som är *ZAs* Ljus etc. och *Yechidas* Ljus är det sista som kommer in. Det är därför vi namnger Ljusen i ordningsföljden *NRNHY,* nedifrån och uppåt, eftersom detta är den ordning genom vilken de kommer in – nedifrån och uppåt.

Således, när endast ett *kli* har vuxit i *partzuf,* vilket med nödvändighet är det högsta *kliet – Keter –* kommer inte Ljuset *Yechida,* tillskrivit detta *kli,* in i *partzuf,* utan endast det lägsta Ljuset – Ljuset *Nefesh.* Således kläs Ljuset *Nefesh* i *Keters kli.*

Och när två *kelim* växer i *partzuf,* vilka är de högsta två, *Keter* och *Chochma* – kommer Ljuset *Ruach* in i det. I detta ögonblick, stiger

Ljuset *Nefesh* ned från *Keters kli* till *Chochmas kli*, och *Ruachs* Ljus kläs i *Keters kli*.

På liknande sätt, när ett tredje *kli* växer i *partzuf* – *Binas kli* – kommer Ljuset *Neshama* in i det. I detta ögonblick stiger Ljuset *Nefesh* ned från *Chochmas kli* in i *Binas kli*, Ljuset *Ruach* kommer in i *Chochmas kli*, och Ljuset *Neshama* kläs i *Keters kli*.

Och när ett fjärde *kli* växer i *partzuf* – *Tifferets kli* – kommer *Ljuset Chaia* in i *partzuf*. I detta ögonblick, stiger Ljuset *Nefesh* ned från *Binas kli* till *Tifferets kli*, Ljuset *Ruach* till *Binas kli*, Ljuset *Neshama* till *Chochmas kli*, och Ljuset *Chaia* till *Keters kli*.

Och när ett femte *kli* växer i *partzuf*, *Malchuts kli*, kommer Ljuset *Yechida* in i det. I det ögonblicket, hamnar alla Ljus i sina respektive *kelim*. Ljuset *Nefesh* stiger ned från *Tifferets kli* till *Malchuts kli*, Ljuset *Ruach* till *Tifferets kli*, Ljuset *Neshama* till *Binas kli*, Ljuset *Chaia* till *Chochmas kli*, och Ljuset *Yechida* till *Keters kli*.

25) Sålunda, så länge inte alla fem *kelim KHB TM* har växt i ett *partzuf*, är Ljusen inte på deras utsedda platser. Dessutom är de i omvänd relation: i avsaknad av *kli* av *Malchut*, är Ljuset *Yechida* frånvarande, och när de två *kelim*, *TM*, saknas, är *Yechida* och *Chaia* frånvarande där osv. Detta beror på att i *kelim* uppträder de Högre först, och i Ljusen är det de sista som kommer in först.

Du kommer också att finna att varje nytt Ljus som återinträder bara klär i *kli* av *Keter*. Detta är så för att mottagaren måste ta emot i sitt renaste *kli*, *kli Keter*.

Av denna anledning måste Ljusen, som redan är klädda i *partzuf*, vid mottagandet av varje nytt Ljus nedstiga en grad från sin plats. Till exempel, när Ljuset *Ruach* inträder, måste Ljuset *Nefesh* nedstiga från *kli Keter* till *kli Chochma*, för att ge plats i *kli Keter* för att ta emot det nya Ljuset, *Ruach*. På samma sätt, om det nya Ljuset är *Neshama*, måste *Ruach* också nedstiga från *kli Keter* till *kli Chochma*, för att rensa sin plats i *Keter* för det nya Ljuset, *Neshama*. Till följd av det måste *Nefesh*, som var i *kli Chochma*, nedstiga till *kli Bina*, osv. Allt detta sker för att göra plats i *kli Keter* för det nya Ljuset.

Håll den här regeln i minnet och du kommer alltid att ha möjlighet att vid varje tillfälle se om det hänvisar till *kelim* eller Ljusen. Då blir du inte förvirrad, för det finns alltid ett omvänt förhållande mellan dem. Således har vi grundligt klargjort frågan om de fem aspekterna i *masach*, och hur nivåerna genom dem förändras, den ena under den andra.

DE FEM PARTZUFIM AV AK

26) Då vi grundligt har klargjort frågan om *masach* som blivit placerad i *kli Malchut – bechina dalet* efter att ha blivit begränsad – och frågan om de fem typerna av *zivug de hakaa* inom det, som skapar fem nivåer av tio *sfirot*, den ena under den andra, ska vi nu förklara de fem *partzufim* av *AK*, vilka föregår världarna *ABYA*.

Du känner redan till att *Ohr chozer*, som reser sig genom *zivug de hakaa* nedifrån och upp och klär det övre Ljusets tio *sfirot*, bara räcker till rötterna av *kelim*, kallade "tio *sfirot de rosh* (huvud) av *partzuf*". För att fullborda *kelim*, expanderar *Malchut* av *rosh* från de tio *sfirot* av *Ohr chozer* som klädde de tio *sfirot de rosh*, och sprids från den och inuti den från Ovan och nedåt i samma utsträckning som i tio *sfirot de rosh*. Detta spridande fullbordar *kelim*, kallat *"guf* av *partzuf"*. Därför ska vi alltid särskilja två aspekter av de tio *sfirot* i varje *partzuf rosh* och *guf*.

27) I begynnelsen uppstod det första *partzuf* av *AK*. Detta beror på att omedelbart efter *tzimtzum alef*, när *bechina dalet* förbjöds att vara ett kärl för det övre Ljuset, och uppfördes med en *masach*, drogs det övre Ljuset till att klädas i *kli Malchut*, som innan. Men *masach* i *kli Malchut* stoppade det och tillbakavisade Ljuset. Genom detta slagande på *masach* av *bechina dalet*, höjde det *Ohr chozer* upp till nivån av *Keter* i det övre Ljuset, och detta *Ohr chozer* blev klädnad och rot till *kelim* för de tio *sfirot* i det övre Ljuset, kallade "tio *sfirot de rosh*" av "första *partzuf* av *AK*".

Därefter expanderade *Malchut* med *Ohr chozer* från henne och inom henne genom kraften av de tio *sfirot de rosh* till tio nya *sfirot* från Ovan och ned. Detta fullbordade *kelim* av *guf*. Sedan kläddes det fulla måttet som uppstod i de tio *sfirot de rosh* även i de tio *sfirot de guf*. Detta fullbordade det första *partzuf* av *AK*, *rosh* och *guf*.

28) Därpå upprepade sig samma *zivug de hakaa* på den *masach* som uppförts i *kli Malchut*, vilken bara har *aviut bechina gimmel*. Och sedan uppstod endast nivån av *Chochma*, *rosh* och *guf*, på den, då frånvaron av *masach* i *aviut bechina dalet* fick den att endast ha fyra *kelim*, *KHB Tiferet*. Därav har *Ohr chozer* bara rum för att kläda fyra Ljus, *HNRN* (*Chaia, Neshama, Ruach, Nefesh*), utan Ljuset *Yechida*. Detta kallas *AB de AK*.

Därefter upprepade sig samma *zivug de hakaa* på *masach* i *kli Malchut* som endast innehåller *aviut bechina bet*. Således uppstod tio *sfirot*, *rosh* och *guf*, på nivån *Bina* på den. Detta kallas *partzuf SAG* av *AK*.

Det saknar de två *kelim* ZA och *Malchut*, och de två Ljusen *Chaia* och *Yechida*.

Efteråt uppstod *zivug de hakaa* på *masach* som endast har *aviut bechina alef*. Således uppstod tio *sfirot, rosh* och *guf*, på nivån *Tifferet*, utan de tre *kelim Bina, ZA,* och *Malchut* och de tre Ljusen *Neshama, Chaia* och *Yechida*. Det har bara Ljusen *Ruach* och *Nefesh* klädda i *kelim Keter* och *Chochma*. Detta kallas *partzuf MA* och *BON* av *AK*. Kom ihåg den omvända relationen mellan *kelim* och Ljusen (som nämns i paragraf 24).

29) Således har vi förklarat uppkomsten av de fem *partzufim* av *AK*, som kallas *Galgalta, AB, SAG, MA* och *BON*, den ena under den andra. Varje lägre saknar dess överordnades högre *bechina*. Därför saknar *partzuf AB* Ljuset *Yechida*, *partzuf SAG* saknar även Ljuset *Chaia*, som dess överordnade *AB* har. *Partzuf MA* och *BON* saknar Ljuset *Neshama*, som dess överordnade *SAG* har.

Det är så för det beror på mängden *aviut* i *masach* på vilken *zivug de hakaa* inträffar (paragraf 18). Men vi måste förstå vem och vad som fick *masach* att gradvis minska sin *aviut, bechina* efter *bechina*, tills den delades i de fem nivåer som existerar i dessa fem typer av *zivugim* (plural för *zivug*– koppling).

HIZDAKCHUT AV MASACH TILL PARTZUFS ATZILUT

30) För att förstå frågan om serien av graderna i fem nivåer, den ena under den andra, som förklarades ovan gällande *AK:s* fem *partzufim*, liksom i alla grader som framträder i varje världs fem *partzufim* i de fyra världarna *ABYA*, till *Malchut* av *Assiya*, måste vi grundligt förstå

frågan om *hizdakchut* (renande) i *gufs masach*, som realiseras i varje *partzuf* i *AK*, i *Nekudims* värld, och i *Tikkuns* (korrektionens) värld.

Freden

En empirisk, vetenskaplig undersökning av nödvändigheten av Guds arbete

"Då skola vargar bo tillsammans med lamm och pantrar ligga tillsammans med killingar; och kalvar och unga lejon och gödboskap skola sämjas tillhopa, och en liten gosse skall valla dem ... (Isa 11:6) Och Herren skall på den tiden ännu en gång räcka ut sin hand, för att förvärva åt sig kvarlevan av sitt folk, vad som har blivit räddat från Assyrien, Egypten, Patros, Etiopien, Elam, Sinear, Hamat och havsländerna."

- Jesaja 11:11

"Rabbi Shimon Ben Halafta sade 'Gud har inte funnit något kärl för att hålla välsignelsen för Israel utom fred', som det står skrivet: 'Herren ger sitt folk styrka; Herren välsignar sitt folk med fred'."

- Slutet av Masechet Okatzin

Efter att i tidigare artiklar ha demonstrerat Hans arbetes generella form, vars essens inte är någonting annat än kärlek till andra, som i praktiken bestäms som "givande till andra", det vill säga att den faktiska manifestationen av kärlek till andra är givande av gott till andra, kärlek till andra bör definieras som givande till andra, vilket är bäst lämpat för dess innehåll, som siktar på att försäkra att vi inte ska glömma siktet.

Nu när vi med säkerhet känner till utförandet av Hans arbete, återstår fortfarande frågan om detta arbete är acceptabelt för oss enbart genom tro, utan någon vetenskaplig och empirisk grund, eller om vi även har en empirisk grund för det. Detta är vad jag vill demonstrera i essän framför oss. Men först måste jag grundligt demonstrera själva ämnet, det vill säga vem det är som accepterar vårt arbete.

Men jag är ingen anhängare av formativ filosofi, eftersom jag ogillar teoretiskt baserade studier, och det är välkänt att de flesta av mina samtida håller med mig, för vi är alltför bekanta med sådana grunder, som är rangliga grunder; och när grunden vacklar, faller hela byggnaden.

Därför har jag kommit hit för att enbart tala genom en det empiriska förnuftets kritik, med början i ett enkelt erkännande som alla håller med om, genom analytisk [separation av de olika elementen i ett ämne] bevisning, tills vi kommer till att bestämma huvudämnet. Och det kommer att testas syntetiskt [förbindelsen och enigheten mellan ämnena, så som härledning och "desto mer så"], hur Hans arbete bekräftas och verifieras genom enkelt erkännande från den praktiska aspekten.

Motsägelser i försynen

Varje förståndig person som undersöker den verklighet vi står inför finner två fullständiga motsatser i den. När vi undersöker skapelsen, dess verklighet och uppträdande, finns där ett uppenbart och fastställt styre med stor visdom och färdighet, både vad beträffar formandet av verkligheten och säkerställandet av dess existens i allmänhet.

Låt oss ta hur en människa blir till som exempel: föräldrarnas kärlek och njutning är hennes första orsak, som garanterat fullföljer sin uppgift. Och när den väsentliga droppen extraheras från faders hjärna har Försynen mycket vist säkrat en plats för den, som gör den lämpad att få liv. Försynen ger den även dess dagliga bröd i precis rätt mängd, och den förbereder även en förträfflig grund för den i kvinnans livmoder så att ingen främling kan skada den.

Den fyller alla dess behov som en skolad barnmorska som inte glömmer den ens för ett ögonblick, till dess att den uppnått styrkan att framträda i vår värld. Då förser Försynen den för ett ögonblick precis den styrka som krävs för att bryta sig igenom de väggar som omger den, och som en tränad och beväpnad krigare tvingar den fram en öppning och kommer ut i världen.

Inte heller då överger Försynen den. Som en kärleksfull moder förs den till kärleksfulla och lojala människor som den kan lita på, som kallas "mor" och "far", vars uppgift är att stödja den under dess svaghets dagar, till dess att den växer och kan klara sig själv. Liksom för människan, så ombesörjes alla djur, växter och ting, vist och barmhärtigt, för att säkra deras egen existens och deras arts fortlevnad.

Men de som undersöker verkligheten från tillhandahållandets och den fortsatta existensens perspektiv, kan tydligt se stor oordning och förvirring, som om det inte fanns någon ledare och inget styre. Alla gör det som är rätt i ens egna ögon, livnär sig på andras bekostnad, de onda frodas och de rättfärdiga trampas obarmhärtigt ner.

Betänk att denna motsatthet, som framträder för alla förnuftiga och utbildade människor, höll mänskligheten sysselsatt redan under antiken. Och det finns många tillvägagångssätt för att förklara dessa två uppenbara motsatser i Försynen, som råder i en och samma värld.

Första tillvägagångssättet: Naturen

Detta tillvägagångssätt är uråldrigt. Då de inte fann någon utväg eller något sätt att föra samman dessa två slående motsatser, antog de att Skaparen, som skapat allt detta, och med makt vakar över Sin verklighet, så att ingen av dess delar förgås, helt saknar intelligens och mening.

Så, även om Han vakar över verklighetens existens med häpnadsväckande visdom, är Han ändå själv tanklös och gör allt detta utan något syfte. Hade det funnits någon slags förnuft och känsla i Honom, skulle han säkerligen inte lämna sådana defekter i upprätthållandet av verkligheten, utan varken förbarmande eller medlidande för de plågade. Således kallade de honom "naturen", och avser därmed en tanklös och hjärtlös ledare. Och därför tror de inte att det finns någon att vara arg på, att be till, eller att rättfärdiga sig själv inför.

Andra tillvägagångssättet: Två auktoriteter

Andra var smartare. De fann det svårt att acceptera antagandet om naturens tillsyn, då de såg att tillsynen över verkligheten, för att säkra sin existens, är en mycket djupare visdom än varje mänsklig höjdpunkt. De kunde inte gå med på att den som har tillsyn över allt detta själv skulle vara utan intelligens, för hur kan man ge det man inte har? Och kan man undervisa sin vän om man själv är en dåre?

Hur kan man om Honom, som framför oss utför sådana skarpsinniga och kloka handlingar, säga att Han inte vet vad Han gör, eller att Han gör det beroende på slumpen? Det är klart och tydligt att slumpen inte kan arrangera någon ordnad handling, utarbetad i visdom, än mindre säkra dess eviga existens.

Följaktligen kom de till ett andra antagande, att det här finns två tillsyningsmän: den ena skapar och upprätthåller det goda, och den andra skapar och upprätthåller det onda. Och de har med tiden utvecklat denna metod ordentligt med bevis och argument.

Tredje tillvägagångssättet: Flera gudar

Detta tillvägagångssätt föddes ur tillvägagångssättet med de två auktoriteternas sköte. Detta på grund av att de har delat upp och separerat var och en av de generella handlingarna för sig, det vill säga styrka, rikedom, makt, skönhet, svält, död, oordning, och så vidare. De utsåg till var och en sin egen tillsyningsman, och utökade systemet som de ville.

Fjärde tillvägagångssättet: Övergett sin skapelse

Nyligen, när kunskapen ökade och de såg den täta kopplingen mellan alla delar av skapelsen, insåg de att konceptet med flera gudar är fullkomligt omöjligt. Därmed återuppstod frågan om den motsatthet som förnimms i skapelsen.

Detta ledde dem till ett nytt antagande: att Tillsyningsmannen av verkligheten faktiskt är vis och bryr sig. Men på grund av sin upphöjdhet, som är bortom begreppsliggörande, anses vår värld i Hans ögon vara blott ett sandkorn, ingenting. Det är för Honom inte lönt att bry sig om våra futtiga angelägenheter, och detta är anledningen till att vårt uppehälle är så oordnat och att varje människa gör det hon själv tycker är rätt.

Jämte dessa tillvägagångssätt fanns religiösa tillvägagångssätt av Gudomlig enighet. Men detta är inte rätt plats att undersöka dem, då jag bara ville undersöka ursprungen från vilka de nedsmutsade metoder och förbryllande antaganden som kraftigt dominerat och utvecklats under olika tider och platser är tagna.

Vi finner att den grund på vilken alla de ovanstående tillvägagångssätten föddes och framträdde är motsägelsen mellan de två typerna av försyn som man kan upptäcka i vår värld, och alla dessa metoder skapades enbart för att överbrygga denna klyfta.

Men inget nytt under solen. Det är inte bara så att denna stora klyfta inte helats, den växer och expanderar snarare framför våra ögon till en fruktansvärd avgrund, utan att vi kan se eller hoppas på en väg undan. Och när jag ser på alla dessa försök som mänskligheten gjort under tusentals år till ingen nytta, undrar jag om det är så att vi alls inte bör söka överbryggandet av denna stora klyfta från Tillsyningsmannens synvinkel, utan snarare acceptera att denna stora korrigering ligger i våra egna händer.

Nödvändigheten av att idka försiktighet med naturens lagar

Vi ser alla tydligt att mänskligheten måste leva ett socialt liv, alltså att den inte kan existera och upprätthålla sig utan andras hjälp. Föreställ dig därför en händelse där man drar sig tillbaka från samhället till en ödslig plats och där för ett liv av lidande och stor smärta på grund av sin oförmåga att tillfredsställa sina behov. En sådan person skulle inte ha någon rätt att inför Försynen klaga på sitt öde. Och om personen skulle göra det, det vill säga klaga och förbanna sitt bittra öde, skulle han bara visa upp sin egen dumhet.

Så är det på grund av att medan Försynen för honom har förberett en bekväm och önskvärd plats i samhället, har han inget som rättfärdigar att dra sig tillbaka till en öde plats. En sådan person får man inte tycka synd om, eftersom han går emot skapelsens natur. Och eftersom han har möjligheten att leva så som Försynen har beordrat honom, bör man inte tycka synd om honom. Den meningen går hela mänskligheten med på utan ifrågasättande.

Och jag kan lägga till och etablera det på en religiös basis, och ge det en sådan här form: eftersom Försynen sträcker ut sig från Skaparen, som otvivelaktigt har ett syfte med Sina handlingar, då det inte finns en handling utan syfte, finner vi att var och en som bryter mot en av de naturlagar Han har präglat i oss, korrumperar det meningsfulla syftet.

På grund av att syftet otvivelaktigt är byggt ovan alla naturlagar, inga undantagna, kommer därför, precis så som en skicklig hantverkare varken skulle lägga till eller dra ifrån ens så lite som ett hårstrås bredd av de nödvändiga handlingarna för att uppnå målet, den som ändrar ens en enda lag att skada det avsedda syfte Skaparen satt, och kommer därför att straffas av naturen. Därför får inte heller vi, Skaparens skapade varelser, tycka synd om en sådan person, för han vanhelgar naturens lagar och Skaparens syfte. Det är, antar jag, meningens natur.

Och jag tror att det inte är en bra idé för någon att motsätta sig denna form som jag har gett meningen, på grund av att orden i meningen är en. För vad är skillnaden om vi säger att övervakaren kallas "naturen", det vill säga medvetslös och syfteslös, eller att säga att övervakaren är vis, underbar, vetande och kännande och har ett syfte med sina handlingar?

Till syvende och sist erkänner vi alla och går med på att vi är tvungna att följa Försynens påbud, det vill säga naturens lagar. Och vi erkänner alla att den som bryter Försynens påbud, det vill säga naturens lagar, bör straffas av naturen, och ingen får tycka synd om den personen. Därmed är meningens natur densamma, och den enda skillnaden ligger i motivet: de vidhåller att motivet är nödvändigt, och jag vidhåller att det har ett syfte.

För att undvika att använda båda uttryckssätten från och med nu – naturen och en övervakare – mellan vilka det, som jag har visat, inte finns någon skillnad gällande följandet av lagarna, är det bäst för oss att mötas halvvägs och acceptera kabbalisternas ord att *haTeva* (naturen) har samma numeriska värde (på hebreiska) som *Elokim* (Gud) – 86. Då kan jag kalla Guds lagar "naturens *mitzvot*" (bud), eller vice versa, för de är en och densamma, och vi behöver inte säga mer om det.

Nu är det av yttersta vikt för oss att undersöka naturens *mitzvot*, för att veta vad den kräver av oss, för att den inte skoningslöst må straffa oss. Vi har sagt att naturen tvingar mänskligheten att föra ett socialt liv, och detta är enkelt. Men vi måste undersöka de *mitzvot* som naturen tvingar oss att följa i detta avseende, alltså avseende det sociala livet.

Generellt finner vi att det i samhället bara finns två *mitzvot* att följa. Dessa kan kallas "mottagande" och "givande". Detta innebär att varje medlem av naturen måste ta emot sina behov från samhället, och gagna samhället genom sitt arbete för dess välgång. Och om man bryter en av dessa två *mitzvot* kommer man skoningslöst att straffas.

Vi behöver inte överdrivet undersöka mottagandets *mitzva* (*mitzvot* i singular), eftersom straffet omedelbart utförs, vilket förhindrar varje form av försummelse. Men vad gäller den andra *mitzvan*, som rör givande till samhället, är bestraffningen inte bara inte omedelbar, utan den ges indirekt. Därför följs denna *mitzva* inte ordentligt.

Därmed befinner sig mänskligheten i ett avskyvärt kaos, där stridigheter och svält och deras följder alltjämt inte har upphört. Och det förunderliga med det är att naturen, likt en skicklig domare, straffar oss i takt med vår utveckling. För vi kan se att till den grad mänskligheten utvecklas, förökas också smärtorna och plågorna runt vårt uppehälle och vår existens.

Följaktligen har vi en vetenskaplig, empirisk bas för att Hans Försyn har påbjudit oss att strikt och med allt som står i vår makt följa *mitzvan* rörande givande till andra, på ett sådant sätt att ingen av oss ska arbeta mindre än det mått som krävs för att säkra samhällets lycka och välgång. Och så länge som vi försummar att göra detta fullt ut, kommer naturen inte upphöra att bestraffa oss och utkräva sin hämnd.

Och förutom de slag vi idag genomlider, måste vi också ta hänsyn till framtidens dragna svärd. Rätt slutsats måste dras – att naturen till slut kommer att besegra oss och vi kommer att tvingas att förenas i att följa dess *mitzvot* med hela det mått som krävs av oss.

Bevis på Hans arbete genom erfarenhet

Men om man vill kritisera mina ord kan man fortfarande fråga, "Även om jag hittills har bevisat att man måste arbeta för andras nytta, var är beviset för att det måste göras för Skaparen?"

Historien har verkligen själv bemödat sig för vår skull och för oss förberett ett etablerat faktum, tillräckligt för en full uppskattning och en entydig slutsats: var och en kan se till ett stort land så som Ryssland, med hundratals miljoner invånare, mer land än hela Europa, oöverträffad vad gäller naturtillgångar, och som redan har gått med på att leva ett gemensamt liv och praktiskt taget helt avskaffat privat egendom, där var och en enbart bryr sig om samhällets bästa, till synes har uppnått det fulla måttet av dygden att ge till andra i hela dess bemärkelse, så långt det mänskliga medvetandet kan greppa.

Men ändå, åk och se vad det har blivit av dem: istället för att stiga och utklassa de kapitalistiska ländernas framsteg har de sjunkit ännu lägre. Nu klarar de inte bara inte av att gagna arbetarnas liv aningen mer än i kapitalistländerna, de kan inte ens säkra sitt dagliga bröd och kläder på sin kropp. Detta faktum förbryllar oss verkligen, för att döma av det landets rikedom och dess myckna befolkning, verkar det oförklarligt att det skulle gå dithän.

Men denna nation har begått en synd som Skaparen inte kommer att förlåta: att allt detta värdefulla och upphöjda arbete, det vill säga givande till andra, vilket de har börjat utföra, måste vara för Skaparen och inte för mänskligheten. Och på grund av att de inte utför sitt arbete för Hans namn, har de från naturens synvinkel ingen rätt att existera.

Försök att föreställa dig om varje person i det samhället sörjde för att hålla Skaparens *mitzvot* till graden i versen: "Och du skall älska Herren din Gud med hela ditt hjärta, och med hela din själ, och med allt som står i din makt", och att var och en till den graden skulle rusa för att tillfredsställa sin väns behov och önskemål till det fulla mått som inpräntats i människan att tillfredsställa sina egna önskemål, som det står skrivet, "Älska din nästa som dig själv".

Om Skaparen själv vore varje arbetares mål medan man arbetar för samhällets bästa, det vill säga att arbetaren skulle vänta sig att samhället för detta arbete skulle belöna honom med *dvekut* (vidhäftande) med Honom, källan till allt gott och all sanning och all njutning och härlighet, råder det inga tvivel om att de, vad gäller rikedom, inom några år skulle stiga över alla världens länder sammanlagt. Detta på grund av att de då skulle kunna använda råmaterialen i deras rika mylla, de skulle sannerligen vara ett exempel för alla länder, och de skulle betraktas som välsignade av Skaparen.

Men när hela arbetet för att ge till andra enbart är baserat på samhällsnyttan är det en ranglig grund, för vem och vad skulle få individen att slita för samhället? I en torr och livlös princip kan man aldrig hoppas på att finna motivation ens för utvecklade individer, för att inte tala om outvecklade människor. Därmed infinner sig frågan, "Var skulle arbetaren eller bonden finna tillräcklig motivation för att arbeta?"

För hans dagliga bröd kommer inte att öka eller att minska genom hans ansträngningar, och det finns inga mål eller belöningar framför honom. Det är för naturforskare ett välkänt faktum att man inte kan utföra ens den minsta rörelse utan motivation, utan någonting som gagnar en själv.

När man till exempel flyttar sin hand från stolen till bordet, sker det på grund av att man tror att man genom att lägga sin hand på bordet kommer att njuta mer. Om man inte trodde det, skulle man lämna sin hand på stolen resten av sitt liv utan att röra den alls. Och så är det i högre utsträckning vad gäller större ansträngningar.

Om du säger att finns en lösning – att placera dem under övervakning så att den som försummar sitt arbete ska straffas genom att förnekas sin lön – kommer jag att fråga, "Säg mig, varifrån ska övervakarna själva hämta motivation till sitt arbete?" För även att stå på en plats och övervaka människor för att motivera dem att arbeta är en stor ansträngning, kanske mer så än arbetet själv. Därför är det som om man vill starta en maskin utan bränsle.

Därmed är de dömda av naturen, eftersom naturens lagar kommer att straffa dem på grund av att de inte anpassar sig till att följa dess bud – att utföra dessa handlingar av givande till andra i formen av att arbeta för Skaparen, för att därigenom uppnå skapelsens syfte, vilket är *dvekut* med Honom. Det förklarades i artikeln *Matan Tora* (punkt 6) att denna *dvekut* kommer till arbetaren till måttet av Hans trevliga och angenäma belöning, som ökar upp till det önskade måttet för att stiga till att känna Hans äkthet, som ständigt utvecklas, till dess att man belönas med det överflöd som antyds i orden "Inte heller har ögat sett en Gud vid Din sida".

Och föreställ dig att bonden och arbetaren skulle känna detta mål framför sig medan de arbetade för samhällets väl, de skulle då säkerligen inte behöva några tillsyningsmän, eftersom de redan skulle ha tillräcklig motivation för en stor ansträngning, tillräcklig för att höja samhället till den ultimata lyckan.

Att förstå det på ett sådant vis kräver förvisso stor omsorg och beprövade bedrifter. Men alla kan se att utan det har de ingen rätt att existera ur den obstinata och kompromisslösa naturens perspektiv, och detta är vad jag här ville bevisa.

Därmed har jag uppenbart bevisat, ur det empiriska förnuftets synvinkel – baserat på den praktiska historia som vecklar ut sig inför våra ögon – att det inte finns något annat bot för mänskligheten än att acceptera Försynens befallning: Givande till andra för att bringa Skaparen belåtenhet till det mått som framgår i de två verserna.

Den första är "älska din nästa som dig själv", som är själva arbetets egenskap. Detta innebär att måttet av arbetet för att ge till andra för samhällets väl inte bör vara mindre än det mått som inpräntats i människan att sörja för sina egna behov. Dessutom bör man sätta sin medmänniskas behov framför sina egna, som det står skrivet i artikeln *Matan Tora* (punkt 4).

Och den andra versen är "Och du skall älska Herren din Gud med hela ditt hjärta, med hela din själ, och med allt som står i din makt". Detta är det mål som måste vara framför allas ögon när de arbetar för sin nästas behov. Detta innebär att man arbetar och sliter enbart för att bli omtyckt av Skaparen, att Han sade och man gör Hans vilja.

Och om du vill lyssna skall du äta av landets frukt, för fattigdom och plåga och exploatering kommer inte längre att finnas i landet, och var och ens glädje skall stiga allt högre, bortom mått. Men så länge som du vägrar att anta förbundet av arbetet för Skaparen till sitt fulla mått, kommer naturen och dess lagar att stå redo för att utkräva hämnd. Och som vi har visat, kommer den inte att släppa taget tills den besegrar oss och vi accepterar dess auktoritet i allt vad den befaller.

Nu har jag gett er praktisk och vetenskaplig forskning genom det empiriska förnuftets kritik angående den absoluta nödvändigheten av att alla människor ska ta sig an Guds arbete med hela sitt hjärta, hela sin själ och med allt som står i sin makt.

Förtydligande av frasen från *Mishna:* "Allt är i deposition, och ett fort sprider ut sig över allt liv"

Nu när vi har lärt oss allt ovan, kan vi förstå en oklar fras i *Masechet avot* (kap. 3, punkt 16). Där står följande:

> "Han (Rabbi Akiva) skulle säga, 'Allt är i deposition, och ett fort sprider ut sig över allt liv. Affären är öppen och affärsinnehavaren säljer genom uppskjuten betalning; boken är öppen och handen skriver. Och alla som vill låna får komma och låna, och inkasserarna återkommer regelbundet, dagligen, och kasserar från personen både med och utan hans kännedom. Och de har någonting att lita på, och domen är sann, och allt är redo för festen.'"

Frasen förblev inte utan anledning en svårfattlig allegori, utan ens en antydan om dess innebörd. Den berättar för oss att det finns ett stort djup att gräva i; den kunskap vi hittills har skaffat klargör det mycket väl.

Hjulet av formens förvandling

Låt mig först presentera våra visas åsikt angående världens generationers progression: även om vi ser att kropparna förändras från generation till generation, gäller detta bara kropparna. Men själarna, som är essensen av kroppens själv, försvinner inte för att ersättas, utan de rör sig från kropp till kropp, från generation till generation. Samma själar som fanns vid översvämningens tid kom även under Babylons tid, och i exilen i Egypten, och i uttåget ur Egypten, osv., till denna generation och fram till slutet av korrigeringen.

Därmed finns det i vår värld inga nya själar på det vis kroppar förnyas, utan bara ett visst antal själar som inkarnerar på förvandlingen av forms hjul, för de iklär sig hela tiden en ny kropp och en ny generation.

Därför är, avseende själarna, alla generationer sedan skapelsens begynnelse fram till slutet av dess korrigering som en generation som har utökat sitt liv över flera tusen år, fram till att den utvecklats och korrigerats som den ska. Och det faktum att var och en under tiden har bytt kropp flera tusen gånger är fullständigt irrelevant, för kroppens själva essens, som kallas "själ", led inte alls av dess förändringar.

Och det finns mycket evidens som tyder på det, och en stor visdom kallad "hemligheten med själarnas inkarnation". Och emedan detta inte är platsen att förklara det, på grund av ämnets stora vikt, är det värt att för den outbildade påpeka att reinkarnation äger rum i alla den påtagliga verklighetens objekt, och varje objekt lever, på sitt eget vis, ett evigt liv.

Även om våra sinnen säger oss att allt är övergående är det bara som vi ser det. I själva verket finns här bara inkarnationer – varje objekt är inte stilla och vilar inte ett ögonblick, utan inkarnerar på förvandlingen av forms hjul, och förlorar ingenting av sin essens längs vägen, som fysiker har visat.

Och nu kommer vi att förtydliga frasen "Allt är i deposition". Det har jämförts med någon som lånar pengar till sin vän för att göra honom till en partner i profiten. För att säkerställa att han inte förlorar sina pengar ger han det till honom som säkerhet, och är därmed fri från varje form av osäkerhet. Detsamma gäller skapandet av världen och dess existens, som Skaparen har förberett för människor att engagera sig i och till slut genom den uppnå det upphöjda målet *dvekut* med Honom, som det förklaras i *Matan Tora* (punkt 6). Därmed måste man undra, vem skulle få mänskligheten att engagera sig i Hans arbete, tills de slutligen kommer till detta upphöjda mål?

Rabbi Akiva säger oss om det att "Allt är i deposition". Detta innebär att allt som Gud placerade i skapelsen och gav till folk, det gav han inte till dem tygellöst, utan säkrade Sig själv med säkerhet. Och undrar du vilken säkerhet Han gavs?

Han besvarar det genom att säga: "och ett fort sprider ut sig över allt liv". Detta innebär att Skaparen skickligt har utarbetat en underbar fästning och spridit den över hela mänskligheten så att ingen kommer undan. Allt levande måste fångas i det fortet och av nödvändighet acceptera Hans arbete, tills de uppnår sitt sublima mål. Detta är den säkerhet genom vilken Skaparen säkrade Sig själv, för att garantera att ingen skada skulle komma till skapelseakten.

Efteråt tolkar han det i detalj och säger "Butiken är öppen". Detta innebär att världen för oss verkar vara som en öppen butik, utan en ägare, och vemhelst som går genom den kan ta emot i överflöd, så mycket som man vill, gratis. Rabbi Akiva varnar oss emellertid att butiksinnehavaren säljer genom uppskjuten betalning. Med andra ord, även om du inte kan se någon butiksinnehavare här, bör du veta att det finns en sådan, och anledningen till att han inte kräver någon betalning är för att han säljer genom uppskjuten betalning.

Och du bör säga, "Hur känner han till min skuld?" Till det svarar han, "Boken är öppen och handen skriver", det vill säga att det finns en allmän bok i vilken varje handling nedtecknas utan att missa ens en enda. Och siktet omger den utvecklingslag som Skaparen inpräntat i mänskligheten, som ständigt driver oss framåt.

Detta innebär att det är just de korrumperade förehavandena i mänsklighetens tillstånd som genererar de goda tillstånden, och varje gott tillstånd är bara frukten av arbetet i det dåliga tillståndet som föregick det. Dessa värderingar om gott och ont syftar i själva verket inte på tillståndet själv, utan på det allmänna syftet: varje tillstånd som för mänskligheten närmare målet anses vara gott, och ett som avleder den från målet betraktas som dåligt.

Allena genom denna standard är "utvecklingslagen" bygd – den korruption och ondska som framträder i ett tillstånd betraktas som orsaken och det som genererar det goda tillståndet, så att varje tillstånd varar precis så länge som behövs för att få ondskan i det att växa till en sådan grad att allmänheten inte längre kan stå ut med det. Vid den tiden måste allmänheten förenas mot det, förstöra det, och omorganisera sig i ett bättre tillstånd för den generationens korrigering.

Även det nya tillståndet varar precis så länge som krävs för att gnistorna av ondska i det ska mogna och nå en sådan nivå att de inte längre kan tålas, då det måste förstöras och ett mer behagligt tillstånd byggas i dess ställe. På så vis reder tillstånden upp sig det ena efter det andra, och grad efter grad, tills de kommer till ett sådant korrigerat tillstånd att det inte kommer att finnas några gnistor av ondska.

Och man finner att alla de frön från vilka de goda tillstånden växer enbart är de korrumperade handlingarna själva, det vill säga att all den blottade ondska som kommer av de onda i generationens händer ansluter sig och samlas till en stor summa, till dess att de väger så tungt att allmänheten inte längre kan stå ut med dem. Då reser de sig och förstör den och skapar ett mer åtråvärt tillstånd. Därmed kan man se att all ondska blir ett villkor för den drivande kraften, genom vilken det goda tillståndet utvecklas.

Dessa är Rabbi Akivas ord: "Boken är öppen och handen skriver". Varje tillstånd generationen befinner sig i är som en bok, och alla som gör ont är som skrivande händer på grund av att varje ondska ristas och skrivs in i boken tills de samlas till en summa som allmänheten inte längre kan tåla. Då kommer de att förgöra det onda tillståndet och omorganisera till ett mer önskvärt tillstånd. Därmed beräknas och skrivs varenda handling in i boken, det vill säga in i tillståndet.

Och han säger "Alla som vill låna får komma och låna". Detta innebär att han tror att den här världen inte är som en öppen butik som saknar ägare, utan att det finns en närvarande ägare, en butiksinnehavare som står i sin butik och av varje kund kräver rätt pris för den vara kunden tar från butiken, det vill säga slita i Hans arbete medan man tar sin näring från den butiken, på ett sätt som med säkerhet kommer att föra en närmare skapelsens syfte, som Han behagar.

En sådan person betraktas som en som vill låna. Redan innan han sträcker ut sin hand för att ta från den här världen, som är butiken, tar han ett lån för att betala priset. Med andra ord tar han på sig att arbeta för att uppnå Hans mål under den tid han lever av butiken, på ett sådant vis att han lovar att betala sin skuld genom att uppnå det önskade målet. Därför anses han som en som vill låna, vilket innebär att han förbinder sig att återlämna skulden.

Rabbi Akiva målar upp två sorters människor: den första är typen med "öppen butik", som betraktar den här världen som en öppen butik utan ägare. Om dem säger han "Boken är öppen och handen skriver". Det vill säga att även om de inte ser att det finns ett konto, skrivs alla deras handlingar icke desto mindre ner i boken, enligt ovan. Detta sker genom utvecklingslagen som inpräntats i skapelsen mot mänsklighetens vilja, där just de ondas handlingar med nödvändighet driver på de goda handlingarna, som vi har visat ovan.

Den andra sortens människor kallas "de som vill låna". De tar med butiksinnehavaren i beräkningen, och när de tar någonting från butiken, tar de det bara som ett lån. De lovar att betala butiksinnehavaren det önskade priset, det vill säga uppnå målet genom det. Och om dem säger han "Alla som vill låna får komma och låna".

Och om du säger: "Vad är skillnaden mellan den första typen, vars mål kommer till dem från utvecklingslagen, och den andra typen, vars mål kommer till dem genom att göra sig själva till slavar till Hans arbete? Är de inte likvärdiga i att uppnå målet?"

Angående det fortsätter han "och inkasserarna återvänder regelbundet, dagligen, och kasserar från personen både med och utan hans kännedom". Därmed betalar de båda i sanning sin dagliga del av skulden.

Och precis som de krafter som framträder genom att ägna sig åt Hans arbete betraktas som de lojala inkasserarna, som inkasserar sin skuld i delar varje dag, till dess att den är helt betald, betraktas även de mäktiga krafter som inpräntats i utvecklingslagen som lojala inkasserare som samlar in sin dagliga del av skulden till dess att den är till fullo betald. Detta är innebörden av "och inkasserarna återvänder regelbundet, dagligen, och kasserar från personen".

Men det är en stor skillnad och ett stort avstånd mellan dem, det vill säga "med och utan kunskap". Den första sorten, vars skuld inkasseras av utvecklingens inkasserare, betalar sin skuld utan kunskap om det, men stormiga vågor kommer genom utvecklingens starka vind över dem, och trycker på dem bakifrån och tvingar dem att utvecklas vidare.

Därmed kasseras deras skuld in mot deras vilja och med stora smärtor genom manifestationerna av de onda krafterna, som trycker på dem bakifrån. Men den andra sorten betalar sin skuld, vilket innebär att medvetet uppnå målet, av egen förmåga, genom att upprepa de handlingar som påskyndar utvecklingen av sinnet för igenkännande av ondska. Och genom detta arbete vinner de dubbelt.

Den första vinsten är dessa krafter, vilka framträder ur Hans arbete, som är satta framför dem som en attraherande, magnetisk kraft. De jagar det av egen fri vilja, med kärlekens anda. Det är överflödigt att säga att de är fria från all sorg och allt lidande den första sorten har.

Den andra vinsten är att de påskyndar det åtrådda målet, för de är de rättfärdiga och profeterna som uppnår målet i varje generation, som det förklaras i essän *Den kabbalistiska visdomens essens*, i avsnittet "Vad handlar visdomen om?".

"Allt är i deposition, och ett fort sprider ut sig över allt liv. Affären är öppen och affärsinnehavaren säljer genom uppskjuten betalning; boken är öppen och handen skriver. Och alla som vill låna får komma och låna, och inkasserarna återkommer regelbundet, dagligen, och kasserar från personen både med och utan hans kännedom. Och de har någonting att lita på, och domen är sann, och allt är redo för festen."

Därmed ser man att det är en stor skillnad mellan de som betalar medvetet och de som betalar omedvetet, som överlägsenheten av ljuset av glädje och njutning över mörkret av smärta och ångest. Och han säger vidare: "De har någonting att lita på, och domen är sann." Med andra ord lovar han alla de som medvetet och villigt betalar att "de har någonting att lita på", att det finns en stor styrka i Hans arbete att föra dem till det sublima målet, och det är värt det för dem att utnyttja sig själva under Hans börda.

Och om de som betalar omedvetet säger han "och domen är sann". Det verkar som att man måste undra varför Försynen tillåter att sådan korruption och sådana kval framträder i världen, i vilken mänskligheten skoningslöst grillas.

Om det säger han att "domen är sann", eftersom "allt är redo för festen", för det sanna målet. Och den sublima fröjd som är förutbestämd att framträda med uppenbarelsen av Hans syfte med skapelsen, när allt besvär och all möda och vånda som drabbar oss genom tiderna kommer att verka som en värd som verkligen bemödar sig själv för att förbereda en stor fest för de inbjudna gästerna. Och han liknar det förväntade målet som slutligen måste uppenbaras vid en fest, vars gäster närvarar med stort välbehag. Om det säger han att "domen är sann" och "allt är redo för festen".

Liknande det hittar man i *Bereshit rabba*, kap. 6, angående skapandet av människan: änglarna frågade Skaparen: "Vad är människan, att du tänker på honom? Och människans son, att du besöker honom? Varför behöver du detta bekymmer?" Och Skaparen sade till dem: "Så varför skapades Tzona och Alafim? Det finns en allegori om en kung som har ett torn fullt av goda saker, men inga gäster. Vilken njutning har en kung i sitt fulla torn?" De sade till Honom: "Världens Herre, Herre vår mästare, hur stort är inte ditt namn i hela landet. Gör det som behagar dig."

Tolkning: Änglarna som såg all smärta och ångest som skulle drabba mänskligheten undrade "Varför behöver du detta problem?" Och Skaparen svarade dem att han verkligen hade ett torn fullt av goda saker, men bara den här mänskligheten var inbjuden till det. Och naturligtvis vägde änglarna njutningarna i det tornet, som avvaktade sina gäster, mot den plåga och de problem som väntade mänskligheten.

Och när de såg att det var värt det för mänskligheten att lida för det goda som väntade dem gick de med på skapandet av människan, precis så som Rabbi Akiva sade, "och domen är sann, och allt är redo för festen". Från skapelsens begynnelse har alla människor invändningar, och Skaparens tanke nödvändiggör det för dem att komma till festen, medvetet eller omedvetet.

Och nu kommer alla att se sanningen i profetens ord (Jesaja 11:6) i profetian om fred: "Då skola vargar bo tillsammans med lamm och pantrar ligga tillsammans med killingar". Och han drar slutsatsen att "kunskap om Herren skall uppfylla landet, liksom havet är fyllt av vatten" (Jesaja 11:9).

Därmed villkorar profeten fred i världen med fyllandet av hela världen med kunskapen om Gud, precis som vi har sagt ovan, att det svåra egoistiska motståndet mellan människor, tillsammans med internationella relationers förfall, att allt detta inte kommer att upphöra i världen av något mänskligt råd eller någon mänsklig taktik, vad det än må vara.

Våra ögon kan se hur de fattiga sjuka vrider sig i fruktansvärda och olidliga smärtor, och mänskligheten har redan kastat sig själv till den extrema högern, som i Tyskland, eller till den extrema vänstern, som i Ryssland. Men inte bara gjorde de inte situationen lättare för sig själva, de har förvärrat sjukdomen och våndan, och rösterna stiger upp mot himlen, som vi alla vet.

Därmed har de inget annat val än att komma till att acceptera Hans börda i medvetenhet om Skaparen, det vill säga att de kommer att rikta in sina handlingar på Skaparens vilja och Hans syfte, som Han har planerat för dem före skapelsen. Och när de gör det är det uppenbart att, med Hans arbete, all avundsjuka och allt hat kommer att avskaffas från mänskligheten, som jag visat ovan. Detta på grund av att alla medlemmar av mänskligheten då kommer att förenas till en kropp och ett hjärta, full med kunskapen om Herren. Därmed är världsfred och kunskapen om Gud ett och detsamma.

Omedelbart därefter säger profeten, "Och Herren skall på den tiden ännu en gång räcka ut sin hand, för att förvärva åt sig kvarlevan av sitt folk ... och samla Israels fördrivna män; och Juda förskingrade kvinnor skall han hämta tillhopa från jordens fyra hörn." (Jesaja 11:11-12).

Nu kan vi förstå våra visas ord i slutet av *Masechet Okatzin*: "Skaparen fann inget kärl för att hålla Israels välsignelse, förutom fred", som det står skrivet: "Herren kommer att ge sitt folk styrka, Herren kommer att välsigna sitt folk med fred" (Psalm 29:11). Det verkar som att man bör förundras över allegorin "ett kärl för att hålla välsignelsen för Israel". Dessutom, hur drar man den slutsatsen ur dessa ord?

Men dessa ord blev klara för dem som Jesajas profetia att fred i världen kommer före samlandet av diasporan. Detta är anledningen till att versen lyder "Herren kommer att ge sitt folk styrka", att i framtiden, när Skaparen ger sitt folk styrka, det vill säga evig uppståndelse, då "kommer Herren välsigna sitt folk med fred". Detta innebär att Han först kommer att välsigna sitt folk, Israel, med fred i hela världen, och därefter kommer Han att "en andra gång återföra återstoden av sitt folk".

Våra visa sade om orsaken till orden: Därför föregår välsignelsen av fred i hela världen styrkan, det vill säga frälsningen, för "Gud fann inget kärl för att hålla välsignelsen för Israel förutom fred". Så länge som egenkärlek och egoism existerar bland nationerna, kommer därmed även Israel inte kunna tjäna Skaparen i renhet, som givande, som det står skrivet i förklaringen med orden "Och du skall vara mig ett kungadöme av präster" i essän *Arvut*. Och vi ser det av erfarenhet, för kommandet till landet och byggandet av Templet kan inte kvarstå och ta emot den välsignelse Gud svurit våra fäder.

Och detta är anledningen till att de säger "Gud fann inget kärl för att hålla välsignelsen", det vill säga att Israel än så länge inte har haft ett kärl med vilket det kan hålla fädernas välsignelse. Därför har löftet att vi kan ärva landet för all evighet ännu inte uppfyllts, på grund av att fred i världen är det enda kärl som gör det möjligt för oss att ta emot fädernas välsignelse, som i Jesajas profetia.

Friheten

"Harut (inristat) på stenarna"; uttala det inte *harut* (inristat), utan snarare *herut* (frihet), för att visa att de är frigjorda från dödsängeln."

— *Midrash Shmot Raba,* 41

Dessa ord behöver klargöras, för hur är frågan om emottagandet av Toran relaterad till ens frigörelse från döden? Dessutom; när de väl uppnått en evig kropp som inte kan dö vid mottagandet av Toran, hur förlorade de den igen? Kan det eviga bli obefintligt?

Fri vilja

För att förstå det sublima begreppet "frihet från dödsängeln" måste vi förstå begreppet frihet så som det i allmänhet uppfattas av mänskligheten.

Det är en allmänt vedertagen åsikt att frihet är en naturlag som gäller för allt liv. Därför ser vi att djur som hålls i fångenskap dör när vi berövar dem sin frihet. Detta vittnar tydligt om att Försynen inte godtar förslavandet av någon varelse. Med goda skäl har mänskligheten under de senaste seklen kämpat för att uppnå ett visst mått av frihet för individen.

Men detta begrepp, som uttrycks med ordet "frihet", förblir oklart, och om vi fördjupar oss i ordets innebörd kommer det knappt att finnas någonting kvar av det. För innan man letar efter individens frihet måste man först anta att varje enskild individ, i och för sig själv, besitter den egenskap som kallas "frihet", och med detta mena att man kan handla enligt sin egen fria vilja.

Njutning och smärta

När vi emellertid utforskar en individs handlingar kommer vi att upptäcka att de är påtvingade. Man tvingas att utföra dem och har ingen fri vilja. På sätt och vis är man som en stuvning som kokar på en spis; den har inget annat val än att koka. Och den måste koka eftersom Försynen har fjättrat livet med två kedjor: njutning och smärta.

De levande varelserna har ingen fri vilja – varken att välja smärta eller att avstå njutning. Och människans fördel över djuren är att hon kan sikta på ett avlägset mål, det vill säga gå med på ett visst mått av nuvarande smärta till fördel för framtida nytta eller njutning, som hon vill uppnå efter en viss tid.

Men faktum är att här inte finns någonting mer än en tillsynes vinstinriktad beräkning, där den framtida vinningen eller njutningen verkar vara att föredra och fördelaktig jämfört med den vånda de genomlider från den smärta de nu har gått med på. Här är det bara fråga om deduktion – att de härleder smärtan och lidandet från den väntade njutningen, och det förblir ett visst överskott.

Därmed breder bara njutningen ut sig. Och därmed händer det ibland att vi plågas eftersom vi inte tycker att den uppnådda njutningen utgjorde det överskott vi hade hoppats på i jämförelse med den vånda vi genomlidit; därmed befinner vi oss i ett underskott, precis som affärsmän.

Och när allt är sagt och gjort finns här ingen skillnad mellan djur och människa. Och om så är fallet finns det ingen fri vilja överhuvudtaget, utan bara en attraherande kraft, som drar dem till varje förbipasserande njutning och stöter bort dem från smärtsamma omständigheter. Försynen leder dem till varje plats den väljer med hjälp av dessa två krafter, utan att fråga efter deras åsikt i frågan.

Dessutom befinner sig valet av sort av njutning och nytta helt utanför ens egen fria vilja, utan följer andras vilja, som de vill, och inte en själv. Till exempel: Jag sitter, jag klär mig, jag talar, jag äter. Jag gör allt detta inte för att jag vill sitta så, tala så, klä mig så, eller äta så, utan för att andra vill att jag ska sitta, klä mig, tala och äta så. Allt följer samhällets vilja och nycker, inte min egen fria vilja.

Därutöver gör jag i de flesta fall allt detta mot min vilja, för jag skulle vara mycket mer bekväm med att bete mig enkelt, utan några bördor. Men jag är i alla mina rörelser fjättrad med järnbojor till andras nycker och vanor, vilka utgör samhället.

Så säg mig, var är min fria vilja? Å andra sidan, om vi antar att viljan inte har någon frihet, då är vi alla som maskiner, som verkar och skapar genom yttre krafter, som tvingar oss att agera på detta vis. Detta innebär att vi alla är inspärrade i Försynens fängelse, som genom att använda dessa bägge kedjor, njutning och smärta, knuffar och drar oss enligt sin vilja, dit det passar den.

Det visar sig att det i världen inte finns någonting sådant som självviskhet, eftersom ingen här är fri eller står på sina egna två ben. Jag äger inte handlingen, och jag är inte den som utför den för att jag vill utföra den, utan jag utförs på ett tvingande vis, utan att jag är medveten om det. Därmed dör belöning och bestraffning ut.

Och det är tämligen udda, inte bara för de ortodoxa, som tror på Hans försyn och kan lita på Honom och lita på att Han enbart siktar på deras bästa i detta beteende. Det är ännu märkligare för de som tror på naturen, eftersom vi alla enligt ovan är fjättrade av den blinda naturens kedjor, som varken äger medvetande eller ansvar. Och vi, den utvalda arten, med förnuft och kunskap, har blivit en leksak i den blinda naturens händer, som leder oss vilse, och vem vet vart?

Fyra faktorer

Kom ihåg att alla fenomen som uppstår i världens alla varelser inte ska uppfattas som utbredande sig existens ur frånvaro, utan som existens ur existens, genom en faktisk entitet som har ömsat sin tidigare form och klätt sig i sin nuvarande form.

Därför måste vi förstå att det finns fyra faktorer i varje uppkomst i världen, från vilka uppkomsten härrör. De benämns på följande sätt:

A. Källan.
B. Det oföränderliga uppträdandet av orsak och verkan som ett resultat av källans egna attribut.
C. Orsak och verkans interna uppträdande, som förändras av kontakt med yttre krafter (hur de yttre krafterna påverkar en).
D. Orsak och verkan av yttre sakers uppträdande, som påverkar den utifrån (vilka yttre krafter som påverkar en).

Jag kommer att klargöra dem en i taget:

Den första orsaken: källan, den ursprungliga materien

A) "Källan" är den ursprungliga materien som tillhör den varelsen. För "det finns ingenting nytt under solen", och allt som sker i vår värld är inte existens ur frånvaro, utan existens ur existens. Det är en entitet som har ömsat sin forna form och antagit en annan form, som är annorlunda än den första. Och den entiteten, som ömsat sin tidigare form, definieras som "källan". I den finns den potential som är förutbestämd att uppenbaras vid slutet av den uppkomstens formering. Därför betraktas den tydligt som dess primära orsak.

Den andra orsaken: orsak och verkan som stammar från den själv

B) Detta är ett förehavande av orsak och verkan, som har att göra med källans eget attribut, vilket är oföränderligt. Ta till exempel en veteplanta som har förmultnat i jorden och därmed nått ett tillstånd där den sått många veteplantor. Således betraktas det förmultnade tillståndet som "källan", vilket betyder att vetets essens har blivit av med sin tidigare form, vetets form, och antagit en ny gestalt, en av förmultnat vete, som är fröet, vilket kallas "källan" och helt saknar form. Nu, efter förmultnandet i jorden, har den blivit redo att ikläda en annan form, formen av många veteplantor, avsedda att uppstå ur den källan, som är fröet.

Alla vet att denna källas öde är att varken bli råg eller havre, utan enbart att likställas med sin tidigare form, en enda veteplanta, som lämnat den, även om den till en viss grad förändras i kvalitet och kvantitet, för i den tidigare formen var den en enda veteplanta, och nu finns det tio plantor, men även i smak och utseende förblir vetets essentiella form oförändrad.

Sålunda finns här ett förehavande av orsak och verkan, tillskrivet källans eget attribut, som aldrig förändras. Alltså kommer råg aldrig att uppstå ur vete, som vi tidigare sagt, och detta kallas "den andra orsaken".

Den tredje orsaken: inre orsak och verkan

C) Detta är förehavandet av källans inre orsak och verkan, som förändras när den kommer i kontakt med de yttre krafterna i sin omgivning. Därmed finner vi att det ibland ur en veteplanta, som förmultnar i jorden, uppstår många plantor som ibland blir större och bättre än den ursprungliga plantan.

Därför måste här finnas ytterligare faktorer inblandade, som samarbetar och sluter an till den kraft som finns fördold i omgivningen, det vill säga "källan". Och på grund av det har tilläggen i kvalitet och kvantitet, som var frånvarande i vetets tidigare form, nu framträtt. De är mineralerna och materialet i jorden, regnet och solen. Alla verkar de på den genom att tillgodose av sina egna krafter och sluta an till kraften inom källan själv. Och genom förehavandet av orsak och verkan, har de framkallat mångfalden i kvalitet och kvantitet i den uppkomsten.

Vi måste förstå att denna tredje faktor sluter an till källans inre, då den kraft som döljs i källan kontrollerar dem. I slutändan hör alla dessa förändringar till vetet och inte till någon annan planta. Följaktligen definierar vi dem som interna faktorer. De skiljer sig emellertid från den andra faktorn, som är helt och hållet oföränderlig, medan den tredje faktorn förändras både till kvalitet och kvantitet.

Den fjärde orsaken: orsak och verkan genom främmande ting

Detta är ett förehavande av orsak och verkan från främmande ting som verkar på den utifrån. Med andra ord har de inget direkt samband med vetet, såsom mineraler, regn, eller solsken, utan är främmande för den, såsom närbelägna saker eller yttre händelser, såsom skyfall, vindar osv.

Och man ser att fyra faktorer kombineras under vetets hela uppväxt. Varje särskilt tillstånd som vetet utsätts för under den tiden betingas av de fyra faktorerna, och varje tillstånds kvalitet och kvantitet bestäms av dem. Och på samma sätt som vi har skildrat det i vetet, gäller det för varje uppkomst i världen, till och med för tankar och idéer.

Om vi till exempel föreställer oss ett begreppsligt tillstånd i en viss individ, så som ett tillstånd av att vara religiös eller ickereligiös, eller en ultraortodox eller inte så väldigt ortodox, eller mittemellan, kommer vi att förstå att det tillståndet bestäms i den människan av de fyra ovan nämnda faktorerna.

Ärftliga egenskaper

Skälet till den första orsaken är källan, som är dess ursprungliga materia. Människan skapas existens ur existens, vilket innebär ur sina förfäders medvetanden. Därför är det, i viss utsträckning, som att kopiera från bok till bok. Detta betyder att nästan allt innehåll som accepterades och uppnåddes i fäderna och förfäderna kopieras även här.

Men skillnaden är att de är i en abstrakt form, mycket likt det sådda vetet, som inte lämpar sig för sådd förrän det har ruttnad och ömsat sin tidigare form. Så är även fallet med den droppe sädesvätska från vilken människan föds: det finns inget utav dess förfäders form i den, bara en abstrakt kraft.

För de idéer som var begrepp i ens förfäder, har bara blivit tendenser i en själv, kallade "instinkter" eller "vanor", utan att ens veta varför man gör som man gör. De är verkligen gömda krafter som man ärvt från sina förfäder, och på så vis ärver man inte bara materiella ägodelar från ens förfäder, utan även andliga innehav och alla begrepp våra fäder engagerade sig i kommer också till oss genom arv från generation till generation.

Och härifrån uppdagas de mångfaldiga tendenser vi finner i människor, som tendensen att tro eller kritisera, tendensen att bestämma sig för ett materiellt liv eller att bara intressera sig för idéer, att förakta ett liv utan ambitioner, att vara snål, eftergiven, oförskämd, eller blyg.

Alla dessa bilder som uppstår i människor är inte deras egendom, som de har förvärvat, utan bara arv som de ärvt från sina förfäder. Det är känt att det finns en speciell plats i hjärnan för dessa arv. Den kallas för *"medulla oblongata"* (förlängda märgen), eller "det undermedvetna", och alla tendenser framträder där.

Men eftersom våra förfäders begrepp, som förvärvades genom deras upplevelser, bara har blivit tendenser i oss, anses de vara detsamma som det sådda vetet, som har tagit av sig sin tidigare form och förblivit bar, och som bara har potentiella krafter värda att ta emot nya former. I vår materia klär sig dessa tendenser i former av begrepp. Detta betraktas som den ursprungliga materien, och detta är den första faktorn, som kallas "källa". I den finns alla krafter i de unika tendenser man ärvt från förfäderna, vilka definieras som "fädernearv".

Kom ihåg att några av dessa tendenser kommer i en negativ form, vilket innebär motsatsen till de som fanns i förfäderna. Det var därför de sade: "Allt som är dolt i faderns hjärta framträder öppet i sonen."

Anledningen är att källan tar av sig sin tidigare form för att anta en ny form. Därför är den nära att förlora den form begreppen hade hos förfäderna, liksom vetet som ruttnar i marken förlorar formen som existerade i vetet. Hur som helst är den fortfarande beroende av de andra tre faktorerna.

Miljöns påverkan

Den andra orsaken är ett oföränderligt, direkt beteende av orsak och verkan, relaterat till källans egna attribut. Vilket innebär det vi har förklarat med vetet som ruttnar i marken, att miljön i vilken källan vilar, såsom jorden, mineraler, regn, luft, och solen påverkar sådden genom en lång kedja av orsak och verkan i en lång och gradvis process, tillstånd för tillstånd, tills det mognar.

Och källan återtar sin tidigare form, vetets form, men annorlunda i kvalitet och kvantitet. Generellt sett förblir de helt oförändrade; för inga spannmål eller havre kommer att växa från den. Men i sin särskilda aspekt förändras de i kvantitet, eftersom det från en stjälk uppstår ett dussin eller två dussin stjälkar, och i kvalitet eftersom de är bättre eller sämre än vetets tidigare form.

Det är samma sak här: människan, som en "källa", är placerad i en miljö, alltså i samhället. Och han påverkas med nödvändighet av det, liksom vetet i dess miljö, för källan är inte mer än en obearbetad form. Därför präglas han, genom den konstanta kontakten med miljön och samhället, av dem genom en kedja av fortlöpande tillstånd, det ena efter det andra, som orsak och verkan.

Då förändras tendenserna inkluderade i hans källa och antar formen av begrepp. Om man till exempel ärver en tendens till snålhet av sina förfäder, så bygger man, medan man växer, begrepp och idéer som bestämt avgör att det är bra för en att vara snål. På så vis kan man ärva den negativa tendensen - att vara snål, även om ens far var generös, för frånvaro av något är precis lika ärftligt som förekomsten av något.

Eller, om man från sina förfäder ärver en tendens att vara öppen, bildar man idéer och drar slutsatsen att det är bra för en att vara öppen. Men var hittar man dessa meningar och skäl? Man tar allt det omedvetet från sin miljö, för de överför sina åsikter och tycken till en i form av en fortgående orsak och verkan.

Följaktligen betraktar människan dem som sitt eget innehav, som man förvärvat genom sin fria tanke. Men även här, liksom med vetet, finns det en oföränderlig del av källan, som är att de ärvda tendenserna till slut förblir som de var i förfäderna. Och detta kallas "den andra faktorn".

Vana blir till ens andra natur

Den tredje orsaken är ett beteende av orsak och verkan, som påverkar källan och förändrar den. Eftersom de ärvda tendenserna i människan på grund av miljön har blivit begrepp, så verkar de i samma riktningar som dessa begrepp anger. En människa med sparsam natur, till exempel, där tendensen till snålhet har blivit ett begrepp genom miljön, upplever sparsamhet genom någon förnuftig definition.

Låt oss anta att han med detta beteende skyddar sig själv från att behöva andra. Då har han förvärvat en vågskål för sparsamhet, och när den rädslan är frånvarande, kan han avstå från den. På så vis har han väsentligen förändrats till det bättre från tendensen han ärvt av sina förfäder. Och ibland klarar man att helt utrota en dålig tendens. Detta görs genom vana, som har förmågan att bli till en andra natur.

I det avseendet är människans styrka större än den hos en planta. För vete kan endast förändras i dess enskilda del, medan människan har förmågan att förändras genom miljöns orsak och verkan, även i de allmänna delarna, det vill säga, att fullständigt omvända en tendens och rycka loss den till dess motsats.

Yttre faktorer

Den fjärde orsaken är ett beteende av orsak och verkan som påverkar källan genom saker som är totalt främmande för den, och verkar på den från utsidan. Detta betyder att dessa saker inte är relaterade till källans tillväxtbeteende, eller påverkar den direkt, utan verkar snarare indirekt. Till exempel har penningfrågor, bördor, eller vindar, etc., deras egen fullständiga, långsamma, och gradvisa ordningsföljd av tillstånd genom "orsak och verkan", och ändrar människans begrepp, hur det än går.

Således har jag genom de fyra naturliga faktorerna visat att varje tanke och idé som uppstår i oss inte är mer än deras frukt. Och även om man skulle sitta och fundera över något hela dagen, är man inte kapabel att lägga till eller förändra vad dessa fyra faktorer ger en. Det enda man kan lägga till är i kvantitet: vare sig det handlar om ett stort intellekt eller ett litet. Men i kvaliteten kan man inte ändra något alls. Detta beror på att dessa är de som auktoritativt bestämmer idéns och slutsatsens natur och form, utan att fråga efter vår åsikt. På så vis är vi i dessa fyra faktorers händer, som lera i händerna på en krukmakare.

Fri vilja

Men när vi undersöker dessa fyra faktorer finner vi att fastän vår styrka inte är tillräcklig för att möta den första faktorn, "källan", har vi fortfarande förmågan och den fria viljan att skydda oss mot de andra tre faktorerna, genom vilka källan förändras i dess individuella delar, och ibland även i dess allmänna del, genom vana, som förser den med en andra natur.

Miljön som en faktor

Detta skydd betyder att vi alltid kan komplettera i fråga om valet av miljö, som är vännerna, böcker, lärare, och så vidare. Det är som en person som har ärvt några stjälkar vete av sin far. Av denna lilla mängd kan han få dussintals stjälkar att växa genom valet av miljö för hans "källa", vilket är bördig jord, med alla nödvändiga mineraler och råmaterial som i överflöd när vetet.

Vi har också frågan om främjandet av miljöns skick för att passa plantans behov och tillväxt, för de vise gör klokt i att välja de bästa förutsättningarna och finner välsignelse. Och dåren tar från allt som kommer i hans väg, och gör sådden till en förbannelse istället för en välsignelse.

Därför beror alla dess lovord och kraft på valet av miljön man sår vetet i. Men när det väl blivit sått på den utvalda platsen, är vetets fullständiga form bestämd enligt måttet som miljön är kapabel att förse det med.

Så är fallet med vårt ämne, för det är sant att begäret inte har någon frihet. Snarare är det manövrerat av ovanstående fyra faktorer. Och man blir driven att tänka och undersöka som de antyder, nekad all styrka att kritisera eller förändra, liksom vetet som såtts i dess miljö.

Det finns dock frihet för viljan att i början välja en sådan miljö, sådana böcker, och sådana vägledare som överför goda begrepp till en. Om man inte gör det, utan är villig att träda in i vilken miljö som helst och läsa vilken bok som än hamnar i ens händer, hamnar man med nödvändighet i en dålig miljö, eller kastar bort sin tid på värdelösa böcker som finns i överflöd och är lättare att hitta. Till följd av detta kommer man att tvingas in i osunda begrepp som får en att synda och fördöma. Man kommer förvisso att bestraffas, inte på grund av ens onda tankar eller gärningar, i vilka man inte har något val, utan för att man inte valde att vara i en god miljö, för i detta finns det definitivt ett val.

Därför är den som strävar efter att ständigt välja en bättre miljö värd lovord och belöning. Men här är det inte heller på grund av ens goda tankar och gärningar, som kommer till en utan ens val, utan på grund av ens ansträngningar att skaffa sig en god miljö, som framkallar dessa goda tankar och gärningar i en. Det är som Rabbi Yehoshua Ben Perachia sade: "Gör dig en Rav, och köp dig en vän."

Det nödvändiga i att välja en god miljö

Nu kan vi förstå Rabbi Yosi Ben Kismas ord (*Avot* 6), när han svarade en person som erbjöd honom att bo i sin stad och ge honom tusentals guldmynt för det: "Även om du ger mig allt guld och silver och alla juveler i världen, så kommer jag bara att bo på en plats där det finns Tora." Dessa ord verkar för sublima för vårt enkla sinne att förstå, för hur kunde han avstå från tusentals guldmynt för en sådan småsak som att bo på en plats där det inte finns några studenter i Tora, när han själv var en sådan stor vis man att han inte behövde lära sig något från någon? Det är verkligen ett mysterium.

Men som vi har sett är det en enkel sak, som bör uppmärksammas av var och en av oss. För även om var och en har "sin egen källa", så uppenbaras krafterna öppet endast genom miljön man befinner sig i. Detta är likt vetet som såtts i marken, vars krafter endast visar sig genom dess miljö, som är jorden, regnet, och solens ljus.

Därför antog Rabbi Yosi Ben Kisma korrekt att om han skulle lämna den goda miljön han hade valt och hamna i en skadlig miljö, i en stad där ingen Tora fanns, skulle inte bara hans tidigare begrepp äventyras, utan även alla andra krafter som var gömda i hans källa, som han ännu inte hade uppenbarat i handling, skulle förbli fördolda. Detta beror på att de inte skulle utsättas för den rätta miljön som skulle kunna aktivera dem.

Och som vi förklarat ovan är det **bara i fråga om valet av miljö som människans välde över sig själv mäts, och för detta bör hon emotta antingen belöning eller bestraffning.** Därför bör man inte förundras över att en vis såsom Rabbi Yosi Ben Kisma väljer det goda och nekar till det dåliga, eller att han inte frestas av materiella och fysiska saker, eftersom han där drar slutsatsen: "När man dör, tar man inte med sig silver, guld eller juveler, utan bara Tora och goda gärningar."

Och så varnade våra vise: "Gör dig en Rav, och köp dig en vän." Och det finns också valet av böcker, som vi har nämnt, för endast i detta blir man bannad eller lovordad – i ens val av miljö. Men när man väl valt miljön, är man i dess händer som lera i händerna på en krukmakare.

Medvetandets kontroll över kroppen

Efter att några externa samtida vise män begrundat ovanstående fråga och sett hur människans medvetande inte är mer än en frukt som växer ur livets händelser, drog de slutsatsen att medvetandet inte har någon kontroll över kroppen över huvud taget, utan att bara livets händelser, präglade i hjärnans nervbanor, kontrollerar och aktiverar människan. Och en människas medvetande är som en spegel, som reflekterar formerna framför den. Och fastän spegeln är bäraren av dessa former, kan den inte aktivera eller röra på formerna i den.

Sådant är medvetandet. Fastän livets händelser, i alla deras aspekter av orsak och verkan, ses och erkänns av medvetandet, är det icke desto mindre totalt oförmöget att kontrollera kroppen, att få den i rörelse, det vill säga att föra den närmre det goda eller avlägsna den från det dåliga. Detta beror på att det andliga och det fysiska är fullständigt fjärmade från varandra, och det finns inget förmedlande verktyg mellan dem som kan förmå det andliga medvetandet att aktivera och manövrera den fysiska kroppen, som har diskuterats utförligt.

Men där de är smarta, splittrar de. Människans föreställningsförmåga använder medvetandet precis som ett mikroskop tjänar ögat: utan mikroskopet skulle man inte se något skadligt, på grund av dess litenhet. Men när man väl sett det skadliga väsendet genom mikroskopet, avlägsnar man sig själv från den skadliga faktorn.

Därför är det mikroskopet som avlägsnar människan från skada, och inte medvetandet, eftersom medvetandet inte upptäckte den skadliga faktorn. Och till denna grad kontrollerar medvetandet till fullo människokroppen, för att avleda den från det dåliga och föra den närmre det goda. På alla platser där kroppens attribut misslyckas med att känna igen det välgörande eller det skadliga, behöver den alltså bara medvetandets kvickhet.

Vidare är det så att eftersom man känner sitt medvetande, som är ett sant resultat av livets erfarenheter, **kan man därför ta emot kunskap och förståelse från en pålitlig person och ta det som en lag, trots att ens livshändelser ännu inte har uppenbarat dessa begrepp för en.** Det är som med en person som frågar doktorn om råd och lyder honom, trots att han inte förstår något med sitt eget medvetande. På så vis använder han andras sinnen lika mycket som han använder sitt eget.

Så som vi har klargjort ovan finns det två sätt på vilka Försynen försäkrar sig om att människan uppnår det goda, slutliga målet:

1) Lidandets väg
2) Torans väg

All klarhet i Torans väg härrör från det. För dessa klara begrepp som uppenbarades och erkändes efter en lång kedja händelser i profeternas och Guds mäns liv, kommer det en människa som till fullo använder dem och drar nytta av dem, som om dessa begrepp vore händelser i hans eget liv. På så vis ser vi att man förskonas från alla prövningar man måste erfara innan man kan utveckla denna klara medvetenhet av sig själv. Alltså sparar man både tid och lidande.

Det kan jämföras med en sjuk man som inte vill lyda doktorns instruktioner innan han själv förstår hur det rådet skulle bota honom, och därför börjar studera medicin. Han skulle kunna dö av sin sjukdom innan han lärt sig läkekonsten.

Sådan är lidandets väg vs. Torans väg. Den som inte tror på de begrepp Toran och profetiorna råder en att acceptera utan egen förståelse, måste komma fram till dessa begrepp själv, genom att följa kedjan av orsak och verkan från livets händelser. Dessa är erfarenheter som i hög grad påskyndar och kan utveckla erkännandet av ondskan i en, som vi har sett utan ens val, utan istället på grund av ens ansträngningar att skaffa en god miljö, som leder till dessa tankar och handlingar.

Individens frihet

Nu har vi kommit fram till en ingående och precis förståelse av individens frihet. Men det relaterar bara till den första faktorn, "källan", som är den första substansen i varje människa, vilket innebär alla särdrag vi ärver från våra förfäder och genom vilka vi skiljer oss åt.

Detta beror på att även om tusentals människor delar samma miljö på ett sätt så att de övriga tre faktorerna påverkar dem alla lika mycket, kommer man ändå inte att finna två människor som delar samma attribut. Det beror på att var och en av dem har sin egen unika källa. Det är som med vetets källa: trots att det förändras en hel del av de tre övriga faktorerna, bevarar det ändå den preliminära formen av vete och kommer aldrig ta på sig en annan arts form.

Föregångarnas allmänna form förloras aldrig

Så varje "källa" som tagit av sig föregångarens preliminära form och antagit en ny form till följd av de tre faktorerna som tillfogades den, och som förändrar den markant, bevarar ändå föregångarens allmänna form, och kommer aldrig anta formen av en annan människa lik honom, precis som havre aldrig kommer att likna vete.

Detta är så för att varje källa i sig själv är en lång följd av generationer bestående av flera hundra generationer, och källan innefattar alla deras begrepp. Men de uppenbaras inte i den på samma sätt som de uppenbarades hos förfäderna, det vill saga, i form av idéer, utan bara som abstrakta former. Därför existerar de i en i form av abstrakta krafter som kallas "tendenser" och "instinkter", utan att man vet deras skäl eller varför man gör som man gör. Därför kan det aldrig finnas två människor med samma attribut.

Vi bör känna till att detta är individens enda sanna egenskap som inte får skadas eller förändras. Detta beror på att målet med alla dessa tendenser, som innefattas i källan, är att materialiseras och anta formen av begrepp när den individen växer och förvärvar ett eget medvetande, till följd av evolutionslagen, som kontrollerar denna kedja och skyndar på den framåt, som det förklaras i artikeln *Freden*. Vi lär oss även att var och en av tendenserna nödvändigtvis kommer att bli till sublima och gränslöst viktiga begrepp.

Därför är det så, att den som utrotar en tendens hos en individ och rycker upp den, förorsakar en förlust av detta sublima och underbara begrepp, som skulle framträda vid slutet av kedjan, för hela världen, för denna tendens kommer aldrig mer att framträda i någon annan kropp. Följaktligen måste vi förstå att när en viss tendens antar formen av ett begrepp, kan den inte längre urskiljas som god eller dålig. Detta beror på att sådana aspekter endast kan kännas igen när de ännu är tendenser eller omogna begrepp, och de blir inte på något sätt upptäckta när de antar formen av riktiga begrepp.

Av det ovanstående lär vi oss vilken förskräckligt orättvis skada de nationer vållar som påtvingar minoriteter sitt välde, och berövar dem deras frihet utan att tillåta dem att leva sina liv med de tendenser de ärvt från sina förfäder. De anses vara inte mindre än mördare.

Och även de som inte tror på religion eller ändamålsenlig vägledning kan förstå det nödvändiga i att bevara individens frihet genom att betrakta naturens system. För vi kan se hur alla nationer som någonsin fallit, genom generationerna, endast gjort det på grund av deras förtryck av minoriteter och individer, som därför i sin tur gjort uppror mot dem och störtat dem. Därför är det klart för alla att fred inte kan existera i världen om vi inte tar individens frihet i beaktande. Utan den, är freden inte hållbar och förfall kommer att råda.

Således har vi nu klart definierat individens essens med största precision, efter slutsatsen om allt han tar från det allmänna. Men nu möter vi en fråga: "Var finns till slut individen själv?" Allt vi sagt hittills gällande individen uppfattas endast som individens egenskap, som ärvts från förfäderna. Men var är individen själv, arvtagaren och bäraren av denna egenskap, som kräver att vi skyddar hans egenskap?

Efter allt som hittills sagts måste vi ännu finna platsen för "jaget" i människan, som står framför oss som en oberoende enhet. Och varför behöver jag den första faktorn, som är en lång kedja av tusentals människor, den ena efter den andra, från generation till generation, med vilken vi framkallar bilden av individen som en arvtagare? Och varför behöver jag de andra tre faktorerna, som är de tusentals människorna, som står den ena bredvid den andra i samma generation?

Slutligen är individen inte mer än en offentlig maskin, för alltid redo att tjäna allmänheten som det passar den. Vilket innebär att han blivit underordnad två sorters allmänhet:

1) Ur den första faktorns perspektiv har han underordnats en stor allmänhet från tidigare generationer, stående den ena efter den andra.
2) Ur de tre övriga faktorernas perspektiv har han underordnats sin samtida allmänhet.

Detta är verkligen en universell fråga. Av denna anledning motsätter sig många ovanstående naturliga metod, trots att de ingående känner till dess giltighet. I stället väljer de metafysiska metoder, eller dualism, eller transcendentalism, för att för sig själva skildra något slags andligt objekt och hur det sitter inuti kroppen, i människans själ. Och det är denna själ som lär sig och manövrerar kroppen, och det är människans essens, hans "jag".

Och kanske kan dessa tolkningar lätta sinnet, men problemet är att de inte har någon vetenskaplig lösning på hur ett andligt objekt kan ha kontakt med fysiska atomer för att förmå dem till någon slags rörelse. All deras visdom och fördjupande har inte hjälpt dem att finna en bro på vilken de kan komma över denna vida och djupa spricka som sprider sig mellan den andliga enheten och den fysiska atomen. Därför har vetenskapen inte tjänat någonting alls på alla dessa metafysiska metoder.

Viljan att ta emot – existens ur frånvaro

För att här röra oss ett steg framåt på ett vetenskapligt sätt, behöver vi bara kabbalans visdom. Detta beror på att alla vetenskaper i världen är inkluderade i kabbalans visdom. Gällande andliga ljus och kärl lär vi oss att den ursprungliga innovationen, ur Skapelsens perspektiv, som Han skapat existens ur frånvaro, gäller endast en aspekt, som definieras som "viljan att ta emot". Allt annat i hela Skapelsen är inte innovationer över huvud taget; de är inte existens ur frånvaro, utan existens ur existens. Detta innebär att de sträcker ut sig direkt från Hans essens, liksom ljuset strålar ut från solen. Inte heller där finns det något nytt, eftersom det som finns i solens innersta sträcker sig utåt.

Men viljan att ta emot är helt ny. Det innebär att det innan skapelsen inte existerade något sådant i verkligheten, eftersom Han inte har någon aspekt av begäret att ta emot, eftersom Han förekommer allt, så från vem skulle Han ta emot?

Av det skälet är denna vilja att ta emot, som Han extraherade som existens ur frånvaro, en fullständig nyhet. Men allt annat anses inte vara en innovation som skulle kunna kallas "skapelsen". Härav kommer att alla kärl och kroppar, både från andliga världar och från fysiska världar, anses vara andlig eller materiell substans, vilkas natur är viljan att ta emot.

Vidare behöver man fastställa att vi skiljer på två krafter i denna kraft som kallas "viljan att ta emot":

1) Den attraherande kraften
2) Den avvisande kraften

Anledningen är att varje kropp eller kärl, definierad av viljan att ta emot, är begränsad, vilket betyder i kvaliteten den kommer att ta emot och i kvantiteten den kommer att ta emot. Därför verkar all kvantitet och kvalitet som är utanför dess gränser vara emot dess natur; därför avvisar den dem. Så denna "vilja att ta emot" är tvungen att även bli en avvisande kraft, trots att den anses vara en attraherande kraft.

En lag för alla världar

Trots att kabbalans visdom inte nämner något om vår materiella värld finns det ändå bara en lag för alla världar (som det står skrivet i artikeln *Essensen av kabbalans visdom*, i delen "Lagen om rot och gren"). Så alla materiella enheter i vår värld, det vill säga allting inom detta utrymme, vare sig det gäller stilla, vegetativt, levande, ett andligt objekt eller ett materiellt objekt, om vi vill urskilja den unika "jag"-aspekten i var och en av dem, hur de skiljer sig åt från varandra, även i den minsta av partiklar, innebär det inte mer än ett "begär att ta emot". Detta är hela dess speciella form, ur den skapade skapelsens perspektiv, som begränsar den i kvantitet och kvalitet. Till följd av detta finns det en attraherande kraft och en avvisande kraft i den.

Men allt annat som existerar i den förutom dessa två krafter anses vara välgörenhet från Hans essens. Denna välgörenhet är lika för alla varelser, och den erbjuder ingen innovation, gällande skapelsen, eftersom den sträcker sig existens ur existens.

Det är även så att den inte kan tillskrivas någon viss enhet, utan bara till saker som är gemensamma för alla delar av skapelsen, små eller stora. Var och en av dem tar emot från denna välgörenhet enligt deras vilja att ta emot, och denna begränsning definierar varje individ och enhet.

Således har jag uppenbarligen – ur ett rent vetenskapligt perspektiv – bevisat "jaget" (egot) i varje individ med en vetenskaplig, fullständigt kritiksäker metod, till och med enligt de fanatiska, automatiska materialisternas system. Från och med nu har vi inget behov av dessa bristfälliga metoder som är färgade av metafysik.

Och det gör naturligtvis ingen skillnad om denna kraft, som är viljan att ta emot, är ett resultat och en frukt av materialet som producerade den genom kemi, eller om materialet är ett resultat och en frukt av denna kraft. Detta beror på att vi vet att huvudsaken är att endast denna kraft, som är inpräglad i varje varelse och atom av "viljan att ta emot", inom dess gränser, är enheten där den separeras och urskiljs från dess miljö. Och detta gäller både för en enskild atom och för en grupp atomer, som kallas för "en kropp".

Alla andra aspekter där det finns ett överskott av denna kraft är inte på något sätt relaterade till den partikeln eller den gruppen av partiklar beträffande sig själva, utan bara med hänsyn till helheten, som är välgörenheten som sträcker sig till dem från Skaparen, som är gemensam för alla delar av skapelsen, utan skillnad mellan specifika skapade kroppar.

Nu bör vi förstå frågan om individuell frihet, enligt definitionen av den första faktorn, som vi kallade "källan", där alla tidigare generationer, som är den aktuella individens förfäder, har inpräglat deras natur. Som vi har klargjort är betydelsen av ordet "individ" inget mer än gränserna för viljan att ta emot, inpräglade i dess grupps molekyler.

Således ser vi att alla tendenser han har ärvt från sina förfäder verkligen inte är något mer än gränser för hans vilja att ta emot, antingen relaterade till den attraherande kraften i honom, eller till den avvisande kraften i honom, vilka framträder inför oss som en tendens till snålhet eller generositet, en tendens att beblanda sig med andra eller dra sig undan sällskap, och så vidare.

På grund av detta är de verkligen hans "jag" (ego), som kämpar för sin existens. Därför betraktas det som att vi skär av ett riktigt organ från hans essens om vi utrotar så lite som en tendens från den individen. Och det betraktas även som en genuin förlust för hela skapelsen, för det finns ingen annan som har denna tendens, och det kommer heller aldrig finnas dess like i hela världen.

Efter att vi ingående har förklarat individens skäliga rätt enligt naturens lagar, låt oss rikta in oss på hur praktiskt det är, utan att kompromettera teorin om etik och statsmannakonst. Och vad viktigast är: hur denna rätt tillämpas av vår heliga Tora.

Att ta efter kollektivet

Våra skrifter säger: "Ta efter kollektivet." Det betyder att när det finns en tvist mellan kollektivet och en individ, är vi tvungna att bestämma enligt kollektivets vilja. På så vis ser vi att kollektivet har rätt att beröva individens frihet.

Men vi möts av en annan fråga här, allvarligare än den första. Det verkar som om denna lag regredierar mänskligheten i stället för att främja den. Detta beror på att den största delen av mänskligheten är outvecklad, och de välutvecklade är alltid i minoritet, och om man alltid bestämmer enligt kollektivets vilja, som är de outvecklade och de vårdslösa, så kommer de visas och välutvecklades åsikter och önskemål aldrig bli hörda eller tagna i beaktande. Därför lämnar man mänsklighetens öde till regression, för den kommer inte att kunna ta ett enda steg framåt.

Men som det förklaras i artikeln *Freden*, i delen "Det nödvändiga i att vara försiktig med naturens lagar", är vi tvungna att beakta alla lagar som berör samhällets uppehälle, eftersom vi är beordrade av Försynen att leva ett socialt liv. Och om vi är vårdslösa kommer naturen att ta ut sin hämnd på oss, vare sig vi förstår skälen till lagarna eller ej.

Och vi kan se att det inte finns något annat arrangemang med vilket vi kan leva i samhället, förutom att följa lagen "att ta efter kollektivet", som skapar ordning på varenda tvist eller trångmål i samhället. Därför är denna lag det enda instrument som förser samhället med hållbarhet. Av detta skäl anses den vara en av Försynens naturliga *mitzvot* (budord), och vi måste acceptera den och bevara den noggrant, oberoende av vår förståelse för den.

Detta är som med Torans övriga *mitzvot*: de är alla naturens lagar och Hans Försyn, som kommer ner till oss från Ovan. Och jag har redan beskrivit (*Essensen av kabbalans visdom*, "Lagen om rot och gren") hur all envishet vi upptäcker i naturens beteende i denna värld bara finns för att den är utvidgad och tagen från lagar och beteenden i Övre, andliga världar.

Nu kan vi förstå att Torans *mitzvot* inte är mer än lagar och beteenden i Högre världar, som är rötterna till hela naturens beteenden i den här världen. Torans lagar överensstämmer alltid med naturens lagar i den här världen som två droppar i en damm. Således har vi bevisat att lagen "att ta efter kollektivet" är Försynens och naturens lag.

Torans och lidandets väg

Ändå är frågan om regression, som uppstod ur den här lagen, ännu inte avgjord med dessa ord. Detta är verkligen vårt intresse – att finna sätt att ställa detta till rätta. Men Försynen i sig förlorar inte på det, för den har omhöljt mänskligheten på två sätt – "Torans väg" och "Lidandets väg" – på ett sätt som garanterar mänsklighetens kontinuerliga utveckling och framåtskridande mot målet utan förbehåll (*Freden*, "Allt är i förvar"). Att följa denna lag är verkligen ett naturligt, nödvändigt åtagande.

Vi måste vidare fråga: saker är motiverade när det rör frågor mellan människor. Då kan vi acceptera lagen "att ta efter kollektivet", under Försynens tvång, som instruerar oss att alltid se efter vännernas välbefinnande och lycka. Men Toran tvingar oss att följa lagen "att ta efter kollektivet" även i dispyter mellan människan och Gud, även om dessa frågor verkar totalt orelaterade till samhällets existens.

Därför kvarstår frågan: hur kan vi rättfärdiga denna lag, som tvingar oss att acceptera majoritetens åsikter, som är outvecklad, och avvisa och annullera de utvecklades åsikt, som alltid är i minoritet?

Men som vi har visat (*Religionens essens och syfte*, "Medveten utveckling och omedveten utveckling") skänktes Tora och *mitzvot* endast för att rena Israel, för att utveckla medvetandet om och erkännandet av ondskan i oss, som är inpräglad i oss sedan födseln, och som vanligtvis definieras som egenkärlek, och för att uppnå det rena goda, definierat som "kärleken till andra", som är den enda vägen till kärleken till Gud.

Följaktligen anses reglerna mellan människan och Gud vara verktyg som lösgör människan från egenkärleken, som är skadlig för samhället. Det är därför uppenbart att ämnena för dispyt gällande *mitzvot* mellan människan och Gud relaterar till problemet med samhällets hållbarhet. På så vis hamnar de också inom ramen för "att ta efter kollektivet".

Nu kan vi förstå det särskiljande beteendet mellan *Halacha* (judisk lag) och *Haggada* (legender). Detta är för att bara i *Halachot* (plural för *Halacha*) gäller lagen "individuell och kollektiv, *Halacha* (lag) som kollektivet". Det är inte så i *Haggada*, eftersom frågor kring *Haggada* står högre än frågor som gäller samhällets existens, för de talar just om människors beteende i frågor kring människan och Gud, i samma del där samhällets existens och fysiska lycka inte har någon betydelse.

Därför finns det ingen motivering för det kollektiva att upphäva individens åsikt och "varje man gjorde vad som var rätt i hans egna ögon". Men när det gäller *Halachot* handlar det om efterlevandet av Torans *mitzvot*, som alla hamnar under samhällets tillsyn eftersom det inte kan finnas någon ordning, förutom med lagen "ta efter kollektivet".

För det sociala livet: lagen "ta efter kollektivet"
Nu har vi till fullo förstått meningen som gäller individens frihet. Det finns verkligen en fråga här: "Varifrån tog kollektivet rätten att beröva individen friheten och neka honom det mest värdefulla i livet, frihet?" Till synes finns det inte mer än brutal kraft här.

Men som vi tydligt förklarat ovan är det en naturlig lag och Försynens påbud. Och eftersom Försynen tvingar oss att föra ett socialt liv, faller det sig naturligt att varje människa är förpliktigad att säkerställa samhällets existens och välbefinnande. Och det kan inte existera utom genom att införa uppförandet "att ta efter kollektivet" och ignorera individens åsikt.

Så vi ser bevisligen att detta är ursprunget till varje rätt och rättfärdigande som kollektivet har för att beröva individens frihet mot hans vilja, och placera honom under dess myndighet. Därför är det underförstått att när det gäller alla dessa frågor som inte gäller existensen av samhällets materiella liv, finns det inget motiv för kollektivet att stjäla och utnyttja individens frihet på något sätt. Men om de gör det betraktas de som rövare och tjuvar som föredrar brutal makt framför rätt och rättvisa i världen, eftersom förpliktelsen att följa kollektivets vilja här inte gäller för individen.

I det andliga livet: "ta efter individen"

Det visar sig att beträffande det andliga livet finns det ingen naturlig förpliktelse för individen att foga sig efter samhället på något sätt. Tvärtom gäller här en naturlig lag för kollektivet att underkasta sig individen. Och det klargörs i artikeln *Freden* att det finns två sätt på vilka Försynen har omhöljt och omringat oss för att föra oss till målet:

1) En väg av lidande, som utvecklar oss på detta sätt omedvetet.
2) Torans och visdomens väg, som medvetet utvecklar oss på detta sätt utan ångest eller tvång.

Och eftersom den mer utvecklade i generationen med säkerhet är individen, följer att när allmänheten vill lätta på den svåra våndan, och anta medveten och frivillig utveckling, som är Torans väg, har de inget val utom att underkuva sig själva och deras fysiska frihet till individens ordning, och lyda de order och utvägar som han erbjuder dem.

Således ser vi att när det gäller andliga frågor är kollektivets auktoritet omkullvält och lagen om "att ta efter individen" gäller, det vill säga, den utvecklade individen. För det är lätt att se att de utvecklade och utbildade i varje samhälle alltid är en liten minoritet. Av detta följer att samhällets framgång och andliga välbefinnande är tappat och förseglat i händerna på minoriteten.

Därför är kollektivet förpliktigat att noggrant skydda de få och deras åsikter, så att de inte försvinner från världen. Detta är för att de med säkerhet måste veta, i fullständigt förtroende, att ju sannare och mer utvecklade åsikterna är så är de aldrig i händerna på kollektivet när det gäller auktoritet, utan snarare i händerna på de svagaste, det vill säga, i händerna på den obestämbara minoriteten. Detta beror på att all visdom och allting som är värdefullt kommer till vår värld i små kvantiteter. Därför är vi noga med att bevara alla individers åsikter, på grund av kollektivets oförmåga att skilja på rätt och fel bland dem.

Kritik leder till framgång; brist på kritik framkallar förfall

Vi måste vidare tillägga att verkligheten visar extrema motsatser inför våra ögon mellan fysiska ting och begreppen och idéerna gällande ämnet ovan. Vad gäller social enhet, vilken kan bli källan till mycket glädje och framgång, så gäller det speciellt mellan kroppar och materiella ting i människor, och separationen mellan dem är källan till varje elände och motgång.

Men med begrepp och idéer är det en verklig motsats: enhet och brist på kritik anses vara källan till varje misslyckande och hinder i framgången och didaktisk fertilisation. Detta är så för att dragandet av de rätta slutsatserna beror på mängden meningsskiljaktigheter och separation mellan dem. Ju mer motsägelse det finns mellan åsikter och ju mer kritik det finns, desto mer ökar kunskapen och visdomen och frågorna blir mer lämpade för utforskning och förtydligande.

Degenereringen och intelligensens misslyckande härrör endast från bristen på kritik och meningsskiljaktigheter. Därför är det uppenbart att hela basen för fysisk framgång är måttet på samhällets enhet, och basen för intelligensens och kunskapens framgång är separation och meningsskiljaktigheter.

Det visar sig att när mänskligheten nått sitt mål gällande materiell framgång, genom att föra dem till en grad av "fullständig kärlek till andra, kommer alla kroppar i världen att enas i en enskild kropp och ett enda hjärta, som det står skrivet i artikeln *Freden*. Först då kommer all lycka avsedd för mänskligheten att uppenbaras i all sin ära.

Men i motsats till detta måste vi vara vaksamma så vi inte för människors åsikter så nära att kritik och meningsskiljaktigheter måste avslutas av de vise och lärda, för kroppens kärlek för naturligt med sig närhet i åsikter. Och om kritik och meningsskiljaktigheter skulle försvinna, skulle även all framgång i begrepp och idéer upphöra och kunskapens källa i världen skulle torka ut.

Detta är beviset för förpliktelsen att vara försiktig med individens frihet gällande begrepp och idéer. För hela utvecklingen av visdomen och kunskapen är baserad på denna individens frihet. Därför är vi varnade att bevara den väldigt noggrant, varje form i oss som vi kallar för individuell, det vill säga, den speciella kraften hos en enda människa, vanligtvis kallad "viljan att ta emot".

Förfädernas arv

Alla detaljer i bilderna denna vilja att ta emot innefattar, som vi definierat som "källan" eller den första orsaken, vars mening inkluderar alla tendenser och vanor nedärvda från förfäderna, som vi föreställer oss som en lång kedja av tusentals människor som en gång levt, och som står den ena ovanför den andra, var och en av dem är en viktig droppe av sina förfäder, och denna droppe för till en människas *"medulla oblongata"* (den förlängda märgen) alla förfädernas andliga innehav. Därför har människan framför oss, i sitt undermedvetna, alla tusentals andliga arv från alla individer representerade i den kedjan, vilka är hans förfäder.

Så, precis som ansiktet hos varje person skiljer sig åt, skiljer sig deras åsikter. Det finns inte två människor på jorden vars åsikter är identiska, eftersom varje person har ett stort och sublimt arv från sina förfäder, av vilket de andra inte har en tillstymmelse.

Därför betraktas alla dessa innehav som individens egendom, och samhället är varsamt med att bevara dess smak och anda så att det inte försvinner i dess miljö. Varje individ bör istället underhålla sitt arvs integritet. Då kommer motsägelsen och motsatsen mellan dem att förbli för alltid, för att för evigt säkra kritik och visdomens framsteg, vilket är mänsklighetens fördel och dess sanna eviga begär.

Och efter att vi kommit fram till ett visst mått av erkännande av människans självviskhet, som vi har bestämt som en kraft och en "vilja att ta emot", som är den essentiella kärnan i varelsen, har vi även grundligt lärt oss, från alla håll, om kroppens ursprungliga egenskap, som vi definierat som "förfädernas arv". Detta gäller alla potentiella tendenser och kvaliteter som har hamnat i ens "källa" genom arv, vilket är en människas ursprungliga substans, det vill säga, förfädernas ursprungliga sädesvätska. Nu ska vi klargöra de två aspekterna i viljan att ta emot:

Två aspekter: A) Potentiell, B) Faktiskt befintlig

Först måste vi förstå att fastän denna självskhet som vi definierat som "viljan att ta emot" är människans själva essens, kan den inte existera i verkligheten ens för en sekund. För det vi kallar "potentiell", alltså innan den framträder från potentiell till befintlig, existerar endast i våra **tankar**, vilket betyder att endast **tanken** kan bestämma den.

Men det kan faktiskt inte finnas någon riktig kraft i världen som sover och är inaktiv. Detta beror på att kraften endast existerar i verkligheten medan den är uppenbarad i handling. Av samma skäl kan vi inte säga om ett litet barn att det är väldigt starkt när det inte kan lyfta ens en liten vikt, men man kan säga att man ser att det barnet kommer att bli väldigt starkt när det växt upp.

Men vi säger faktiskt att den styrka vi finner i människan som vuxen var närvarande i hans organ och kropp även som spädbarn, men den styrkan hade legat fördold. Det är sant att vi i våra sinnen skulle kunna bestämma (kraften som är förutbestämd att manifesteras), eftersom sinnet hävdar det. Men i ett litet barns kropp finns verkligen ingen styrka alls, då ingen styrka manifesteras i barnets handlingar.

Så är det med aptiten. Denna kraft kommer inte att framträda i en människas kropp i den nuvarande verkligheten, när organen inte kan äta, alltså när man är mätt. Men även när man är mätt existerar aptitens kraft, men den är dold i människans kropp. Efter en tid, när maten smält, kommer den tillbaka och manifesteras från potentiell till befintlig.

Men en sådan mening, om att bestämma en potentiell kraft som inte har uppenbarats i den faktiska verkligheten, tillhör de sätt på vilka tanken förnimmer. Men den existerar inte i verkligheten, eftersom när man är mätt, känner man klart och tydligt att aptitens kraft är borta, och om man letar efter den kommer man inte att finna den.

Det visar sig att vi inte kan demonstrera en potential som ett subjekt som existerar i och för sig själv, utan bara som ett predikat. Därför är det så att när en kraft uppstår i verkligheten manifesteras den kraften i handlingen.

Vi finner då två saker här i den förnimmande processen: ett subjekt och ett predikat, det vill säga potentiell och befintlig, såsom aptitens kraft, som är subjektet, och bilden av maträtten, som är predikatet och handlingen. I verkligheten kommer de dock som en. Det kommer aldrig att inträffa att aptitens kraft uppstår i en person utan att föreställa sig maträtten han vill äta. Därför är dessa två halvor av samma sak. Aptitens kraft måste klädas i den bilden. Vi ser därför att subjektet och predikatet framträder samtidigt, och försvinner samtidigt.

Nu förstår vi att viljan att ta emot, som vi presenterat som själviskhet, inte betyder att den existerar så i en person, som en längtande kraft som önskar ta emot i form av ett passivt predikat. Snarare berör detta subjektet, som klär i bilden av det ätbara objektet, och vars handlande framträder i form av saken som äts, och i vilken den klär. Vi kallar det för handling, "begär", alltså aptitens kraft, uppenbarad i föreställningsförmågans handling.

Och så är det med vårt tema – den allmänna viljan att ta emot, som är människans essens. Den framträder och existerar bara genom att klä sig i former av objekt som är troliga att komma tas emot. För då existerar den som subjekt, och inte på något annat sätt. Vi kallar det för en handling, "liv", vilket betyder människans uppehälle, vilket betyder att kraften av viljan att ta emot klär och handlar inom det begärda objektet. Och måttet av uppenbarelse i den handlingen är måttet på hans liv, som vi har förklarat i handlingen vi kallar "begär".

Från det ovanstående kan vi tydligt förstå versen: "Och Herren Gud skapade människan av jorden på marken, och andades in livets anda genom näsborrarna; och människan blev en levande *(Chaya)* själ *(Nefesh)*" (1 Mos 2:7) Här finner vi två skapelser:

1) Människan själv
2) Den levande själen själv

Och versen säger att i början skapades människan av jord från marken, en samling molekyler i vilka människans essens finns, vilket betyder hans vilja att ta emot. Den kraften, viljan att ta emot, är närvarande i varje element i verkligheten, som vi förklarat ovan. Även alla fyra typer: stilla, vegetativa, levande och talande uppstod ur den. Beträffande detta har människan inget övertag över någon del av skapelsen, och detta är innebörden av versen "jord på marken".

Men vi har redan sett att den här kraften, kallad "viljan att ta emot", inte kan existera utan att klä och handla i ett begärt objekt, och denna handling kallas "liv". Följaktligen finner vi att innan människan kommit till de mänskliga formerna för mottagande av njutning, som skiljer sig från dem hos andra djur, anses han ännu vara en livlös, död person. Detta är så för att hans vilja att ta emot inte har någon plats i vilken den kan klä sig och manifestera sin handling, som är manifestationerna av liv.

Detta är innebörden av versen: "och andades in livets anda genom hans näsborrar", vilket är den allmänna formen av mottagande passande för människor. Ordet *nishmat* (andetag) kommer från ordet *amin* (placerar) marken för honom, som är som "värde". Och ursprunget till ordet "andetag" förstås från versen (Job 33:4): "Guds ande har gjort mig, och den Allsmäktiges andetag har givit mig liv", och se MALBIMs kommentar där. Ordet "själ" *(neshama)* har samma syntaxstruktur som orden "saknas" *(nifkad)*, "anklagad" *(neesham)*, och "anklagad" *(neeshama* - feminin form för *neesham)*.

Och meningen med orden "och andades in genom näsborrarna" är att Han förlänar en själ till ens inre och en uppskattning av livet, som är summan av de former som är värdiga för mottagande i ens vilja att ta emot. Då har denna kraft, viljan att ta emot innesluten i ens molekyler, funnit en plats i vilken den kan klä sig och handla, alltså i de former av emottagande som man fått från Skaparen. Och denna handling kallas "liv", som vi har förklarat ovan.

Och versen slutar, "och människan blev en levande själ". Det betyder att eftersom viljan att ta emot har börjat handla enligt måtten av dessa former av mottagande, manifesterades livet omedelbart i den och den blev "en levande själ". Men innan uppnåendet av dessa former av mottagande, även om kraften av viljan att ta emot inpräglats i en, ses den ännu som en livlös kropp, eftersom den inte har någon plats där den kan framträda och manifesteras i handling.

Som vi har sett ovan, även om människans essens endast är viljan att ta emot, så är den ännu tagen som hälften av ett helt, eftersom den måste klä sig i en verklighet som kommer i dess väg. Av detta skäl är den och bilden av innehav den visar bokstavligen en, för annars skulle den inte kunna existera ens ett ögonblick.

När maskinen kroppen befinner sig på sin höjdpunkt, det vill säga i medelåldern, står ens "ego" upprätt i all den höjd inpräglad i en sedan födseln. På grund av det känner man inom sig ett stort och kraftfullt mått av viljan att ta emot. Med andra ord längtar man efter välstånd och ära, och allt som kommer i ens väg. Detta är så på grund av perfektionen i människans ego, som attraherar former av strukturer och begrepp, vilka den klär sig i och genom dem upprätthåller sig själv.

Men när halva ens liv har gått förbi, börjar dagarna av dalande, som genom deras innehåll är ens döende dagar. Detta är så för att man inte dör på en gång, precis som man inte fick sitt liv på en gång. Utan ens ljus, som är ens ego, försvagas och dör bit för bit, och tillsammans med det dör bilderna av innehaven man vill ta emot.

Man börjar avstå från många innehav man drömt om i sin ungdom, och man börjar gradvis avsäga sig stora ägodelar, enligt sin försvagning över åren. Slutligen, under ens verkligt äldre dagar, när dödens skugga svävar över hela ens väsen, finner en människa sig i "tider utan lockelse", eftersom ens vilja att ta emot, ens ego, har vissnat. Bara en liten gnista av den kvarstår, gömd för ögat, från att klä sig i någon ägodel. Därför finns det ingen lockelse eller hopp under dessa dagar för någon bild av mottagande.

Således har vi bevisat att viljan att ta emot, tillsammans med bilden av objektet man förväntar ta emot, är en och samma sak. Deras manifestation är lika, deras storlek är lika, och likaså deras livslängd.

Men det finns en betydlig skillnad här i form av undfallande vid tiden för dalandet i livet. Detta undfallande är inte ett resultat av mättnad, som en person som avböjer mat när han är mätt, utan ett resultat av förtvivlan. Med andra ord, när egot börjar dö under de dalande dagarna, känner det sin egen svaghet och dödens annalkande. Därför släpper man taget och ger upp drömmarna och hoppet från ungdomen.

Lägg noga märke till skillnaden mellan detta och undfallandet på grund av mättnad, som inte framkallar sorg och inte kan kallas "partiell död", utan är som en arbetare som gjort klart sitt jobb. Att avstå av förtvivlan är verkligen fullt av smärta och sorg, och kan därför kallas "partiell död".

Frihet från dödsängeln

Nu, efter allt vi lärt oss, finner vi ett sätt att riktigt förstå våra vises ord när de sade: "*Harut* (inristat) på stenarna, uttala det inte *harut* (inristat), utan snarare *herut* (frihet), för de har befriats från dödsängeln."

Det har förklarats i artiklarna *Matan Torah* och *Arvut* att de innan givandet av Toran hade antagit avträdandet från all privat egendom upp till den grad som uttrycks i orden "ett konungadöme av präster", och syftet med hela Skapelsen – att hålla fast vid Honom i formlighet med Honom: eftersom han ger och inte tar emot, kommer de också att ge och inte ta emot. Detta är den sista graden av *dvekut* (vidhäftning), uttryckt i orden "helig nation", som det står skrivet i slutet av artikeln *Arvut*.

Jag har redan fått er att inse att människans essens, alltså ens själviskhet, definierad som viljan att ta emot, bara är en halv sak, och bara kan existera när den är klädd i någon bild av innehav, eller hopp om innehav. För endast då är vår materia fullständig och kan kallas "människans essens".

Således, när Israels barn belönades med fullständig *dvekut* vid det heliga tillfället tömdes deras mottagande kärl helt på alla världsliga ägodelar och de höll fast vid Honom i formlikhet. Det innebär att de inte hade några begär efter egna ägodelar, utan bara till den grad de kunde skänka glädje, så att deras Skapare skulle glädjas åt dem.

Och eftersom deras vilja att ta emot hade klätt sig i en bild av det objektet, hade den klätt sig i den och förbundit sig med dem i fullständig enhet. Därför frigjordes de sannerligen från dödsängeln, för döden är nödvändigtvis en frånvaro och förnekandet av ett visst objekts existens. Men bara när det finns en gnista som vill existera för dess egen njutnings skull, är det möjligt att säga att den gnistan inte existerar, för den är frånvarande och har dött.

Men om det inte finns någon sådan gnista i människan, utan alla gnistor av hans essens klär sig i givande av belåtenhet till Skaparen, då är den varken frånvarande eller död. För även om kroppen annulleras, är den endast annullerad beträffande självtillfredsställelse, i vilken viljan att ta emot är klädd, och den kan bara existera däri.

Men när man uppnår syftet med skapelsen och Skaparen tar emot njutning från en, eftersom Hans vilja är gjord, blir människans essens, som klär sig i Hans glädje, belönad med fullständig evighet, som Honom. Då har man belönats med frihet från dödsängeln. Detta är innebörden i orden i *Midrash* (*Midrash Rabba, Shmot*, 41, punkt 7): *Frihet från dödsängeln*. Och i *Mishna* (*Avot* 6): "*Harut* (inristat) i stenarna; uttala det inte *harut* (inristat), utan snarare *herut* (frihet), för inga är fria, såvida de inte engagerar sig i studiet av Toran."

600 000 själar

Det sägs att det finns 600 000 själar, och att varje själ delas upp i flera gnistor. Vi måste förstå hur det är möjligt för det andliga att dela på sig, eftersom bara en själ skapades ursprungligen, *Adam ha Rishons* själ.

Enligt min åsikt, finns det verkligen bara en själ i världen, som det står skrivet (*Första Mosebok*, 2:7) "och inblåste livsande i hennes näsa, och så blev människan en levande varelse".[2] Samma själ existerar i alla Israels barn, hel i var och en, som i *Adam ha Rishon*, eftersom det andliga är odelbart och inte kan klyvas – vilket snarare är en egenskap hos kroppsliga ting.

Ändå, när vi säger att det finns 600 000 själar och gnistor av själar, förefaller det som om den vore delad av kraften i varje persons kropp. Med andra ord delas den först av kroppen som hel förnekar en själens glans, men med kraften av Tora och *mitzvot* renas kroppen, och till den grad den renas skiner den gemensamma själen på en.

Av denna anledning skapades två aspekter i den materiella kroppen: I den första aspekten känner man sin själ som ett unikt organ, och förstår inte att detta är hela Israel. Och detta är sannerligen en brist; och det är en faktor tillsammans med det ovan nämnda.

---

[2] På hebreiska stavas "själ" och "andedräkt" på samma sätt (רוח).

I den andra aspekten skiner inte Israels själs sanna Ljus på en i sin fulla lyskraft, utan bara delvis, enligt graden till vilken man har renat sig själv genom att återgå till kollektivet.

Tecknet för kroppens fullbordade korrektion är när man känner att ens själ existerar i hela Israel, i var och en av dem, gentemot vilka man inte känner sig som en individ, för den ene är beroende av den andre. Då är man komplett, utan brister, och själen skiner i sanning på en med hela sin kraft, så som den uppträdde i *Adam ha Rishon*, som i "Han som andades, andades från inom Honom."

Det här är betydelsen av de tre tiderna för en person:

En gnista av en själ, handlingen genom gnistrande, som i förbjudande och tillåtande.

En viss själ, en del av 600 000. Den är permanent fullbordad, men dess brist är med den. Detta betyder att dess kropp inte kan ta emot hela själen, och känner sig separat, vilket orsakar en mycket kärleksplågor.

Följaktligen närmar man sig perfektion, den gemensamma själen, eftersom kroppen har renats och den är helt och hållet tillägnad *HaVaYaH* och uppbringar inga mått och skärmar, och är fullständigt inkluderad i hela Israel...

Vi lärde oss att "om bara någon människa steg inför sin Herre i total ånger, skulle Kungen Messias komma omgående". Det verkar betyda, som de sade (*Höga Visan*, 1), "Moses är jämlik 600 000". Vi måste förstå det, eftersom detta skulle betyda att det finns tvefalt 600 000 själar – Moses själar och Israels själar.

Men sanningen är den att det inte finns mer än en själ, som det är känt enligt graden av varje själ som renas och frigör sig från sin smuts. Därav, när alla själar är korrigerade kommer de att dra till sig hela den Högre själen av *Atzilut*, till varje själ, eftersom det andliga är odelbart. Vid den tiden gäller (*Sakarja*, 14:9) "Och Herren skall vara Kung över hela jorden". Därför, då bara en enda själ förnekas fullständig renhet, kommer utvidgningen av *Kedusha* (Helighet) vara i brist i varje själ från Israel.

Och när en endaste själ från Israel renas från sin smuts, kommer den att dra till sig hela själen *Atzilut*, och genom det kommer alla själar i dess generation att fullbordas. Detta är innebörden av att den ene är beroende av den andre, som det står skrivet (*Sanhedrin*, 11): "Det var passande att Gudomligheten skulle vara med honom, men hans generation var ovärdig det."

Innehållet i orden är genomgående förvirrande, att den själ som belönats med rening genast strävar efter att öka barmhärtigheten för generationen och ber för dem, tills den lyfter hela sin generation till dess förtjänst.

Detta är betydelsen av "Moses är jämlik 600 000". Eftersom han var deras lojale herde hade han samma *Kedusha* (Helighet) som hela generationen hade.

Onekligen återfinns helheten i varje objekt eftersom alla själar slutligen kommer att enas i en aspekt, och återgå till sin andliga rot. Följaktligen bör alla mirakel och under och alla resor som de rest över världen under de 6 000 åren upplevas av varje själ. Den goda själen drar till sig själv alla insikter från *Kedusha* före och efter den; den onda själen gör det motsatta.

Och de förändrade tiderna ses som generationer. Dock handlar varje generation som sin domare, enligt sinnet som dömer det, eftersom det tar emot från den tidens *Kedusha*.

Därför är varje själ villig att attrahera Moses, Aarons, Samuels, Davids och Solomons själar in i sig, som tider den upplever. Under uttåget ur Egypten och mottagandet av Tora uppträder Moses själ, under de sju erövringarna Joshuas själ, och under byggandet av Templet Kung Solomons själ, etc.

Detta syftar inte särskilt på de ovan nämnda själarna, utan enligt regeln att vi sade att det andliga är odelbart: så snart man belönas med en själ belönas man med hela Israel själ, fast enligt ens förtjänst och plats. Därför får man vid den tiden då man belönas med dessa under i sig själens överflöd i den uppenbarelsen, därför är uppenbarelsens ägares namn på en.

Och de sade "Hela Israel är kungars söner" *(Jerusalem Talmud, Masechet Horaiot* [Instruktioner], 3:5). Också "En kung som dör, hela Israel är värdiga kunglighet" (*Shabbat*, 67; *Baba Metzia*, 113). Detta är en stor hemlighet, för i alla tidigare generationer, som bara var en förberedelse för *Malchut* (kunglighet), krävdes särskilda *kelim* (kärl) för smörjelse av deras domare, såsom Moses och Samuels själar. Men det slutliga syftet är beroende av hela Israel, för när en liten del av en liten gnista saknas kommer slutet inte kunna framträda. Därför är hela Israel värdiga kunglighet, eftersom alla är jämlika i denna sanna aspekt.

Av detta skäl finns det inget särskilt *kli* (kärl) för att attrahera den fullkomligheten, utan vem som helst som rensar och renar sin själ till att bli värdig att aktivera uppenbarelsen av *Malchut* i världen kommer bokstavligen att kallas "Kung David". Detta är betydelsen av "David, Kung av Israel, är sannerligen levande", för han har inte alls dött. Hans *kli* finns i varje själ från Israel. Så är inte fallet med Moses själ, som bara finns i de visa lärjungarna i generationen, såväl som i profeterna och prästerna.

Detta är betydelsen av "En kung som dör, alla i Israel är värdiga kunglighet" *(Jerusalem Talmud; Masechet Horaiot*, 3:5). Detta är också betydelsen av undantagandet av allmänheten.

Detta är betydelsen av "Vid tiden för Messias, kommer *chutzpa* (fräckheten) stiga" (*Sutah*, 49), och "barnet skall bete sig oförskämt mot de äldre, och den låga mot den hedersfulle" *(Jesaja,* 3:5). Detta betyder att även ett oförskämt barn kommer våga sträcka sin kunglighet mot världen, som om han vore en av de äldre och hedersfulla i generationen.

Skulle den oförskämde, också – en som har en låg och simpel själ i sin rot – rikta sitt hjärta och rena sina handlingar för att bli värdiga, skall han belönas med att utvidga sin själ med hela den heliga nationens själ, med alla de under som den heliga nationen hittills har smakat. Detta på grund av att de blott var förberedelser för denna helhet.

Alltså måste även denna specifika själ smaka allt och köpa sin värld på en timma tack vare den generationens förmåga att utöka Hans kungarikes krona, som innehåller allt: "Och alla behöver nålarnas ägare, och varje beståndsdel i den är nödvändig" (*Brachot*, 64; *Baba Batra*, 145).

Detta är innebörden av orden: "Om bara en människa kom framför sin Mästare i fullständig ånger, skulle Konungen Messias komma ögonblickligen". Detta betyder att vem det än vore, även om det bara fanns en människa i generationen som belönats med att utöka själen till sig, skulle han kunna belöna hela sin generation, eftersom alla som är förpliktade befriar allmänheten genom sin tjänst, och han kan be mycket och hålla sitt eget tills han belönar hela sin generation.

Så är det inte med andra sorters ånger, som bara var i form av förberedelse, och inte hörde till var och en. Till exempel hör givandet av Toran just till öknens och Moses generation. Och varje annan generation, även om de var mer värdiga, drog de inte den upplysningen. Inte heller gjorde någon annan människa det förutom Moses, för de var beroende av varandra.

Messias är emellertid beredvillig för varenda generation. På grund av det är det också färdigt för var och en att utöka aspekten av Messias, som i "Alla som är förpliktade", som nämnts ovan.

Och orsaken är att smörjande handlar om korrigeringen av *kelim*, och porträtteringen av *kelim* som jämlika, eftersom varje uppdelning mellan dem enbart är i deras *HBD [Chochma, Bina, Daat]*, deras nivå. Alltså är alla, från den minister som ser Kungens ansikte till den som sitter bakom slipstenen, jämlika tjänare i att föra tillbaka den forna glansen, och i det finns det inga grader mellan varandra.

Shamati #1 Det finns ingen annan än Han

(Ein Od Milvado)
Ur *Shamati* av Kabbalisten Y. Ashlag (Baal HaSulam), artikel #1
Jag hörde angående *Parashat Yitro*, 6 februari, 1944

Det står skrivet att "det finns ingen annan än Han". Det betyder att det inte finns någon annan kraft i världen som har förmågan att göra någonting emot Honom. Och vad människan ser, att det finns saker i världen som förnekar hushållet Ovan, anledningen är att det är Hans vilja.

Och det anses vara en korrektion, det som kallas "det vänstra stöter bort och det högra drar till sig", vilket betyder att det som stöts bort av det vänstra anses vara korrektion. Detta betyder att det finns saker i världen, vars mål från början är att avleda människan från den rätta vägen, vilka stöter bort henne från Heligheten.

Och nyttan med dessa avfärdanden är att människan genom dem får ett fullständigt begär efter Skaparens hjälp, eftersom hon ser att hon annars är förlorad. Det är inte enbart så, att hon inte kommer framåt i sitt arbete, utan hon ser att det går bakåt, och hon saknar styrkan att följa Tora och *mitzvot* även i *lo lishma* (inte för Hennes namn). Enbart genom att, över förståndet, genuint övervinna alla hinder, kan hon följa Tora och *mitzvot*. Men hon har inte alltid styrkan att övervinna förståndet; hon är annars tvungen att avvika, Gud förbjude, från Skaparens väg, och rent av från *lo lishma*.

Och hon, som alltid känner att det splittrade är större än det hela, vilket betyder att det finns många fler nedstiganden än uppstiganden, som inte ser något slut på dessa tillstånd, ser att hon alltid kommer att förbli utanför Heligheten, för hon ser att det är svårt för henne att följa så lite som ett jota, om inte genom att övervinna förståndet, men hon är inte alltid förmögen att göra det. Och hur ska det sluta?

Sedan kommer hon fram till beslutet att ingen kan hjälpa henne, utom Skaparen själv. Detta får henne att med hela sitt hjärta kräva av Skaparen att Han ska öppna hennes ögon och hjärta, och verkligen föra henne närmare evigt fasthållande vid Gud. Det följer härav, att alla bortstötningar hon erfarit kommit från Skaparen.

Det innebär att hon inte har erfarit bortstötningarna på grund av att hon har varit för svag för att ha förmågan att övervinna, utan för att dessa bortstötningar är till för dem som verkligen vill komma närmare Skaparen. Och för att en sådan människa inte ska nöja sig med bara lite, nämligen, att inte förbli som ett litet barn utan kunskap, får hon hjälp från ovan så att det inte kommer att vara möjligt för henne att säga "Tack Gode Gud, jag har Tora och *mitzvot* och goda handlingar, och vad mer behöver jag?".

Och endast om den människan har ett sant begär, kommer hon att få hjälp från Ovan. Och hon visas ständigt sina brister i sitt nuvarande tillstånd; det vill säga, tankar och uppfattningar, som motverkar arbetet. Detta sker för att hon ska se att hon inte är ett med Herren. Och hur mycket hon än övervinner, ser hon alltid hur hon befinner sig i en position längre bort från Heligheten än andra, som känner att de är ett med Herren.

Men hon, å andra sidan, har alltid klagomål och krav, och hon kan inte rättfärdiga Skaparens beteende, och hur Han beter sig mot henne. Detta smärtar henne. Varför är hon inte ett med Herren? Slutligen känner hon att hon inte har någon del i Heligheten över huvud taget.

Och fastän hon då och då väcks från Ovan, vilket för ett ögonblick återupplivar henne, faller hon snart ned i en plats av gemenhet. Men detta får henne att inse att bara Gud kan hjälpa och verkligen bringa henne närmare.

En människa måste alltid försöka att hålla sig fast vid Skaparen, nämligen, att alla hennes tankar ska handla om Honom. Det vill säga, att även om hon befinner sig i det värsta av tillstånd, från vilket ytterligare förfall inte kan ske, bör hon inte lämna Hans domän, det vill säga, tänka att det finns en annan auktoritet, som har makten att antingen gagna eller skada, som hindrar henne från att ingå i Heligheten.

Hon får alltså inte tro att den andra sidans *(sitra achras)* kraft finns, som inte tillåter människan att göra goda handlingar och följa Guds sätt. Snarare görs allt av Skaparen.

Baal Shem Tov sa, att den som säger att det finns en annan makt i världen, nämligen *klipot* (skal), är i ett tillstånd av att "tjäna andra gudar". Det är alltså inte nödvändigtvis den kätterska tanken som är överträdelsen, men om man tror att det finns en annan auktoritet och kraft vid sidan av Skaparen, då syndar man.

Vidare, hon som säger att människan har sin egen auktoritet, det vill säga att hon säger att igår ville hon själv inte följa Guds sätt, även hon anses begå den kätterska synden, närmare bestämt, att hon inte tror att enbart Skaparen styr världen.

Men när hon har syndat måste hon sannerligen ångra det och vara ledsen över att hon har gjort det, men även här bör vi placera smärtan och sorgen i rätt ordning: var placerar hon skuldens orsak? Det är den punkten man bör vara ledsen över.

Då bör man vara ångerfull och säga: "Jag syndade för att Skaparen kastade ner mig från Heligheten till en plats av smuts, till toaletten, där avfallet finns". Det vill säga att Skaparen gav henne ett begär och en önskan om att roa sig och andas luft på en stinkande plats. (Och man kan säga, som det står i böckerna, att ibland inkarnerar en människa i en griskropp: att hon får ett begär och en önskan att roa sig med saker hon redan bedömt vara skräp, men nu vill hon återigen få näring från dem).

På samma sätt, när en människa känner att hon är i ett tillstånd av uppstigande, och känner en god smak i arbetet, får hon inte säga: "Nu är jag i ett tillstånd där jag förstår att det är lönt att dyrka Skaparen". Hon bör snarare veta att nu vill Skaparen ha henne, därför har Han bringat henne närmare, vilket är anledningen till att hon nu känner god smak i arbetet. Och hon bör vara försiktig så att hon aldrig lämnar Helighetens domän, och säga att det finns en annan som styr vid sidan av Skaparen. (Men detta betyder att angelägenheten att finna nåd för Herrens ögon, eller motsatsen, inte beror på människan själv, utan enbart på Skaparen. Och människan, med sitt externa medvetande, kan inte begripa varför Herren nu gynnar henne, och varför Han efter det inte gynnar henne).

Och likaså när hon är ledsen över att Skaparen inte för henne till sig, då bör hon också vara noga med att inte vara ledsen för sin egen skull, för att ha distanserats från Skaparen, ty genom att vara det blir hon en mottagare för sin egennytta, och den som tar emot är separerad från Skaparen. Hon bör snarare vara ledsen över *Shechinas* (Gudomlighetens) exil, alltså, för att vålla Gudomligheten sorg.

Man bör föreställa sig att det är som när ett litet organ i en människa är ömt. Smärtan känns ändå mestadels i medvetandet och i hjärtat, vilka är människan på helhetsnivå. Och det är sannerligen så, att förnimmelsen i ett enstaka organ inte kan jämföras med förnimmelsen i människan som helhet, där den största delen av smärtan känns.

Likadant är det med smärtan en människa känner när hon är avskild från Skaparen, för människan är blott ett enda av den Heliga *Shechinas* organ, ty den Heliga *Shechina* är Israels gemensamma själ. Därför liknar inte förnimmelsen i ett enstaka organ smärtförnimmelsen i helheten. Det vill säga, att det finns sorg i *Shechina* när hennes organ är avskilda från henne, vilka hon inte kan ge näring.

(Och vi bör säga att detta är vad våra visa menade med: "När en människa sörjer, vad säger *Shechina*? 'Det är lättare än mitt huvud'"). Genom att inte relatera sorgen över att vara distanserad från Gud till sig själv, räddas vi från att störta i fällan av begäret att ta emot för ens egen skull, vilket är avskiljandet från Heligheten.

Detsamma gäller när man känner sig något närmare Heligheten, när man är glad över att ha förtjänat nåd inför Herrens ögon. Man måste då säga att kärnan i ens glädje är att det nu finns glädje Ovan, i den Heliga *Shechina*, då hon har möjlighet att bringa sitt personliga organ nära sig, och inte behöver skicka iväg det.

Och människan fröjdas över att ha blivit försedd med förmågan att behaga *Shechina*. Och här gäller detsamma, då den glädje individen känner blott är en del av den glädje det hela känner. Genom dessa beräkningar förlorar man sin individualitet och undviker att fångas av *sitra achra*, den andra sidan, vilken är viljan att ta emot njutning för sin egen skull.

Fastän viljan att ta emot är nödvändig, då den utgör en människa, då allt som finns i en människa bortsett från begäret att ta emot inte ägs av den skapade, utan tillskrivs Skaparen, bör viljan att ta emot njutning icke desto mindre korrigeras till en form av givande.

Det vill säga, att njutningen och glädjen, som tas av viljan att ta emot, bör avses för att bringa belåtenhet Ovan, emedan det finns njutning nedan. För det var syftet med skapelsen, att gynna Hans skapelser. Och detta kallas *Shechinas* glädje Ovan.

Av denna anledning måste människan söka råd angående hur hon kan bringa belåtenhet Ovan. Och säkerligen, om hon tar emot njutning, kommer belåtenhet att kännas Ovan. Därför bör hon alltid längta efter att vara i Kungens palats, och att ha förmågan att leka med Kungens skatter. Och det kommer utan tvivel att bringa belåtenhet Ovan. Det följer att hela hennes längtan bör vara enbart för Skaparens skull.

Shamati #25 Saker som kommer från hjärtat

Jag hörde den femte *av*, 25 juli, 1944 under en festmåltid för avslutandet av en del av *Zohar*

Angående saker som kommer från hjärtat, som går in i hjärtat. Varför ser vi då att man faller från sin grad, även om sakerna redan gått in i hjärtat?

Saken är den, att när människan hör Torans ord från sin lärare håller hon omedelbart med sin lärare, och beslutar sig för att efterleva sin lärares ord med hjärta och själ. Men efteråt, när hon kommer ut i världen, börjar hon se, åtrå och infekteras av den mångfald av begär som härjar i världen, och människan med sitt förstånd, hjärta och vilja, annulleras inför majoriteten.

Så länge hon inte har kraften att döma världen till förtjänstens vågskål, besegrar de henne. Hon beblandar sig med deras begär och hon leds likt ett får till slakten. Hon har inget val; hon tvingas att tänka, vilja, åtrå och begära allt vad majoriteten begär. Då väljer hon deras främmande tankar och deras avskyvärda lustar och begär, vilka är främmande för Torans anda. I det tillståndet har hon inte styrka nog att undertrycka majoriteten.

Och då finns det bara ett råd, att hålla fast vid sin lärare och böckerna. Detta kallas "Från böckers munnar och författares munnar". Bara genom att hålla sig fast vid dem kan hon förändra sitt sinnelag och sin vilja till det bättre. Klyftiga argument kommer dock inte att hjälpa henne att förändra sitt sinnelag, utan bara det botemedel som kallas *dvekut* (fasthållande), för detta är en förunderlig kur, eftersom *dvekut* omformar henne.

Bara när hon befinner sig i *Kdusha* (Helighet) kan hon disputera med sig själv och hänge sig åt klyftiga meningsstrider, att förståndet nödvändiggör att man alltid bör vandra längs Skaparens väg. Hon bör emellertid veta att även när hon är klok och övertygad om att hon redan kan använda denna vishet för att besegra *sitra achra* (andra sidan), måste hon komma ihåg att allt detta är värdelöst.

Detta är inte en beväpning som kan segra i kriget mot begär, då alla dessa begrepp inte är något mer än konsekvenser av det hon uppnådde i *dvekut,* som vi nämnde tidigare. Med andra ord, alla de begrepp på vilka hon upprättar sina byggnadsverk, när hon säger att man alltid måste följa Skaparens väg, grundas på *dvekut* med hennes lärare. Om hon sålunda förlorar den grunden är alla begrepp maktlösa, eftersom de nu saknar grunden.

Därför ska människan inte lita till sitt eget förstånd, utan åter igen klänga sig fast vid böcker och författare, eftersom detta är det enda som kan hjälpa, och inte klokhet eller intellekt, eftersom de är livlösa.

Shamati #40 Tron på Rav, vad är måttet

Jag hörde 1943

Vi vet att det finns den högra vägen och den vänstra vägen. Höger kommer från ordet **det högra**, och hänvisar till versen "Och han trodde på Herren". Targum säger, **höger,** när rav säger åt lärjungen att ta den högra vägen.

Höger kallas vanligtvis "fullkomlighet", och vänster "ofullkomlighet", att det saknas korrigeringar där. I det tillståndet måste lärjungen tro på sin *rav*, som säger åt honom att vandra i den högra linjen, som kallas "fullkomlighet".

Och vad är denna "fullkomlighet" i vilken lärjungen bör vandra? Det är att man bör föreställa sig att man redan har belönats med fullkomlig tro på Skaparen, och redan känner i sina organ att Skaparen styr hela världen i form av "god som gör gott", vilket betyder att hela världen bara tar emot godhet från Honom.

Och ändå, när man ser på sig själv, ser man att man är fattig och utblottad. Och när man dessutom betraktar världen, ser man att hela världen plågas, var och en efter sin grad.

Man bör säga att **"de hava ögon och se icke"**. Det betyder att så länge människan står under flera auktoriteter, som kallas **de,** ser de inte **sanningen.** Vilka är dessa flera auktoriteter? Så länge man har två begär, trots att man tror att hela världen tillhör Skaparen, men att någonting också tillhör människan.

Faktum är att man måste annullera sin auktoritet inför Skaparens auktoritet, och säga att man inte vill leva för sin egen skull, och att den enda anledningen till att man vill leva är så att man ska kunna ge belåtenhet till Skaparen. Således annullerar personen sin auktoritet helt och hållet, och då befinner han sig i den enda auktoriteten, som är Skaparens auktoritet. Först då kan man se sanningen, hur Skaparen leder världen genom välvillighetens egenskap.

Men så länge man står under flera auktoriteter, det vill säga när man fortfarande har två begär i både sinne och hjärta, är man inte i stånd att se sanningen. Istället måste man gå över förståndet och säga, "de hava ögon", men de ser inte sanningen.

Av detta följer att när man iakttar sig själv och vill veta om man nu befinner sig i en tid för nedstigande eller en tid för uppstigande, kan man inte få reda på det heller. Alltså att man tänker sig att man befinner sig i ett tillstånd av nedstigande, och också detta är inkorrekt, eftersom man nu mycket väl skulle kunna befinna sig i ett tillstånd av uppstigande, vilket innebär att man ser sitt sanna tillstånd, hur långt man är ifrån det heliga arbetet. På så vis har man nu kommit närmare sanningen.

Och det skulle kunna vara det motsatta, att man nu känner att man befinner sig i ett tillstånd av upprymdhet, när man i själva verket kontrolleras av mottagandet för sin egen skull, vilket kallas för "ett nedstigande".

Bara den som redan befinner sig i den enda auktoriteten kan urskilja och veta sanningen. Därför måste man lita på sin *ravs* åsikt och tro på vad *rav* förklarar för en. Det betyder att man bör göra så som ens rav säger åt en att göra.

Och trots att man ser många argument, och ser många läror som inte går hand i hand med ens *ravs* åsikt, bör man likväl lita på sin *ravs* åsikt och säga att det man förstår och ser i andra böcker som inte stämmer överens med sin *ravs* åsikt, så länge man befinner sig i flera auktoriteter, kan man inte förstå sanningen. Man kan inte se vad som står skrivet i andra böcker, den sanning de talar om.

Vi vet att när människan fortfarande inte är renad blir hennes Tora en **dödens dryck** för henne. Och varför står det "Om icke belönad, blir Tora en dödens dryck för henne"? Anledningen är att inga läror man läser eller hör om kommer att ge en någon fördel som gör att man kan tilldelas urskiljandet av **livet,** vilket är *dvekut* (fasthållande) med Livets Liv. Tvärtom dras man längre bort från Livets Liv, eftersom allt man gör är ämnat för kroppens behov, som kallas "att ta emot för sin egen skull", vilket betraktas som separation.

Detta innebär att genom sina handlingar blir man bara mer separerad från Livets Liv, och detta kallas **"dödens dryck"**, eftersom det bringar en död och inte liv. Med det menas att man kommer allt längre bort från givande, vilket kallas "ekvivalens i form med Skaparen", så som "som Han är barmhärtig, så skall ock du vara barmhärtig".

Vi måste också veta att när människan tar på sig det högra, då är tiden kommen för att sträcka fram den högre Rikedomen, eftersom "den välsignade håller sig till den välsignade". Med andra ord, eftersom man befinner sig i ett tillstånd av fullkomlighet, vilket kallas "välsignad", i det hänseendet har man för tillfället ekvivalens i form, då glädjen är ett tecken på att man befinner sig i fullkomlighet. Annars skulle det inte vara fullkomlighet.

Det är som våra visa sade, "Gudomligheten dröjer inte kvar om inte för glädjen över en *mitzva*". Här menas att orsaken till att det bringar glädje är den *mitzva* människan uträttade, vilket betyder att *rav* hade **befallt** en att ta den högra linjen.

Följaktligen håller man Ravs befallningar, att man har tilldelats en särskild tid för att vandra efter det högra och en särskild tid för att vandra efter det vänstra. Det vänstra är motsatt det högra, eftersom vänster innebär att man beräknar för sig själv och börjar undersöka vad man hittills skaffat sig i Guds arbete, och man ser att man är fattig och utblottad. Så hur kan man då befinna sig i fullkomlighet?

Trots det går man över förståndet på grund av *ravs* befallningar. Här följer att hela människans fullkomlighet byggdes över förnuftet, och detta kallas **"tro"**. Detta är innebörden av "Överallt på den plats, där jag stiftar en åminnelse åt Mitt namn, skall jag komma till dig och välsigna dig". **"Överallt på den plats"** betyder att även om man ännu inte är värdig välsignelsen, trots det, gav jag min välsignelse, ty du gör **en plats,** det vill säga **en plats för glädje,** på vilken **det högre Ljuset kan skina.**

Gruppens syfte (1)

Vi har träffats idag för att grunda en förening för de som är intresserade av att följa författaren till *Sulams* (kabbalisten rabbi Yehuda Ashlags) väg och metod, vägen för uppstigande från ett djurs nivå till människans nivå. Se Rashbi (Yevamot 61a) på versen "Ni är Mina får, Mina betande får. Ni är människor' (Ezekiel 34:31): "Ni kallas 'människor', inte de andra".

För att greppa vad den mänskliga nivån är, citerar vi kabbalisterna (Brachot 6b) om versen i Predikaren 12:13, "Sakens slutsats, när allt tas i beaktan: Frukta Skaparen och följ Hans bud, för det är hela människan." Talmud frågar, "Vad betyder 'det är hela människan'? Rabbi Elazar säger, 'Skaparen säger, "Hela världen skapades enbart för detta (d.v.s. fruktan för Skaparen)"' Om det är så att världen skapades för att frukta Skaparen, måste vi därför förstå vad denna fruktan för Skaparen är.

Det är känt från kabbalisternas skrifter att syftet med skapelsen var att skänka njutning till oss, sina skapelser, så att vi skulle känna lycka i världen. Ändå säger kabbalisterna att rädsla "är hela människan"! Att världen skapades för att frukta Skaparen!?

Enligt den förklaring som ges i *Matan Torah* blir det tydligt att anledningen till att de skapade inte tar emot den njutning och godhet som är skapelsens avsedda syfte, är på grund av olikheten i form mellan Skaparen och människan: Skaparen ger och människan tar emot.

Det är en generell princip att alla grenar bär på en likhet till den rot från vilken de är sprungna. "Tagande" har ingen plats i Skaparen, vår rot (Skaparen saknar ingenting och har därför inget behov av att ta emot). När människan behöver ta emot känner hon därför obehag. Människan skäms när hon äter "skammens bröd".

För att komma över denna svårighet skapade Skaparen världen. På hebreiska kommer ordet för "värld" *(olam)* från den lingvistiska roten för "fördoldhet" *(he'elem)*. Godheten och njutningen är alltså fördolda. Men varför?

Svaret är: för rädslans skull. Att människan bör vara rädd att ta emot njutning när hon är motiverad av egenkärlek. Människan bör ha styrkan att övervinna sin lidelse. Människan måste nå ett tillstånd där hon inte tar emot njutning för sin egen skull, utan för Skaparens skull. Människan vill så att säga "ge" till Skaparen. Hon bör ha rädsla/respekt för Skaparen, d.v.s. rädsla för att ta emot enbart för sig själv. Det är så för att varje njutning människan tar emot för sin egen skull nödvändigtvis distanserar henne från Skaparen.

Människan måste följa Skaparens bud och vilja att uppfyllandet av dem ska ge henne rena och upphöjda tankar, intentionen att "ge" till Skaparen genom att följa Hans bud. Kabbalisterna sade *(Makot* 23b) "Rabbi Chanania ben Akashia säger, 'Skaparen ville rena Israel [de som vill följa Skaparens väg], och därför gav han dem Tora och *mitzvot.*'"

Därför har vi samlats här för att lägga grunden till en förening där alla medlemmar strävar efter att "ge" till Skaparen. Men före vi kan ge till Skaparen, måste vi lära oss att ge till människan. Detta kallas att älska vår nästa (altruism). Altruism kräver självupphävelse. Å ena sidan måste varje medlem känna ödmjukhet i sin väns närhet. Å andra sidan måste han emellertid vara stolt över att Skaparen gett honom möjligheten att delta i en förening så som denna, där alla medlemmar har ett mål: att uppenbara den Gudomliga Närvaron mellan varandra.

Även om vi ännu inte har nått detta mål, har vi ändå viljan att nå det. Det är också viktigt för oss. Även om vi bara befinner oss på början av vägen, hoppas vi ändå på och strävar efter att slutligen uppnå detta upphöjda mål.

Arvut - ömsesidig garanti

Fortsättning från «*Matan Tora*»

Alla i Israel är ansvariga för varandra

(Sanhedrin, 27b, Shavuot 39)

Detta avser *arvut* (ömsesidig garanti), när alla i Israel blev ansvariga för varandra, eftersom Toran inte gavs till dem innan var och en från Israel blev tillfrågad om han gick med på att ta på sig budet *(mitzvan)* att till fullo älska andra, uttryckt i orden: "Älska din vän som dig själv" (som förklaras i punkterna 2 och 3, granska det grundligt där). Detta innebär att var och en i Israel skulle ta på sig att ha omsorg om och arbeta för varje medlem av nationen och tillfredsställa alla deras varje behov, i inget mindre mått än det inpräntat i en att ta hand om sina egna behov.

Och när hela nationen enstämmigt kom överens och sade: "Vi skall göra och vi skall höra" blev varje medlem av Israel ansvarig för att ingenting skulle saknas hos någon annan medlem i nationen. Först då blev de värdiga att ta emot Toran, inte dessförinnan.

Med det kollektiva ansvaret blev varje medlem av nationen befriad från bekymret att försörja sin egen kropp och kunde hålla *mitzvan* "Älska din vän som dig själv" i dess fulla mått, och ge allt vad han hade till någon behövande, eftersom han inte längre brydde sig om sin egen kropps existens, eftersom han visste säkert att han var omgiven av sex hundra tusen lojala vänner, som stod beredda att försörja honom.

Av denna anledning var de inte redo att ta emot Toran vid Abrahams, Isaks och Jakobs tid, utan först när de kom ut ur Egypten och blev en fullständig nation. Först då blev det en möjlighet att garantera allas behov utan bekymmer och oro.

Men medan de fortfarande var blandade med egyptierna gavs nödvändigtvis en del av deras behov i händerna på dessa vildar som var genomsyrade av egenkärlek. Således kommer den del som ges i händerna på främlingar inte att tryggas för varje person från Israel, eftersom hans vänner inte kommer att kunna förse dessa behov, eftersom de inte kommer att inneha dem. Följaktligen, så länge som den enskilde måste bekymra sig med att upprätthålla sin egen existens är han olämplig att ens börja hålla *mitzvan* "Älska din vän som dig själv".

Och det är uppenbart att givandet av Toran fick dröja tills de kom ut ur Egypten och blev en egen nation, så att alla deras behov tillhandahölls av dem själva, utan beroende av andra. Detta kvalificerade dem att ta emot ovanstående *arvut*, sedan fick de Toran. Det visar sig att även efter mottagandet av Toran, om en handfull från Israel skulle svika och gå tillbaka till egenkärlekens smuts, utan hänsyn till sina vänner, skulle samma mängd behov som sätts i händerna på de få belasta Israel med behovet av att själva sörja för det.

Detta beror på att de få inte kommer att känna medlidande med dem alls, varför uppfyllandet av *mitzvan* att älska sin vän kommer att förhindras från hela Israel. Således är dessa rebeller orsaken till att de som håller Toran stannar kvar i egenkärlekens smuts, eftersom de inte kommer att kunna engagera sig i *mitzvan* "Älska din vän som dig själv" och fullborda sin kärlek till andra utan deras hjälp.

Till följd av detta är hela Israel ansvariga för varandra, både på den positiva sidan och på den negativa sidan. På den positiva sidan, om de håller *arvut* tills var och en bryr sig om och uppfyller sina vänners behov, kan de fullt och helt hålla Tora och *mitzvot*, vilket innebär att ge förnöjsamhet till deras Skapare (punkt 13). Och på den negativa sidan, om en del av nationen inte vill hålla *arvut* (ömsesidig garanti), utan snarare väljer att vältra sig i egenkärlek, orsakar de att övriga nationen blir nedsänkt i sin smuts och låghet utan att någonsin hitta en väg ut ur sin smuts.

18) Därför beskrev Tana (Rabbi Shimon bar Yochai) *arvut* som två personer i en båt. När en av dem började borra ett hål i båten frågade hans vän "Varför borrar du?" Han svarade "Vad har det med dig att göra? Jag borrar under mig, inte under dig". Då svarade han "Dåre! Vi kommer båda att drunkna tillsammans!" (*VaYikra Rabba*, kapitel 4).

Från detta lär vi oss att då dessa rebeller vältrar sig i egenkärlek, bygger de genom sina handlingar en järnmur som hindrar följare av Toran från att påbörja ett fullständigt hållande av Toran och *mitzvot* till måttet av "Älska din vän som dig själv", som är stegen för att nå *dvekut* (vidhäftning) med Honom. Och hur rätta är inte orden i ordspråket som säger "Dåre, vi kommer båda att drunkna tillsammans!"

19) Rabbi Elazar, son till Rashbi (Rabbi Shimon Bar-Yochai), klargör begreppet *arvut* ytterligare. Det är inte nog för honom att alla i Israel tar ansvar för varandra, utan hela världen måste ingå i denna *arvut*. Det finns nämligen ingen tvist här, för alla medger att det för påbörjandet av korrigeringen av världen till att börja med är tillräckligt att inleda med en nation som efterlever Toran. Det var omöjligt att börja med alla nationer på en gång, eftersom de sa att Skaparen gick med

Toran till varje nation och tungomål, men de ville inte ta emot den. Med andra ord var de nedsänkta i egenkärlekens smuts upp till hakan, en del med äktenskapsbrott, vissa med rån och mord och så vidare, tills det, på den tiden, var omöjligt att föreställa sig att ens fråga om de ville dra sig undan från egenkärleken.

Därför kunde inte Skaparen hitta en nation eller ett tungomål kvalificerad att ta emot Toran, med undantag för Abrahams, Isaks och Jakobs barn, vars förfäders dygd återspeglades på dem, som våra visa sade: "Patriarkerna praktiserade hela Toran redan innan den gavs". Detta betyder att de på grund av deras själars upphöjdhet hade förmågan att nå alla Skaparens vägar beträffande andligheten i Toran, som härrör från deras *dvekut*, utan att först behöva en stege i form av den praktiska delen av Toran, som de inte hade någon möjlighet att följa alls, som det står i *"Matan Torah"*, punkt 16.

Utan tvekan präglade våra Heliga Fäders både fysiska renhet och mentala upphöjdhet starkt deras barn och deras barns barn, och deras rättfärdighet reflekterades över denna generation vars medlemmar alla tog på sig det sublima arbetet, och var och en konstaterade: "Vi ska göra och vi ska höra". På grund av detta blev vi, av nödvändighet, valda att vara ett utvalt folk bland alla folk. Därför fick endast medlemmar av den israeliska nationen släppas in i denna nödvändiga *arvut*, och inte världens nationer alls, eftersom de inte deltog i den. Och detta är den uppenbara verkligheten, och hur kunde Rabbi Elazar vara oense med den?

20) Men slutet av korrigeringen av världen kommer enbart att ske genom att alla människor i världen kommer in under Hans arbete, som det står skrivet: "Och Herren skall vara Konung över hela jorden,

på den dagen skall Herren vara En, och hans namn ett" (Sakarja 14:9). Och texten fastställer, "på den dagen", och inte före. Och det finns flera verser: "ty landet skall vara fullt av kunskapen om Herren ..." (Jesaja, 11:9) "... och alla hednafolk skall strömma till Honom" (Jesaja, 2:2).

Men Israels roll gentemot resten av världen liknar den roll våra Heliga Fäder hade mot den israeliska nationen: precis som våra fäders rättfärdighet hjälpte oss att utvecklas och renas tills vi blev värdiga att ta emot Toran, vore det inte för våra fäder, som observerade Toran innan den mottogs, skulle vi verkligen inte vara bättre än resten av nationerna (punkt 12).

Det ligger också på den israeliska nationen att kvalificera sig och alla människor i världen, genom Tora och *mitzvot*, att utvecklas tills de tar på sig det sublima arbetet av kärlek till andra, som är stegen till syftet med skapelsen, vilket är *dvekut* med Honom.

Således hjälper varje *mitzva* som varje person från Israel uppfyller för att ge belåtenhet till sin Skapare, och inte för någon egen tillfredsställelse, till viss del utvecklingen av alla människor i världen. Detta eftersom det inte sker på en gång, utan genom långsam, gradvis utveckling, tills det ökar till en sådan grad att det kan bringa alla människor i världen till den önskade renheten. Och detta är vad våra visa kallar "att skifta vågen till dygd", vilket innebär att det nödvändiga måttet av renhet har uppnåtts. Och de jämför med vägning på en balansvåg, där en förskjutning av balansen är uppnåendet av den önskade vikten.

21) Dessa är Rabbi Elazars ord, Rabbi Shimons son, som sade att världen bedöms efter majoriteten. Han syftade på Israels nations roll

att kvalificera världen till ett visst mått av renhet, tills de är värdiga att ta på sig Hans verk, inte mindre än Israel var värdiga när de fick Toran. I våra visas ord, anses det att de hade uppnått tillräckligt med dygder för att övervinna vikten av synd, vilket är den smutsiga egenkärleken.

Naturligtvis, om vikten av dygd, som är det sublima uppnåendet av förmånen att älska andra, överskrider vikten av syndens smuts, blir de kvalificerade för beslutet och överenskommelsen att säga "Vi skall göra och vi skall höra", som Israel sade. Men innan dess, innan de fått tillräckliga dygder, skulle egenkärleken säkert råda och avgöra att de skulle vägra ta på sig Hans börda.

Våra visa sade: "Glad är den som utför en *mitzva*, för han har dömt sig själv och hela världen till förtjänstens vågskål." Detta innebär att en enskild från Israel till slut lägger sin egen del till det slutliga beslutet, som en som väger sesamfrön och lägger till dem ett efter ett i vågskålen, tills balansen skiftar.

Visst tar alla del i detta skiftande, och utan honom skulle avgörandet aldrig bli fullbordat. Likaså är det sagt om handlingar av en enskild från Israel, att han dömer hela världen till förtjänstens vågskål. Detta beror på att när ärendet avslutas och hela världen har dömts till förtjänstens vågskål, kommer var och en ha en andel i detta skiftande, för om det inte vore för de egna åtgärderna skulle skiftandet ha varit ofullständigt.

Därmed finner vi att Rabbi Elazar, son till Rabbi Shimon, inte bestrider våra visas ord att hela Israel är ansvarig för varandra. Snarare talar Rabbi Elazar, son till Rabbi Shimon, om en korrigering av hela världen vid tidpunkten för slutet av korrigeringen, medan våra visa talar om nuet, när bara Israel har tagit på sig Toran.

22) Och detta är vad Rabbi Elazar, son till Rabbi Shimon, citerar från skrifterna: "En enda syndare förstör mycket gott." Orsaken är som det redan förklarats (punkt 20), att de intryck som kommer till en om man engagerar sig i *mitzvot* mellan människa och Gud är helt desamma som de intryck man får när man engagerar sig i *mitzvot* mellan människa och människa. Man är skyldig att utföra alla *mitzvot* i *lishma* (för Hennes namn), utan några förhoppningar om egenkärlek, vilket innebär att inget ljus eller hopp för ens besvär återvänder till en i form av belöning eller ära, etc. Här, i denna upphöjda punkt, förenas kärleken till Skaparen och kärleken till ens vän och blir faktiskt ett (se punkt 15).

Sålunda bidrar man till ett visst mått av framsteg på stegen av kärlek till andra i alla människor i världen i allmänhet. Detta beror på att den grad, som den enskilda orsakar med sina handlingar, stora som små, i framtiden omsider ansluter sig till skiftandet av världen till förtjänstens vågskål, eftersom ens andel läggs till och förenas med skiftet (såsom det skrivs i punkt 20 i allegorin om sesamfrön).

Och den som begår en synd, vilket innebär att han inte kan övervinna sin smutsiga egenkärlek, och därmed stjäl eller gör något i den vägen, dömer sig själv och hela världen till syndens vågskål. Detta beror på att vid avslöjande av egenkärlekens smuts, förstärks den lägre naturen i Skapelsen. Således subtraherar han ett visst mått från utdömningen till den slutliga förtjänstens vågskål. Detta liknar en person som från balansvågen tar bort det enda sesamfrö hans vän hade lagt där.

Således, i denna utsträckning, upphöjer han till en viss del vikten av synd. Det visar sig att han regredierar världen, som de sade "en enda syndare förstör mycket gott". Eftersom han inte kunde övervinna sin oansenliga lust, knuffade han hela världens andlighet bakåt.

23) Med dessa ord förstår vi tydligare vad vi sa ovan (punkt 5), om att Toran gavs särskilt till den israeliska nationen, för det är säkert och entydigt att syftet med skapelsen ligger på hela mänsklighetens axlar, svart, vit eller gul, utan någon väsentlig skillnad.

Men på grund av nedstigningen av den mänskliga naturen till den lägsta graden, vilken är egenkärlek som oinskränkt dominerar hela mänskligheten, fanns det inget sätt att förhandla med dem och övertala dem att gå med på att ta på sig, ens som ett tomt löfte, att lämna sin inskränkta värld och gå in i det breda utrymmet av kärlek till andra. Undantaget var den israeliska nationen, eftersom de var trälbundna i det hänsynslösa riket Egypten, i fyra hundra år med hemska plågor.

Våra visa sade: "Som salt sötar kött, bearbetar ångest människans synder." Detta innebär att de tillför kroppen ett stort renande. Och dessutom hjälpte renandet från deras Heliga Fäder dem (se punkt 16), som är det viktigaste, som några av verserna i Toran vittnar om.

På grund av dessa två förord, blev de kvalificerade för det. Och det är därför texten hänvisar till dem i singularis, som det står skrivet "och där slog Israel läger framför berget", som våra visa tolkar som "en man med ett hjärta".

Detta beror på att varje person från nationen avskilde sig helt från egenkärlek, och enbart ville gagna sin vän, som vi har visat ovan (punkt 16) om innebörden av *mitzvan* "älska din vän som dig själv". Det visar sig att alla individer i landet hade gått samman och blivit ett hjärta och en människa, för endast då var de kvalificerade att ta emot Toran.

24) Således, på grund av ovanstående nödvändighet, gavs Toran särskilt till den israeliska nationen, enbart till Abrahams, Isaks och Jakobs ättlingar, för det var otänkbart att någon främling skulle ta del i den. På grund av detta hade den israeliska nationen konstruerats som en sorts entré genom vilken gnistor av renhet skulle lysa över hela mänskligheten i hela världen.

Och dessa gnistor multipliceras dagligen, som en som ger till skattmästaren, tills de är välfyllda, det vill säga, tills de utvecklas till en sådan utsträckning att de kan förstå behagligheten och fridfullheten som finns i kärnan av kärlek till andra. För då kommer de att veta hur man förskjuter balansen åt höger, och kommer att lägga sig under Hans börda, och syndens vågskål kommer att utrotas från världen.

25) Nu återstår att komplettera det vi har sagt ovan (punkt 16) om anledningen till att Toran inte gavs till våra förfäder, eftersom *mitzvan* "älska din vän som dig själv" är axeln i hela Toran kring vilken alla *mitzvot* kretsar. För att klargöra och tolka det, kan de inte efterlevas av en enskild individ, utan bara genom en hel nations samtycke.

Och detta är anledningen till att det dröjde tills de kom ut ur Egypten innan de blev värdiga att efterleva den. Och sedan blev de först tillfrågade om var och en i nationen kom överens om att ta på sig den *mitzvan*. Och när de gick med på det fick de Toran. Men det återstår att klargöra vad vi hittar i Toran, den fråga som Israels barn fick, och att de alla kom överens om det innan de fick Toran.

26) Tänk på att dessa saker är tydliga för varje person utbildad i den inbjudan som Skaparen skickat till Israel genom Moses, innan mottagandet av Toran. Det är som det står skrivet (andra Moseboken 19:5) "'Nu därför, om ni kommer att hörsamma min röst och håller mitt förbund, då skall ni vara Min egen skatt bland alla folk, ty hela jorden är Min, och ni skall vara Mig ett rike av präster och ett heligt folk. Dessa är de ord som du skall tala till Israels barn.' Och Moses kom och kallade på de äldste i folket och förelade dem allt detta som Herren befallt honom. Och hela folket svarade tillsammans, och sade: 'Allt som Herren har talat, kommer vi att göra.' Och Moses rapporterade folkets ord till Herren."

Dessa ord verkar inte passa sin roll, eftersom sunt förnuft säger att om man erbjuder en vän att göra något arbete, och man vill att han ska gå med på det, ska man ge honom ett exempel på detta arbetes natur och dess belöning. Först då kan mottagaren granska det, och antigen avslå eller acceptera.

Men här, i dessa två verser, tycks vi varken hitta ett exempel på arbetet eller dess belöning, eftersom han säger: "Om ni vill hörsamma Min röst, och hålla Min pakt", och man kan inte tolka rösten eller pakten och vad de avser. Sedan säger Han, "Då skall ni bli Min egen skatt bland alla folk, ty hela jorden är Min".

Det är inte klart om Han befaller oss att arbeta för att bli en skatt bland alla folk, eller om detta är ett löfte om gott till oss.

Vi måste också förstå kopplingen till orden "ty hela jorden är Min". Alla tre översättare *[targumim]* – Unkalus, Yonatan Ben Uziel, och Yerushalmi – och alla tolkar *[mefarsim]* – Rashi, Ramban etc. – försöker att koppla ihop den bokstavliga betydelsen i denna vers. Även Ezra säger, i Rabbi Marinos namn, att ordet "ty" *[heb. "ki"]* betyder "fastän", och han tolkar "då skall ni vara Min egen skatt bland alla folk, fastän hela jorden är Min". Även Ezra själv tenderar att komma fram till det, men denna tolkning stämmer inte överens med våra visa, som sade att "ty" tjänar i fyra betydelser: "vilket", "för att", "men", och "eftersom".

Och han tillägger även en femte tolkning: "fastän". Och sedan avslutas skriften med, "och ni skall vara för Mig ett rike av präster och ett heligt folk". Men inte heller här är det självklart om detta är en *mitzva* och man måste fördjupa sig i det, eller om det är ett löfte om förmån. Dessutom upprepas och förklaras inte orden "ett rike av präster" någonstans i Toran.

Det viktiga här är att bestämma skillnaden mellan "ett rike av präster" och "ett heligt folk". För i den vanliga betydelsen av prästerskapet, är den ett med helighet, och det är således uppenbart att ett rike där alla är präster måste vara ett heligt folk, så orden "heligt folk" verkar överflödiga.

27) Likafullt, genom allt vi har förklarat från början av avhandlingen tills nu, lär vi oss den sanna innebörden av orden som deras roller bör vara – att likna en förhandling av erbjudande och samtycke. Detta innebär att Han med dessa ord verkligen erbjuder dem hela formen och innehållet i arbetet i Tora och *mitzvot* och dess värdefulla belöning.

Arbetet i Tora och *mitzvot* uttrycks i orden "och ni skall vara för Mig ett rike av präster". Ett rike av präster innebär att alla av er, från den yngsta till den äldsta, kommer att vara som präster. Precis som prästerna inte har någon mark eller några världsliga ägodelar, för att Skaparen är deras domän, kommer hela nationen organiseras så att hela jorden och allt i den kommer att ägnas endast åt Skaparen. Och ingen person bör ha några andra engagemang i den förutom att hålla Skaparens *mitzvot* och att tillfredsställa sin nästas behov. På så vis kommer man inte att sakna någonting utav sina önskningar, så att ingen person kommer att behöva oroa sig för sig själv.

På detta sätt anses även vardagliga arbeten som skörd, sådd, etc. vara just som arbetet med de offer som prästerna utförde i Templet. Hur är det annorlunda om jag håller *mitzvan* att förrätta offer till Skaparen, som är en positiv *mitzva*, eller om jag kan hålla den positiva *mitzvan* "älska din vän som dig själv"? Det visar sig att den som skördar sitt fält för att mata sin nästa, är likvärdig den som offrar till Skaparen. Dessutom verkar det som om *mitzvan* "älska din vän som dig själv" är viktigare än den som förrättar offret, som vi har visat ovan (punkterna 14, 15).

Sannerligen, det är inte över än, eftersom hela Toran och *mitzvot* gavs med det enda syftet att rensa Israel, som är renandet av kroppen (se punkt 12), varefter man kommer att beviljas den sanna belöningen, som är *dvekut* med Honom, syftet med Skapelsen (punkt 15). Och denna belöning uttryckts med orden "en helig nation". Genom *dvekut* med Honom har vi blivit helgade, som det står skrivet "Ni skall vara heliga, ty jag, Herren er Gud är helig."

Och vi ser att orden "ett rike av präster" uttrycker hela arbetets form genom axeln "älska din vän som dig själv", vilket betyder ett rike enbart bestående av präster, att Skaparen är deras besittning, och de har inga egna fattningar med alla världsliga ägodelar. Och vi måste erkänna att detta är den enda definition genom vilken vi kan förstå orden "ett rike av präster". För vi kan inte tolka det med avseende på offren på altaret, för det kunde inte ha sagts om hela nationen, för vem skulle förrätta offret?

Dessutom, när det gäller att ta emot prästerskapets gåvor, vem skulle vara givare? Och även, om att tolka prästernas helighet har det redan sagts "en helig nation". Därför måste detta säkert innebära att det bara är Skaparen som är deras domän, att de saknar materiella innehav för sig själva, vilket innebär det fulla måttet av orden: "Älska din vän som dig själv", som omfattar hela Toran. Och orden "en helig nation" uttrycker den fulla formen av belöning, som är *dvekut*.

28) Nu förstår vi till fullo de föregående orden, för han säger: "Och nu, om ni kommer hörsamma Min röst och hålla Min pakt", vilket betyder att upprätta ett förbund på vad Jag säger er här, att ni skall bli Min egen skatt bland alla folk. Detta innebär att ni blir Min skatt, och gnistor av kroppens renande och rensning skall passera genom er ut till alla folk och nationer i världen, för världens nationer är ännu inte redo för det. Hur som helst behöver Jag en nation att börja med nu, så att den blir som ett botemedel för alla folk. Och därför avslutar Han "ty hela jorden är Min", d.v.s. alla folk på jorden tillhör Mig, liksom ni, och är ödesbestämda att hålla sig till Mig (punkt 20).

Men nu, medan de fortfarande är oförmögna att utföra denna uppgift, behöver Jag ett dygdigt folk. Och om ni accepterar att vara botemedlet för alla folk, befaller Jag er att "vara Mig ett rike av präster" som är kärlek till andra i sin slutliga form av "älska din vän som dig själv", vilket är axeln i hela Toran och *mitzvot*. Och "ett heligt folk" är belöningen i sin slutliga form av *dvekut* med Honom, som omfattar alla tänkbara belöningar.

Så här lyder våra visas ord då de förtydligar avslutningsfrasen "Dessa är de ord som du skall tala till Israels barn". De gjorde förtydligandet "Dessa är de ord", varken mer eller mindre. Detta är förbryllande: Hur kan man säga att Moses skulle lägga till eller dra ifrån från Skaparens ord till den grad att Skaparen var tvungen att varna honom för det? Och vi hittar ingen som honom i hela Toran. Tvärtom säger Toran om honom: "för han är den mest pålitliga i hela mitt hus" (Fjärde Mosebok 12:7).

29) Nu kan vi till fullo förstå att angående arbetets form i dess senaste avseende, vilket förklaras i orden "ett rike av präster", som är den slutliga definitionen av "älska din vän som dig själv", var det verkligen förståeligt för Moses att han skulle begränsa sig själv och avstå från att lämna en fullständig beskrivning av arbetets hela omfattning på en gång, av fruktan för att Israel inte skulle vilja lösgöra sig från alla materiella ägodelar och ge all sin förmögenhet och sina tillgångar till Skaparen, som orden "ett rike av präster" instruerar.

Det är ungefär som Rambam skrev, att kvinnor och små barn inte får höra talas om det rena arbetet, som inte får vara för att bli belönad, utan de måste vänta tills de växer upp, blir visa, och har modet att verkställa det. Därför gav Skaparen honom ovanstående varning, "inte mindre", men erbjöd dem arbetets sanna natur, i all sin upphöjdhet, uttryckt i orden "ett rike av präster".

Och angående belöningen som definieras med orden "ett heligt folk", var det möjligt för Moses att reflektera över tolkningen och ytterligare förklara behagligheten och den sublima högvördighet som kommer med *dvekut* med (häftande vid) Honom, övertala dem att acceptera denna ytterlighet, att helt lösgöra sig från alla världsliga ägodelar, som präster gör. Därför varnades han "inget mer", att vara vag och inte förklara hela belöningen som ingår i orden "ett heligt folk".

Anledningen till det är att om han hade berättat för dem om de underbara sakerna i belöningens essens, skulle de nödvändigtvis bruka och åta sig Hans arbete i syfte att få denna underbara belöning för sig själva. Detta skulle anses vara att arbeta för sig själva, för egenkärlek. Detta skulle, i sin tur, förfalska hela ändamålet (punkt 13).

Sålunda ser vi angående arbetets form, som uttrycks i orden "ett rike av präster", att han blev tillsagd "inget mindre". Och om det oklara måttet av belöningen, som uttrycks i orden "ett heligt folk", blev han tillsagd "inget mer".

Ett tal till fullbordandet av Zohar (utdrag)

[...]

Och det vi förklarade, att en som drunknar i floden bör fatta repet hårt, och innan man ägnar sig åt Tora och *mitzvot lishma* på ett sätt som gör att man inte kommer att återvända till dårskap, detta är inte att hålla hårt i repet, frågan kommer åter: Var kan man hitta motivation att helhjärtat ägna sig enbart åt att ge belåtenhet åt sin Skapare? För i slutänden kan man inte göra en enda rörelse utan någon vinning för egen del, som en maskin inte kan arbeta utan bränsle. Och om det inte finns någon självtillfredsställelse, utan bara belåtenhet åt sin Skapare, kommer man inte ha bränsle att arbeta med.

Svaret är att vem som helst som tillräckligt uppnår Hans storhet, givandet som man ger till Honom förvandlas till mottagande, som det står skrivet i *Masechet Kidushin* (s. 7): med en viktig person, när kvinnan ger honom pengar anses det vara mottagande för henne, och hon välsignas.

Så är det också med Skaparen: om man uppnår Hans storhet, finns det inget större mottagande än belåtenhet åt sin Skapare. Detta är tillräckligt bränsle för att arbeta och helhjärtat anstränga sig för att ge Honom belåtenhet. Men tydligt är, att så länge man inte tillräckligt har uppnått Hans storhet, kommer man inte att anse givandet av belåtenhet till Skaparen som mottagande nog för att ge sitt hjärta och sin själ till Skaparen.

Därför, varje gång man verkligen syftar enbart till att ge belåtenhet åt sin Skapare och inte till sig själv, kommer man genast förlora styrkan att arbeta, eftersom man kommer att vara som en maskin utan bränsle, eftersom man inte kan mobilisera något organ utan att dra någon vinning för sig själv. Det är ännu mer så med ett så stort arbete som att ge sitt hjärta och sin själ, som dikterat i Tora. Utan tvivel kommer man inte kunna göra det utan att ta till sig något mottagande av njutning för sig själv.

Det är sant att det inte alls är svårt att uppnå Hans storhet i ett mått där givande blir mottagande, som nämnt vad gäller en viktig person. Alla känner Skaparens storhet, som skapade allt och konsumerar allt, utan början och utan slut, och vars upphöjdhet är oändlig.

Men svårighet i detta är att måttet av storheten inte beror på individen, utan på miljön. Till exempel, även om man är fylld av dygd, men miljön inte uppskattar ens arbete, då kommer man alltid att känna sig nedslagen och man kommer inte att kunna känna stolthet i sina dygder, även fast man inte har något tvivel om att de är sanna. Och å andra sidan, en person utan någon förtjänst alls, som miljön respekterar som om han är dygdig, den personen kommer att fyllas med stolthet, eftersom måttet av vikt och storhet helt är i miljöns händer.

Och när man ser hur ens miljö skymfar Hans arbete och inte tillräckligt uppskattar Hans storhet, kan man inte övervinna miljön. Därför kan man inte uppnå Hans storhet, och skymfar i sitt arbete, som de gör.

Och eftersom man inte har grunden för att uppnå Hans storhet, kommer man uppenbarligen inte kunna arbeta för att ge belåtenhet till sin Skapare och inte till sig själv. Detta beror på att man inte hade haft någon motivation att anstränga sig, och "om du inte arbetade och fann, tro inte". Och det enda valet man har är att antingen arbeta för sig själv eller inte arbeta alls, eftersom att ge belåtenhet till min Skapare för mig inte kommer att vara liktydigt med mottagande.

Nu kan du förstå versen, "I folkets mångfald ligger kungens ära", eftersom måttet av storheten kommer från miljön under två villkor:

1) Graden av uppskattningen av miljön.
2) Miljöns storlek. Därför, "I folkets mångfald ligger kungens ära".

Och på grund av den sakens stora svårighet, råder våra visa oss: "Skaffa dig en rav[3] och köp dig en vän". Detta betyder att man för sig bör välja en viktig och ryktbar person som ens rav, genom vilken man kommer att kunna börja arbeta i Tora och *mitzvot* i avsikt att ge belåtenhet åt sin Skapare. Detta beror på att det finns två hjälpande faktorer hos ens rav:

1) Eftersom han är en viktig person, kan eleven ge belåtenhet åt honom, baserat på upphöjdheten hos ens rav, eftersom givande blir som mottagande för honom. Detta är ett naturligt bränsle, så man kan alltid öka sina handlingar av givande. Och när man vänjer sig vid att arbeta i givande gentemot sin rav, kan man föra över det till att arbeta i Tora och *mitzvot lishma* gentemot Skaparen, också, eftersom vana blir ens andra natur.

2) Likformighet med Skaparen hjälper inte om den inte varar för evigt, det vill säga, "tills Han som känner alla mysterier kan vittna om att han inte kommer återgå till dårskap". Detta gäller inte för

---

[3] En stor lärare, ö.a.

formlikheten med sin rav. Eftersom rav är i den här världen, inom mig, så hjälper formlikheten med honom även om den bara är tillfällig och man senare går tillbaka till ett ont tillstånd.

Följaktligen ansluts man, varje gång man likställer sin form med sin rav, till honom för en tid. Man erhåller såvida ravs tankar och kunskap, enligt ens mått av *dvekut*, som vi har förklarat i liknelsen med organet som har avlägsnats från kroppen och återförenats med den.

Av den orsaken kan eleven använda sin ravs uppnående av Skaparens storhet, som gör givande till mottagande och tillräckligt med bränsle att ge åt ens hjärta och själ. Då kommer eleven också kunna arbeta i Tora och *mitzvot lishma* med hela sitt hjärta och sin själ, som är botemedlet som ger evig *dvekut* med Skaparen.

Nu kan du förstå vad våra visa sade (*Brachot 7*): "Att tjäna Tora är större än att studera den, som det stod, 'Elisha, Shapats son, är här, som hällde vatten på Elijahs händer'. Det stod inte studerade, utan hällde". Detta är förvirrande; hur kan enkla handlingar vara större än att studera visdomen och kunskapen?

Men enligt detta ovan, förstår vi grundligt att detta att tjäna sin rav med sin kropp och själ för att ge belåtenhet åt sin rav tar mig till *dvekut* med min rav, det vill säga, till formlikhet. Man mottager så ravs tankar och kunskap genom "mun-till-mun", som är *dvekut* mellan ande och ande. Genom detta, belönas man med att uppnå Hans storhet tillräckligt för att kunna göra givande till mottagande, för tillräckligt med bränsle för hängivenheten, tills man belönas med *dvekut* med Skaparen.

Det är inte på samma sätt när det gäller att studera Tora med sin rav, eftersom detta måste vara för sin egen skull, och inte ger *dvekut*. Detta anses som "från mun till öra". Tjänandet ger alltså eleven ravs tankar, och studierna - endast ravs ord. Dessutom, förtjänsten av att tjäna är större än förtjänsten av studierna liksom vikten av ravs tankar ovan ravs ord, och som med vikten av "mun-till-mun" ovan "från mun till öra".

Dock, allt detta är sant om tjänandet har syftet att ge belåtenhet åt Honom. Men om tjänandet är för att gynna sig själv, då kan inte detta tjänande föra mig till *dvekut* med min rav, och studierna med rav är säkerligen viktigare än att tjäna honom.

Men som vi har sagt angående att uppnå Hans storhet, en miljö som inte tillräckligt uppskattar Honom försvagar individen och hindrar mig från att uppnå Hans storhet. Och detta är utan tvivel sant när det gäller ens rav också. En miljö som inte tillräckligt uppskattar rav hindrar eleven från att tillräckligt kunna uppnå sin ravs storhet.

Våra visa sade därför, "Skaffa dig en rav och köp dig en vän". Detta betyder att man kan göra sig en ny miljö. Denna miljö kommer att hjälpa en att uppnå ravs storhet genom kärlek mellan vännerna som uppskattar rav. Genom att vännerna talar om ravs storhet med varandra, mottager var och en av dem känslan av hans storhet. Därför blir givande till sin rav mottagande och tillräcklig motivation till den grad att man kan arbeta i Tora och *mitzvot lishma*.

Om detta sägs, "Tora uppnås genom 48 dygder, genom tjänande vänner och genom de visas noggrannhet". Detta för att förutom att tjäna rav, behöver man också vännernas noggrannhet, och vännernas inflytande, så att de påverkar mig med ravs storhet. För uppnåendet av storheten beror helt och hållet på miljön, och en enda person kan inte göra något här över huvud taget.

Men det finns två villkor för att uppnå storheten:

1. Att alltid lyssna och anta uppskattning av miljön till graden av deras storhet.
2. Miljön bör vara bra, som det står skrivet, "I folkets mångfald finns kungens ära".

För att erhålla det första villkoret måste varje elev känna att han är den minsta bland alla vännerna. I det tillståndet kan man erhålla uppskattningen av storheten från alla, eftersom den store inte kan ta emot från en som är mindre, och ännu mindre ta intryck av ravs ord. Snarare är det bara den mindre som tar intryck av sin uppskattning av den större.

Och när det gäller det andra villkoret, måste varje elev utvinna dygderna ur varje vän och prisa honom som om han är den största i generationen. Då kommer miljön att påverka honom som en storslagen miljö bör, eftersom kvalitet är viktigare än kvantitet.

Kontaktinformation

Internet:

www.kabbalah.info/se

Kabbalah TV:

www.kab.tv/eng

Böcker:

webshop.kabbalakurser.info (sv) www.kabbalahbooks.info (övriga)

Studiecenter:

info@kabbalakurser.info

E-mail:

sweden@kabbalah.info

Bnei Baruch Association

PO BOX 3228

Petach Tikva 49513

Israel

Kabbalah Books

1057 Steeles Avenue West, Suite 532

Toronto, ON, M2R 3X1

Kanada

Webbsida: www.kabbalahbooks.info

USA och Kanada:

Tel: 00 1 416 274 7287

Fax: 00 1 905 886 969

Index

248, 74, 76, 77, 78
365, 74, 76, 77, 78
42, 66, 72, 103, 104, 108, 110, 111, 112, 206, 207
600 000, 2, 151, 153, 154, 155, 156, 157, 158, 159, 319, 320, 321
Abraham, 2, 89, 342, 344, 349
achoraim, 117, 120, 163
Adam ha Rishon, 319, 320
andlig, 47, 237, 301
ansikte, 35, 74, 117, 119, 160, 203, 324
arbete, 21, 22, 23, 43, 49, 52, 54, 60, 62, 63, 65, 66, 67, 89, 90, 91, 93, 134, 171, 172, 184, 187, 207, 215, 216, 218, 221, 223, 257, 258, 264, 265, 266, 267, 269, 272, 274, 275, 276, 277, 279, 325, 336, 344, 350, 355, 358
Ari, 87
arvut (ömsesidig garanti), 341, 342, 343, 344
aviut (styrka på viljan att ta emot), 231, 237, 239, 245, 246, 247, 248, 249, 253, 254
avsikt
    avsikt, 8, 48, 56, 66, 83, 216, 217, 218, 359
    intention, 73, 76, 93, 102
barmhärtighet
    barmhärtighet, 20, 21, 25, 27, 29, 30, 95, 97, 114, 122, 142, 144, 158, 180
    nåd, 142, 165, 175, 229, 328, 329
begränsning
    begränsning, 185, 302
    tzimtzum, 114, 135, 138, 144, 145, 178, 240, 241, 244, 246, 248, 253
belöning, 59, 60, 63, 66, 184, 185, 186, 187, 188, 191, 219, 222, 223, 268, 283, 293, 294, 347, 350, 351, 352, 353, 355
bestraffning, 53, 175, 180, 184, 185, 186, 187, 188, 191, 196, 219, 222, 223, 283, 294

dag, 21, 85, 92, 94, 102, 112, 115, 129, 130, 134, 160, 162, 163, 164, 165, 166, 168, 169, 170, 184, 189, 190, 191, 192, 193, 213, 220, 222, 229, 275
David, 174, 175, 176, 177, 178, 179, 180, 181, 183, 323
de dödas återuppståndelse, 41, 51, 59, 61
denna värld, 1, 3, 7, 8, 60, 67, 174, 195, 196, 197, 198, 215, 218, 219, 221, 233, 238, 243, 305
dvekut, 61, 62, 193, 235, 266, 268, 272, 317, 318, 332, 335, 343, 344, 345, 352, 353, 354, 355, 360, 361
död, 67, 174, 178, 213, 261, 314, 317, 318, 335
dödsängeln, 161, 208, 281, 317, 318
Edens lustgård, 41, 50, 59, 196, 197, 198
Egypten, 204, 257, 270, 322, 342, 348, 349
Ein sof, 48, 49, 50, 51, 52, 54, 56, 66, 72, 75, 76, 77, 78, 79, 82, 83, 233, 234, 237
ekvivalens i form
    ekvivalens i form, 235, 335
    likhet i form, 45, 239, 240
    likvärdighet i form, 48, 49, 50, 51, 57, 61, 63, 66
Elokim, 98, 100, 101, 102, 103, 110, 111, 112, 137, 138, 139, 140, 141, 142, 143, 144, 145, 149, 150, 151, 152, 156, 157, 158, 264
essens
    essens, 1, 4, 5, 39, 40, 44, 45, 46, 56, 57, 58, 59, 88, 89, 94, 105, 107, 109, 170, 189, 228, 238, 239, 243, 257, 271, 276, 285, 299, 300, 301, 302, 304, 306, 312, 313, 314, 315, 317, 318, 355
    väsen, 17, 18, 232, 234, 237, 238, 240, 241, 316
fladdermus, 220, 222

fred, 15, 20, 21, 25, 26, 27, 29, 30, 31, 35, 36, 207, 208, 257, 278, 279, 280, 299
frihet
fri vilja, 13, 276, 282
frihet, 20, 69, 161, 208, 281, 283, 292, 293, 297, 299, 303, 304, 307, 308, 310, 317, 318
fruktan, 73, 169, 182, 211, 221, 224, 337, 354
fördöljande, 116, 117, 142, 200
förnuft, 260, 284, 350
Försyn, 5, 31, 185, 186, 224, 226, 227, 258, 259, 262, 263, 265, 269, 277, 281, 282, 283, 296, 305, 306, 307, 308
gadlut, 97, 98, 99, 101, 102, 104, 115, 116, 117, 118, 119, 120, 127, 128, 129, 130, 133, 147, 148, 150, 177
gimatria, 102, 111, 243
gren, 6, 8, 9, 11, 13, 103, 302, 305
grenarnas språk, 9, 10, 11
HaVaYaH, 103, 110, 134, 188, 201, 203, 233, 235, 320
hemligheter, 10, 83, 90, 91, 92, 93, 160, 162, 163, 216
himmel, 97, 100, 121, 124, 125, 129, 130, 132, 143, 166, 167, 198, 202
hjärta, 24, 33, 67, 73, 85, 92, 95, 222, 223, 266, 269, 279, 289, 310, 323, 326, 331, 334, 348, 349, 357, 358, 360
Israel
  det heliga landet, 115, 117, 118
  Israel, 17, 18, 83, 84, 89, 90, 91, 92, 93, 94, 95, 98, 114, 130, 138, 141, 145, 148, 149, 150, 158, 175, 177, 198, 211, 229, 231, 238, 257, 280, 306, 319, 320, 321, 322, 323, 338, 341, 342, 343, 345, 346, 348, 350, 352, 354, 364
  Jerusalem, 129, 130, 131, 322, 323
Jakob, 2, 89, 131, 132, 342, 344, 349
Josef, 115, 117, 118
kashiut (styrka på skärmen), 247
katnut, 98, 99, 104, 119, 120, 128, 141, 147, 148, 150, 188
kelim, 75, 76, 77, 86, 87, 88, 89, 106, 107, 116, 119, 120, 137, 138, 139, 145, 146, 147, 148, 157, 163, 234,

241, 248, 249, 250, 251, 252, 253, 254, 322, 324
klipot (skal), 47, 49, 54, 55, 56, 63, 64, 71, 98, 113, 118, 119, 131, 180, 181, 182, 199, 224, 226, 227, 243, 327
korrigering, 17, 18, 20, 53, 134, 162, 166, 180, 181, 200, 201, 207, 262, 271, 273, 346
kraft, 18, 34, 54, 68, 78, 95, 103, 123, 146, 156, 160, 174, 183, 245, 276, 283, 286, 287, 292, 301, 302, 303, 307, 311, 312, 313, 315, 320, 325, 327
kropp
  guf, 86, 107, 109, 114, 122, 123, 127, 135, 136, 141, 146, 147, 234, 235, 238, 241, 253, 254
  kropp, 2, 45, 47, 48, 50, 54, 55, 56, 62, 63, 66, 74, 75, 76, 77, 79, 81, 86, 107, 175, 197, 215, 216, 217, 218, 219, 233, 234, 238, 241, 266, 270, 271, 279, 281, 298, 301, 303, 310, 312, 315, 319, 320, 341, 360
kung, 18, 74, 110, 194, 195, 320
kunskapens träd, 173, 182, 184, 190, 206
källa, 57, 144, 145, 216, 288, 289, 290, 292, 294, 297, 298, 310, 311
kärlek, 73, 164, 171, 182, 183, 186, 192, 224, 225, 226, 227, 257, 258, 310, 342, 345, 347, 348, 349, 354, 361
land, 15, 91, 94, 95, 112, 114, 115, 131, 177, 198, 265
lidande, 37, 56, 193, 195, 196, 217, 262, 276, 296, 308
lishma och lo lishma, 65, 66, 74, 215, 216, 217, 218, 219, 220, 221, 222, 223, 325, 347, 357, 359, 360, 361
liv, 19, 23, 24, 25, 26, 27, 28, 31, 32, 36, 39, 42, 47, 55, 63, 64, 174, 178, 183, 212, 213, 214, 215, 216, 217, 218, 219, 221, 229, 235, 258, 262, 264, 265, 266, 267, 270, 271, 272, 276, 281, 288, 296, 299, 305, 307, 308, 314, 315, 316, 335
livets träd, 66
ljus, 6, 63, 98, 99, 100, 101, 102, 106, 107, 109, 110, 111, 112, 116, 117, 122, 124, 130, 137, 138, 139, 140, 141, 144, 145, 157, 159, 163, 164, 165, 167, 168, 169, 170, 171, 176,

180, 181, 182, 187, 188, 189, 193, 195, 196, 197, 198, 199, 200, 207, 208, 218, 219, 220, 222, 234, 235, 294, 300, 316, 347
låghet, 42, 343
MAN (mey nukvin), 108, 109, 111, 123, 124, 125, 127, 128, 129, 130, 131, 134, 138, 145, 148, 149, 150, 151, 163, 167, 169, 172
masach (skärm), 99, 101, 103, 123, 136, 139, 144, 157, 168, 169, 240, 241, 242, 243, 244, 245, 246, 247, 248, 249, 250, 252, 253, 254, 255
materiell, 301, 310
medulla oblongata (förlängda märgen), 288, 311
Messias, 86, 93, 320, 323, 324
miljö, 289, 290, 292, 293, 294, 297, 303, 311, 358, 361, 362
mitzvot, 39, 42, 47, 48, 49, 50, 53, 56, 60, 62, 64, 65, 66, 70, 71, 73, 74, 76, 77, 78, 83, 89, 92, 93, 160, 162, 178, 191, 212, 213, 214, 215, 216, 217, 218, 219, 220, 222, 223, 225, 231, 238, 239, 264, 265, 266, 305, 306, 307, 319, 325, 326, 336, 338, 343, 345, 346, 347, 349, 351, 352, 354, 357, 359, 360, 361
Moses, 85, 167, 196, 205, 207, 320, 321, 322, 323, 324, 350, 354, 355
mörker, 83, 97, 100, 193, 194, 220, 221, 222, 223, 277
natt, 92, 94, 159, 160, 161, 162, 163, 189, 192, 193, 194, 207, 208, 229
naturen, 9, 22, 23, 24, 26, 29, 30, 36, 43, 77, 260, 263, 264, 265, 268, 269, 284, 305, 347, 348
njutning, 33, 36, 37, 43, 51, 61, 64, 67, 70, 185, 190, 192, 195, 196, 213, 214, 215, 216, 217, 219, 220, 223, 231, 258, 267, 277, 278, 282, 283, 314, 318, 330, 337, 338, 358
ondska, 19, 162, 171, 185, 213, 224, 225, 226, 227, 273, 274, 276
panim, 117, 119, 120, 125
perfektion, 34, 51, 52, 54, 74, 129, 208, 320
plats, 13, 40, 41, 61, 95, 108, 110, 116, 120, 127, 128, 132, 139, 140, 144, 145, 146, 147, 148, 149, 150, 157, 167, 176, 178, 180, 181, 187, 198,

199, 204, 214, 226, 239, 251, 258, 261, 262, 268, 283, 288, 293, 314, 315, 322, 327, 328, 336, 337
Rav, 2, 4, 2, 10, 88, 163, 164, 172, 184, 204, 293, 294, 333
rot, 1, 6, 8, 9, 11, 12, 13, 23, 32, 33, 47, 48, 116, 135, 180, 233, 234, 241, 246, 253, 302, 305, 321, 323, 337
rättvisa, 15, 20, 21, 25, 29, 30, 31, 308
sanning, 15, 20, 21, 22, 23, 29, 30, 132, 203, 267, 275, 320, 335
separation, 40, 47, 131, 191, 240, 258, 309, 310, 335
sextusen år, 50, 97, 153, 163, 167, 169, 170, 182, 188, 189, 193, 205, 321
Shechina, 65, 329
  Gudomligheten, 3, 5, 65, 72, 79, 92, 162, 163, 166, 167, 168, 169, 321, 329, 336
singularitet, 24, 31, 32, 33, 34, 35
sitra achra, 40, 49, 63, 102, 118, 130, 172, 173, 176, 179, 180, 181, 182, 186, 327, 330, 332
själ
  neshama, 315
  själ, 1, 23, 40, 47, 48, 50, 60, 72, 73, 82, 87, 90, 95, 149, 172, 173, 175, 176, 179, 180, 181, 183, 203, 204, 228, 229, 237, 266, 269, 271, 300, 314, 315, 319, 320, 321, 322, 323, 329, 331, 357, 358, 360
skapelsetanken, 43, 44, 46, 47, 48, 49, 50, 51, 82, 184, 190, 192, 229, 231, 238, 240
stilla, 68, 69, 70, 72, 73, 74, 75, 76, 77, 78, 79, 80, 81, 82, 238, 271, 302, 314
syfte, 2, 17, 18, 21, 25, 26, 27, 41, 70, 76, 82, 84, 185, 186, 212, 260, 263, 268, 274, 277, 279, 306, 337, 355
talande, 68, 72, 73, 76, 78, 79, 80, 81, 82, 314
tro, 41, 186, 191, 194, 220, 221, 222, 223, 257, 288, 327, 333, 334, 336, 359
tupp, 220
uppenbarelse, 2, 3, 226, 314
vegetativ, 68, 72, 73, 74, 77
vågskål
  förtjänstens-, 225, 227, 331, 346, 347
  syndens-, 226, 347, 349

värld, 7, 8, 13, 23, 25, 29, 41, 55, 56, 64, 65, 68, 70, 72, 73, 75, 84, 106, 112, 115, 142, 165, 215, 217, 218, 219, 221, 227, 228, 233, 239, 255, 259, 261, 262, 270, 284, 302, 309, 323, 338, 348
världens länder, 267
världens nationer, 89, 90, 91, 92, 94, 95, 166, 199, 344, 353

zivug de hakaa, 99, 101, 144, 241, 242, 244, 245, 247, 248, 252, 253, 254
älska din nästa som dig själv, 269, 349, 352, 353, 354
öde, 8, 25, 41, 49, 50, 60, 62, 112, 262, 285, 304
över förståndet, 325, 334, 336

Bilaga

På kommande sidor följer utvalda Tekniska ritningar enligt ordningen i *Förordet till visdomen kabbala* (sidorna med ram), samt därefter ytterligare några tekniska ritningar enligt ordningen i *Förord till boken Zohar*.

Bilaga: Tekniska ritningar

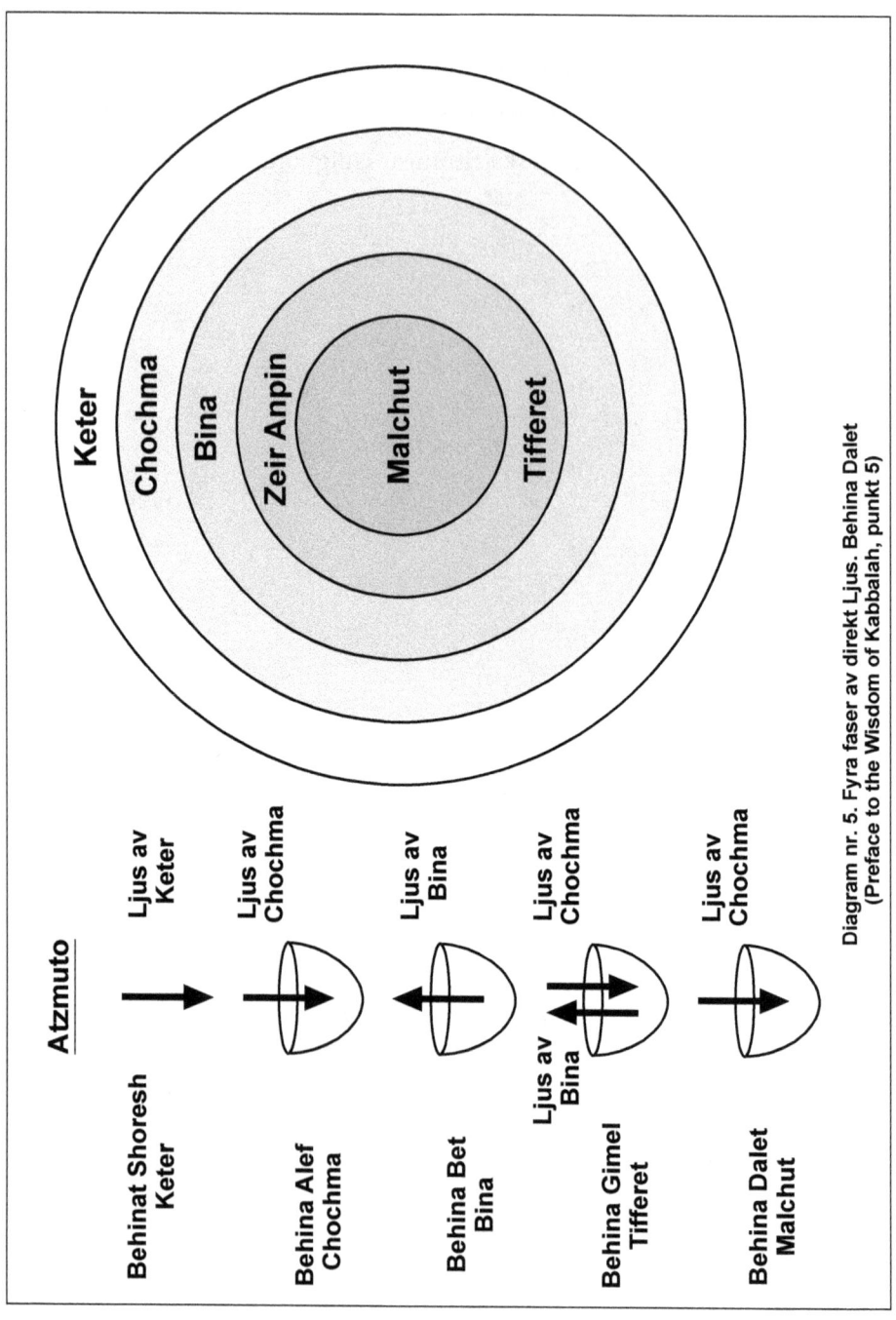

Diagram nr. 5. Fyra faser av direkt Ljus. Behina Dalet (Preface to the Wisdom of Kabbalah, punkt 5)

Bilaga: Tekniska ritningar

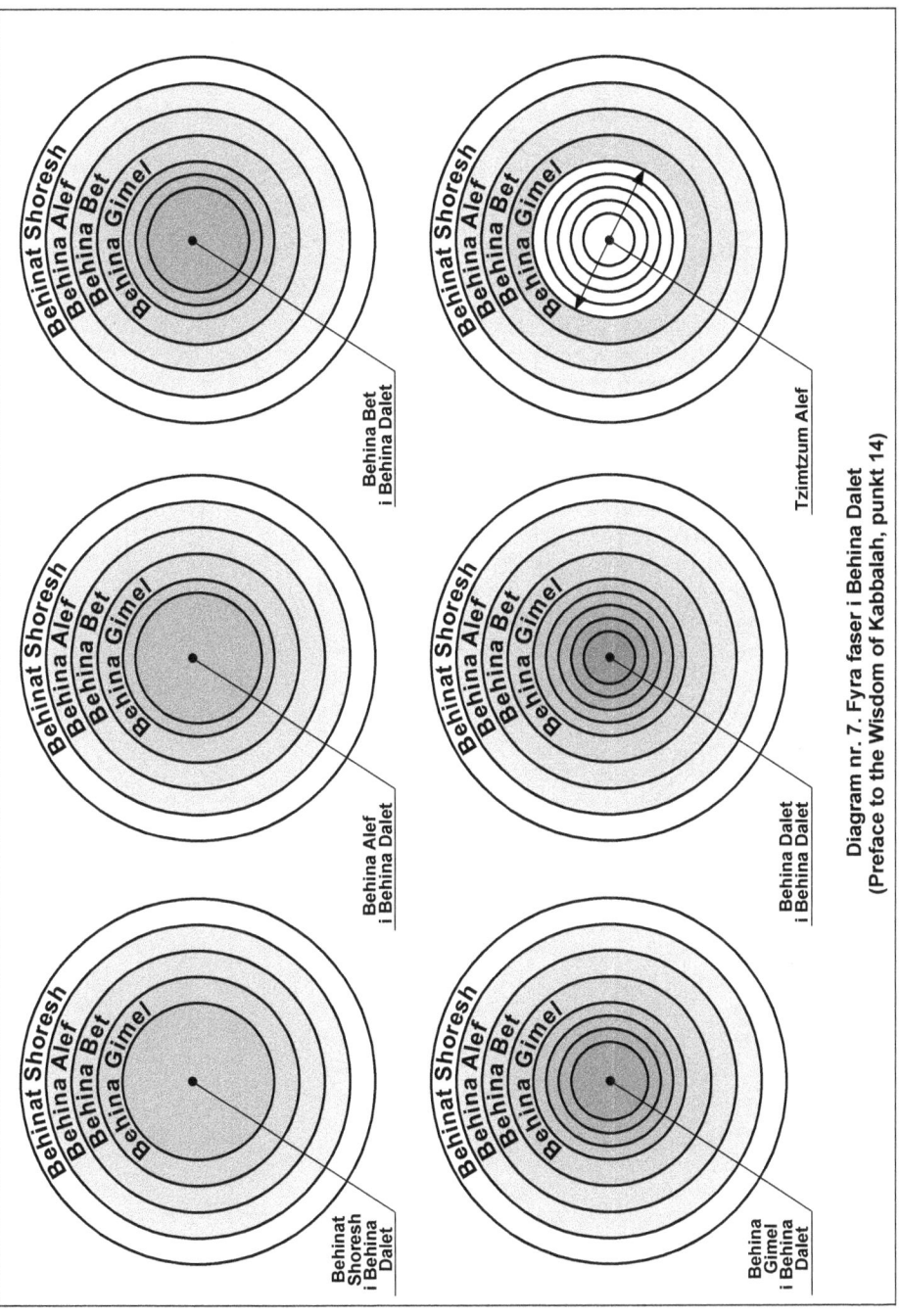

Diagram nr. 7. Fyra faser i Behina Dalet
(Preface to the Wisdom of Kabbalah, punkt 14)

Bilaga: Tekniska ritningar

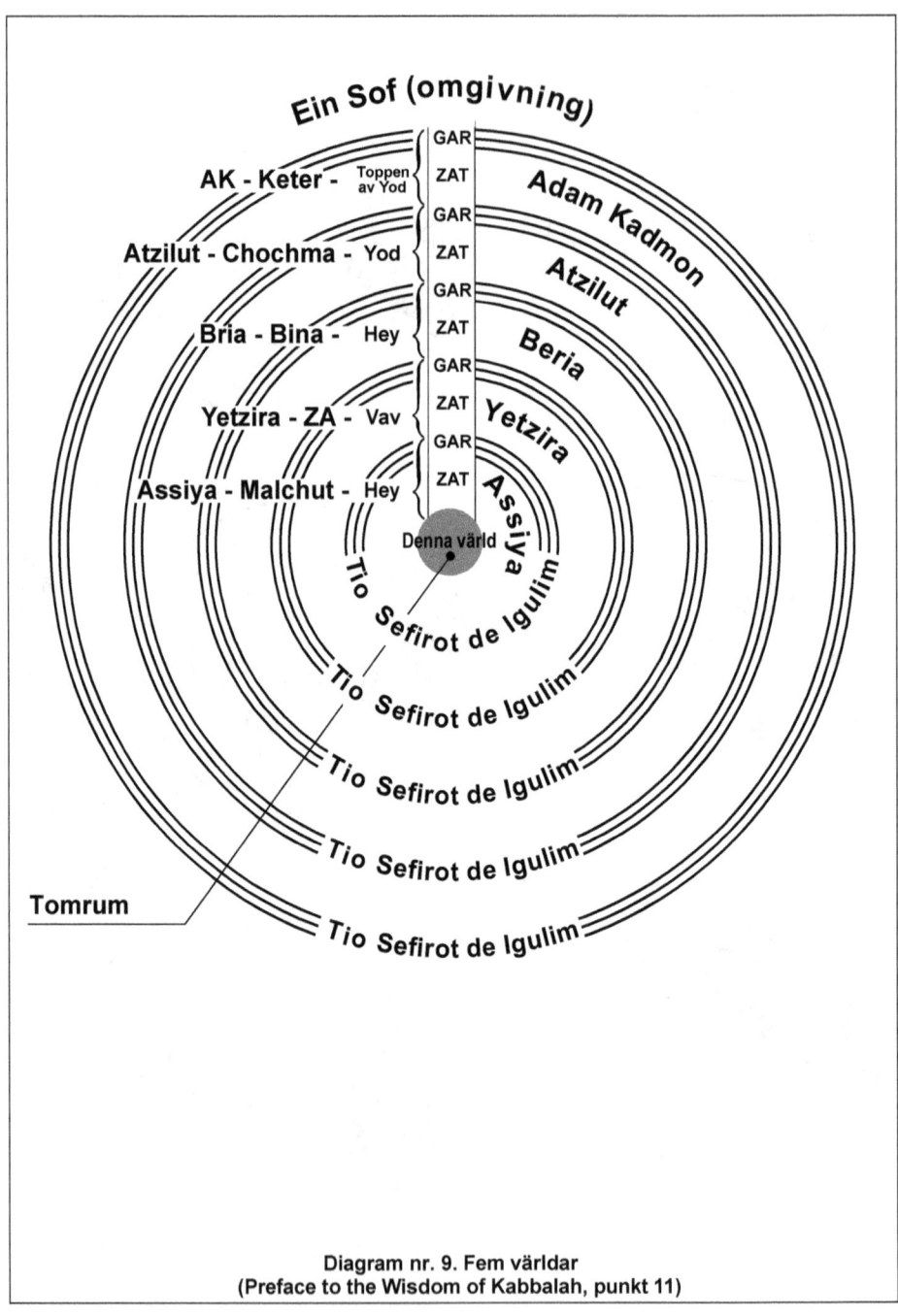

Diagram nr. 9. Fem världar
(Preface to the Wisdom of Kabbalah, punkt 11)

Bilaga: Tekniska ritningar

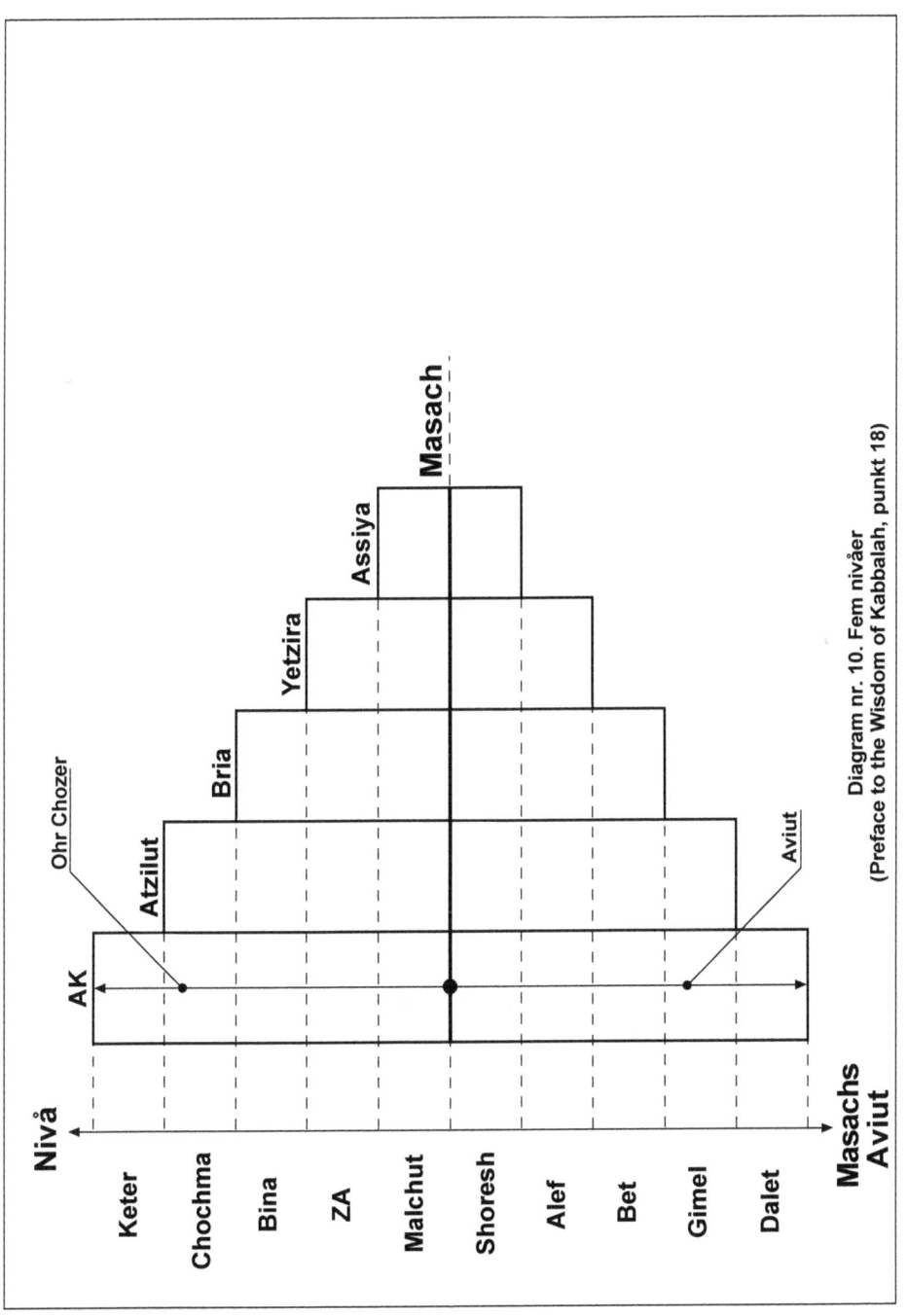

Bilaga: Tekniska ritningar

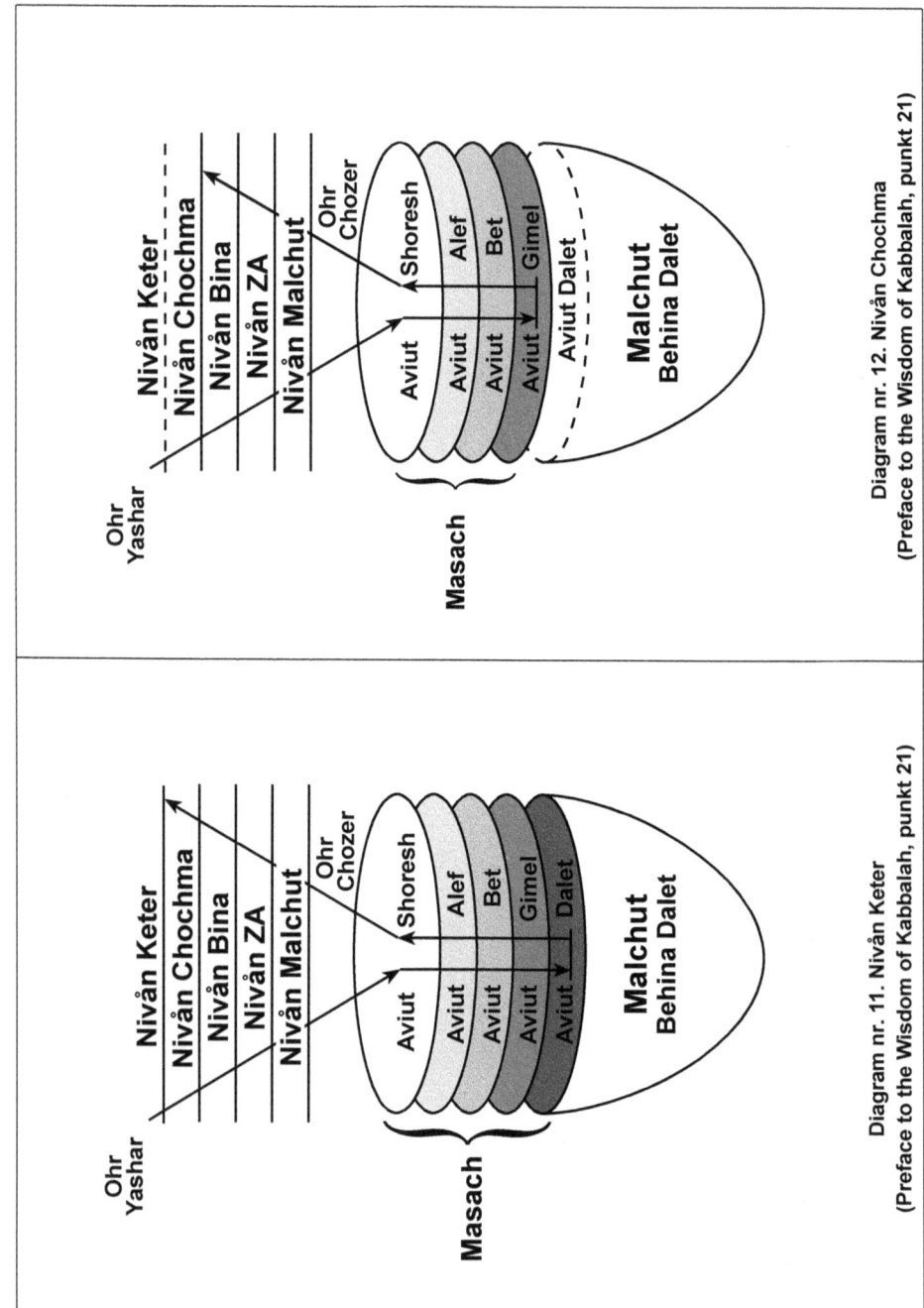

Diagram nr. 12. Nivån Chochma
(Preface to the Wisdom of Kabbalah, punkt 21)

Diagram nr. 11. Nivån Keter
(Preface to the Wisdom of Kabbalah, punkt 21)

Bilaga: Tekniska ritningar

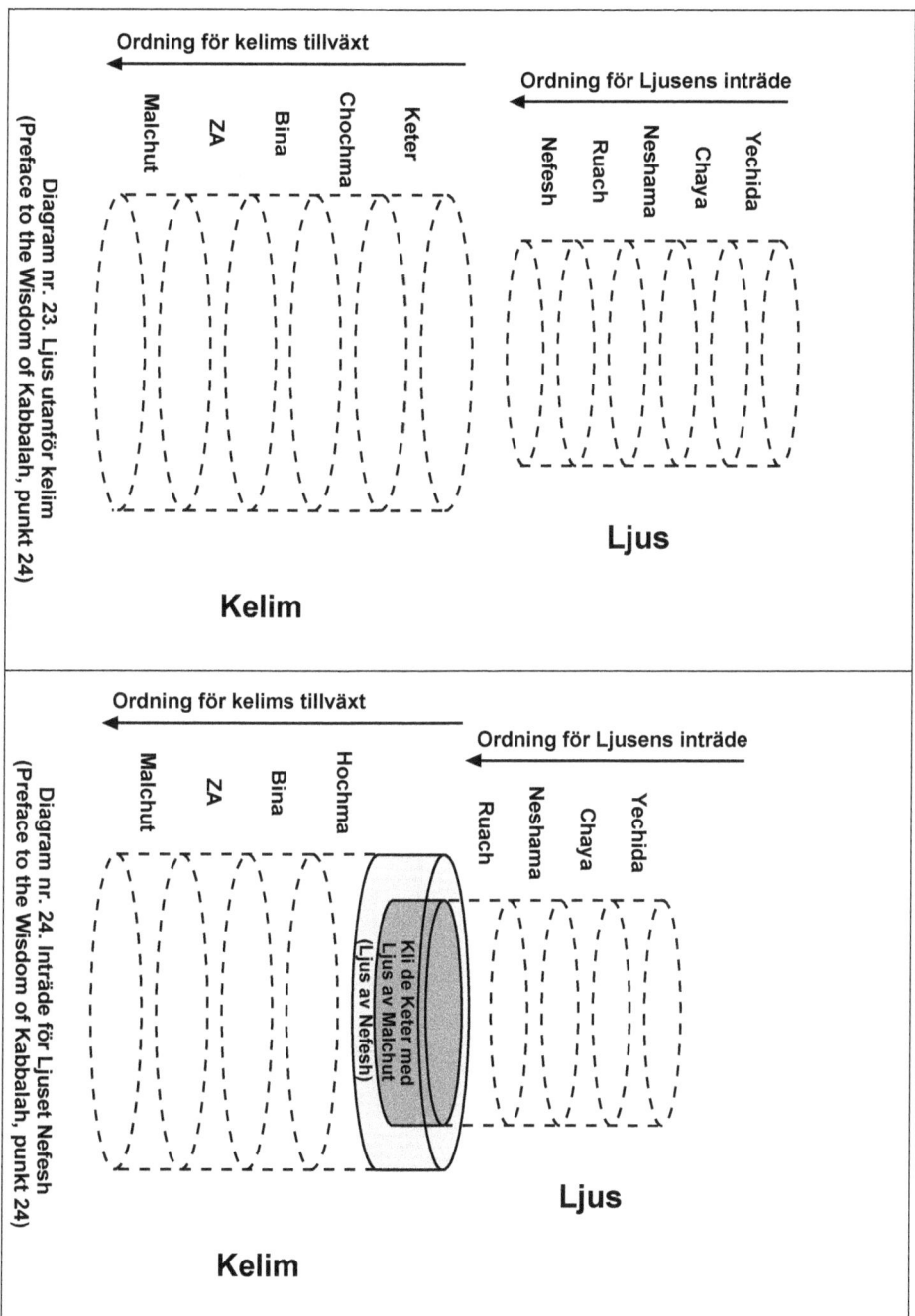

6

Bilaga: Tekniska ritningar

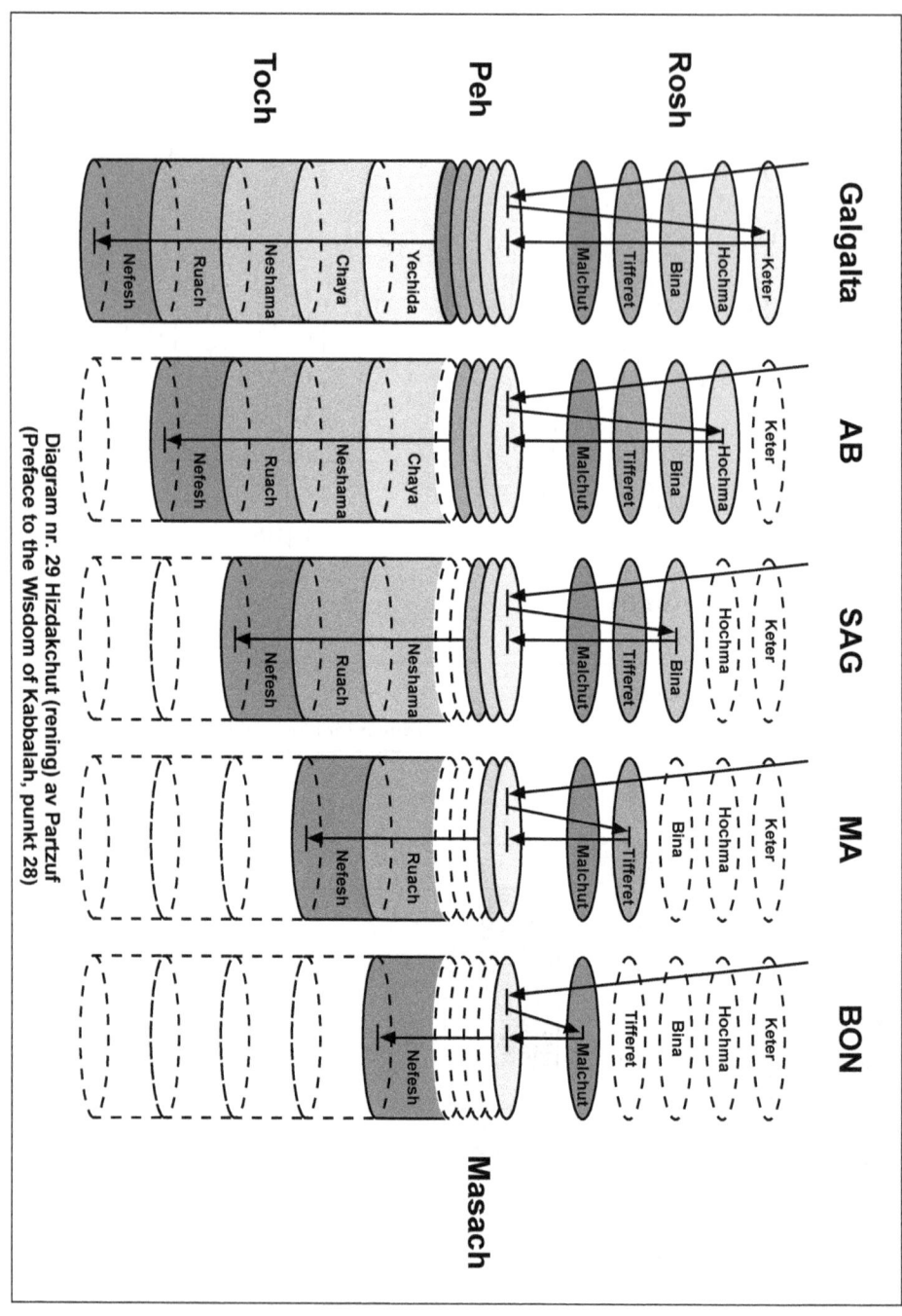

Diagram nr. 29 Hizdakchut (rening) av Partzuf
(Preface to the Wisdom of Kabbalah, punkt 28)

Bilaga: Tekniska ritningar

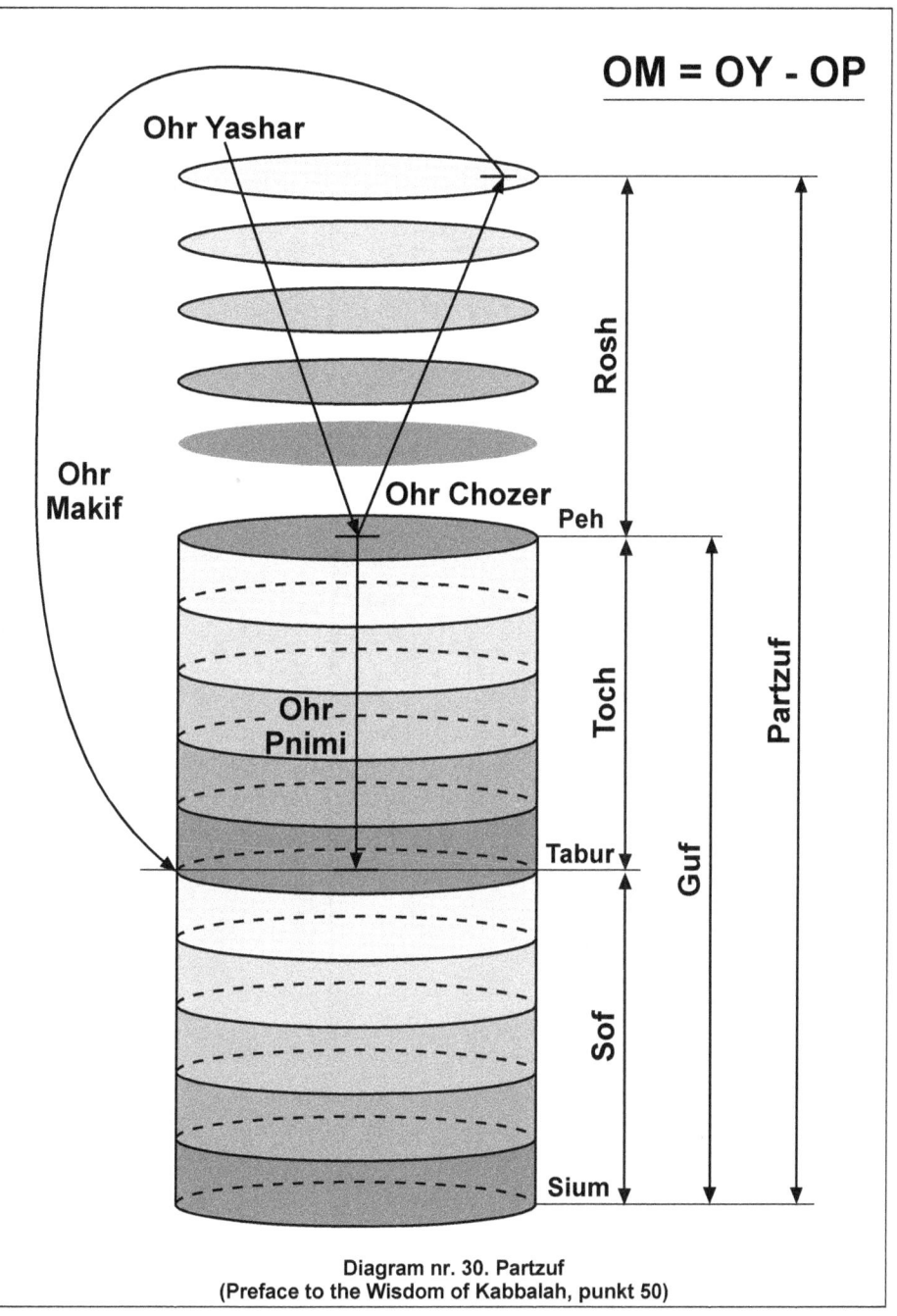

Diagram nr. 30. Partzuf
(Preface to the Wisdom of Kabbalah, punkt 50)

Bilaga: Tekniska ritningar

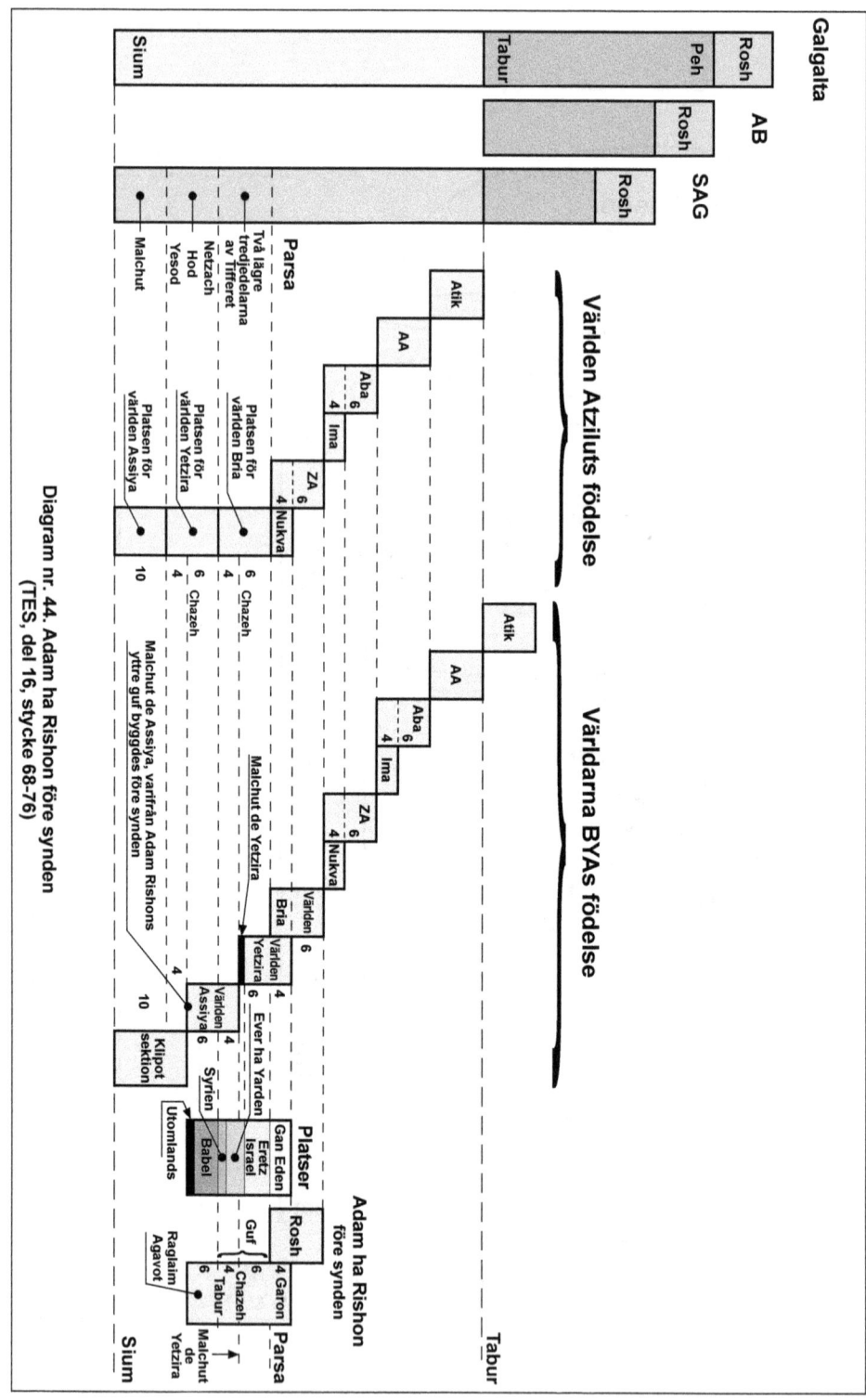

Diagram nr. 44. Adam ha Rishon före synden
(TES, del 16, stycke 68-76)

Bilaga: Tekniska ritningar

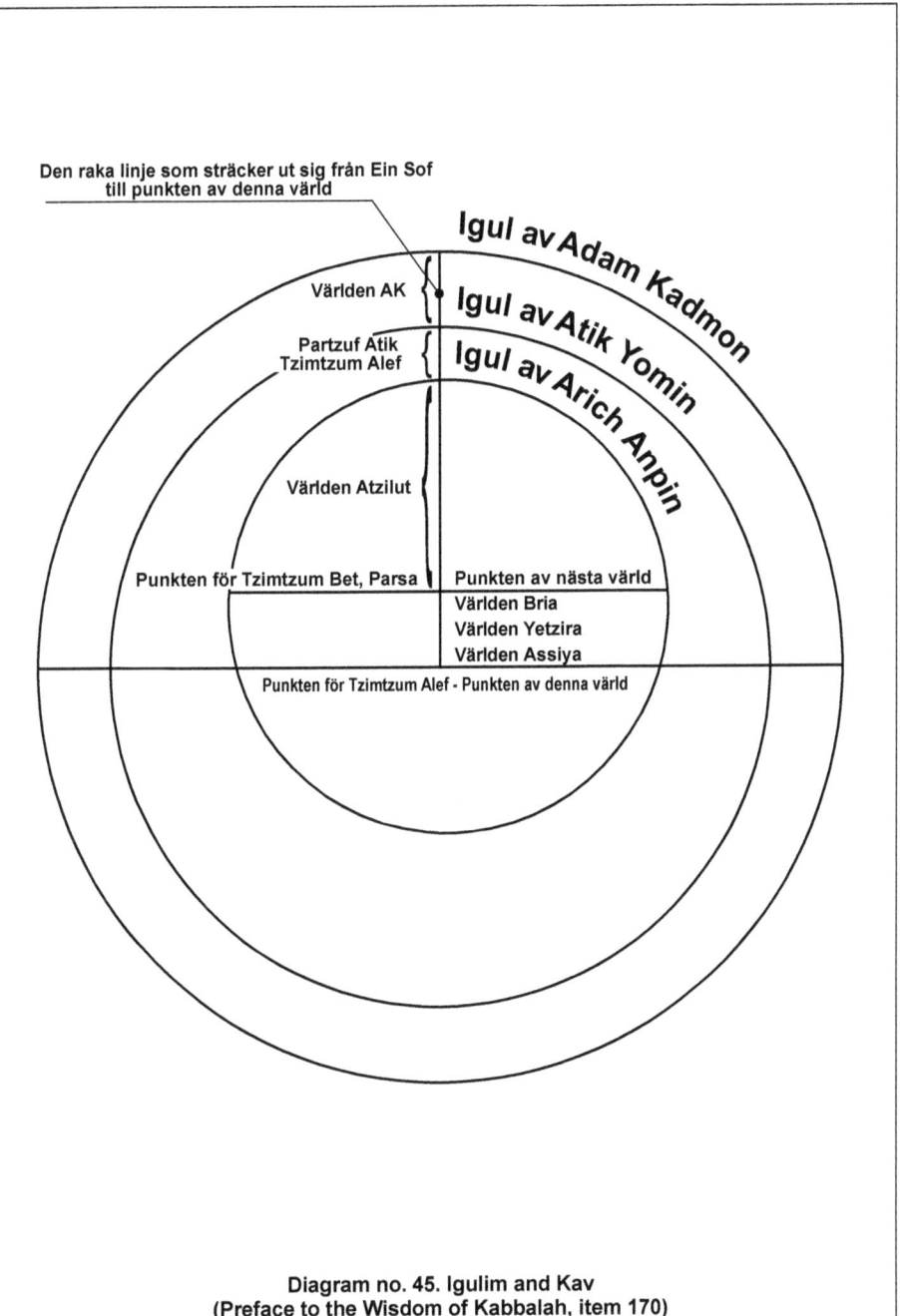

Diagram no. 45. Igulim and Kav
(Preface to the Wisdom of Kabbalah, item 170)

Bilaga: Tekniska ritningar

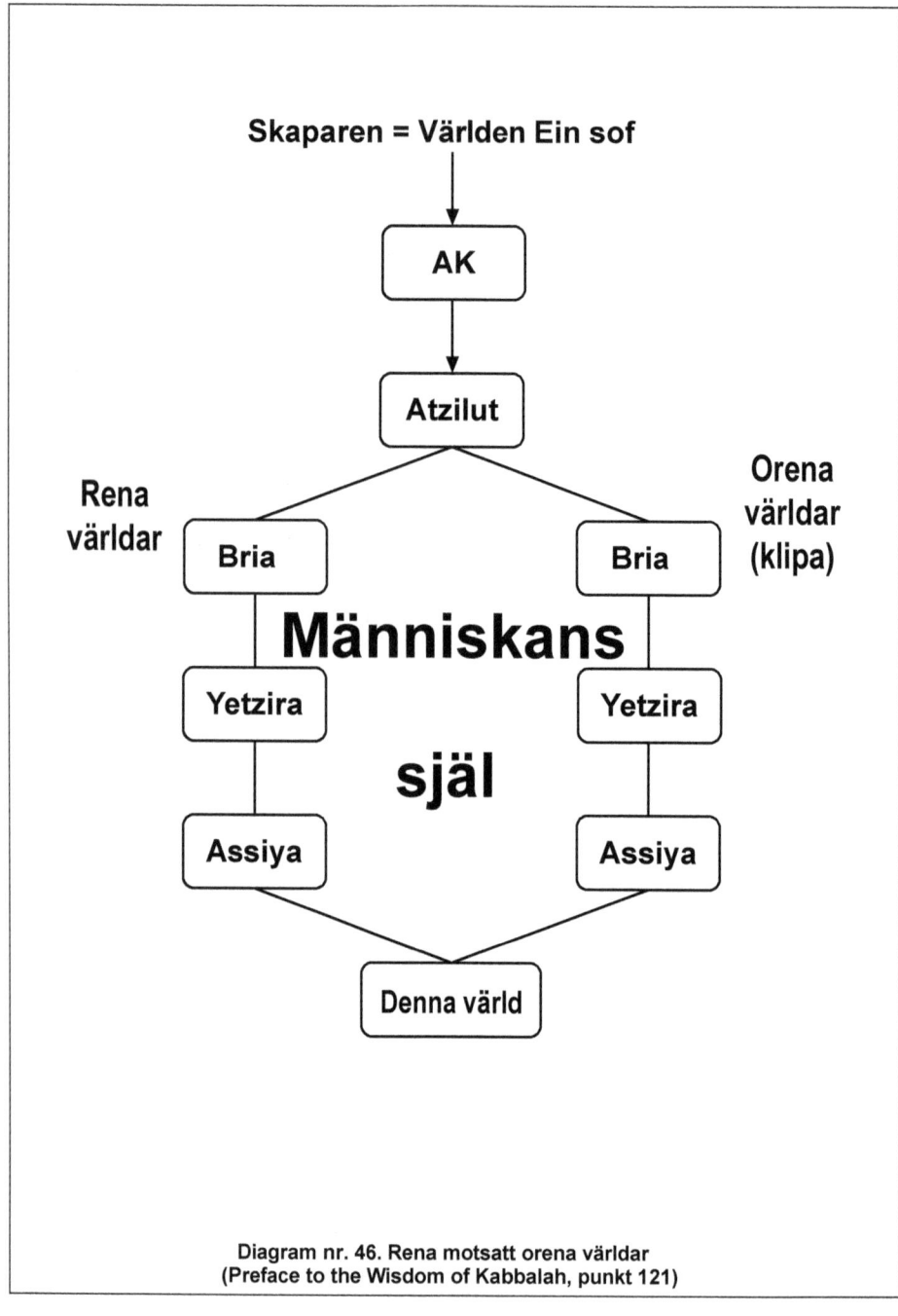

Diagram nr. 46. Rena motsatt orena världar
(Preface to the Wisdom of Kabbalah, punkt 121)

Bilaga: Tekniska ritningar

Behinot HaVaYaH	HaVaYaH	Sfirot	Delar av Rosh	Sinnen	Partzufim	Världar	Ljus	TANTO	Fyra Behinot i naturen	Fyra Behinot i människan	Medium Behina i människan	Människan – Andligheten i människan	Människan – Människans Guf	Människan – Människans levush (kläder)	Hem	SVDT	Medium Behina i naturen	Riktningar
Shoresh	Toppen av Yod	Keter	Gulgolet (kranie)		Galgalta	AK	Yechida			(Shoresh)	Yechida	Moach (hjärna)		Bayit (hus)				Söder (het och torr)
Alef	Yod	Hochma	Eynaim (ögon)	Syn	AB	Atzilut	Haya	Taamim	Eld	Människans inre (Neshama)	Haya	Atzamot (ben)	Kutonet (skjorta)	Ohalim (tält)	Talande		Apa	Norr (kall och fuktig)
Bet	Hey	Bina	Awzen (öron)	Hörsel	SAG	Bria	Neshama	Nekudot	Vind	Guf (kropp)	Neshama	Gidin (senor)	Michnasayim (byxor)	Se'arot (hår, naglar)	Djurisk		Kelev sadeh	Väster (het och fuktig)
Gimel	Vav	ZA	Hotem (näsa)	Lukt	MA	Yetzira	Ruach	Tagin	Vatten	Levush (kläder)	Ruach	Bassar (kött)	Mitznefet (hatt)	Tzipornayim	Vegetativ		Koraller	Öster (kall och torr)
Dalet	Hey	Malchut	Peh (mun)	Smak	BON	Assiya	Nefesh	Otiot	Jord	Bayit (hus)	Nefesh	Or (hud)	Avnet	Dam (blod)	Stilla	Hem; SVDT	Medium Behina i naturen	Riktningar

Diagram nr. 53. Allmänna namn
(TES, del 3, kapitel 4–5)

Bilaga: Tekniska ritningar

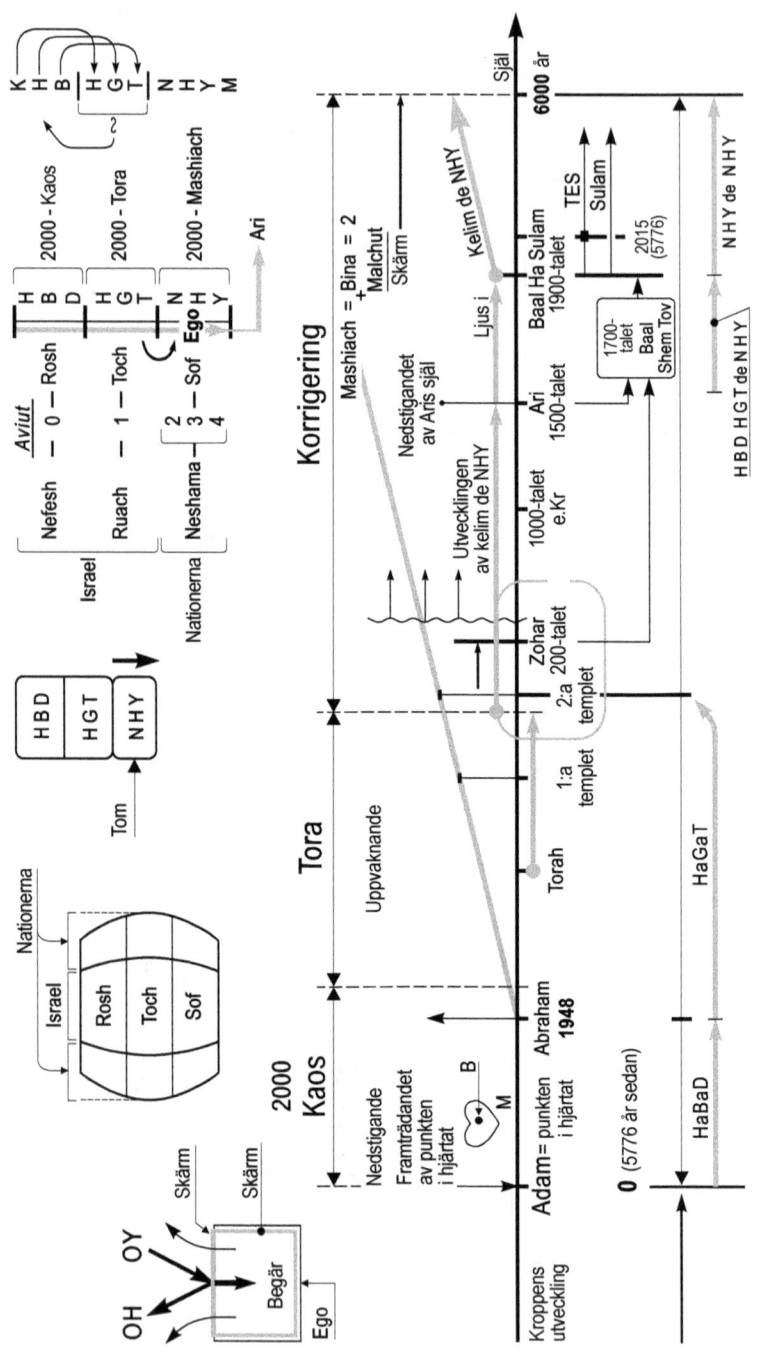

13

Bilaga: Tekniska ritningar

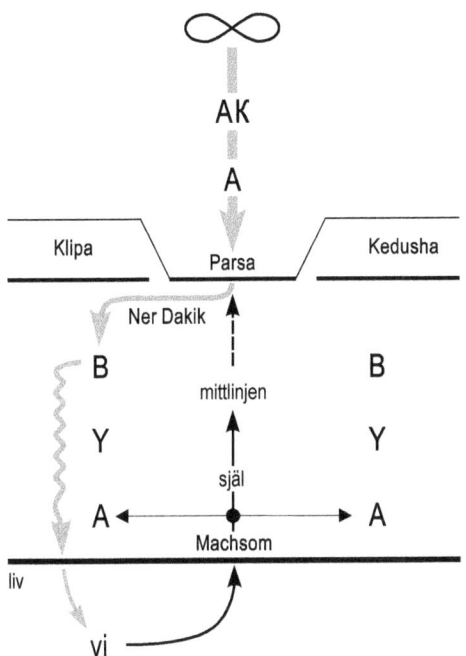

Bilaga: Tekniska ritningar

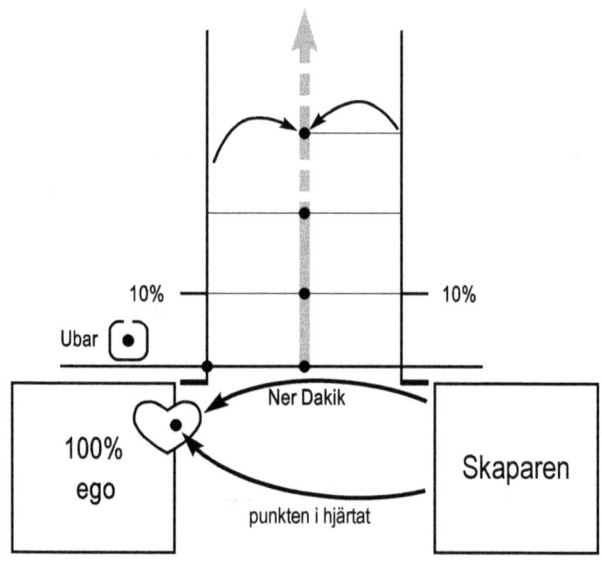

Bilaga: Tekniska ritningar

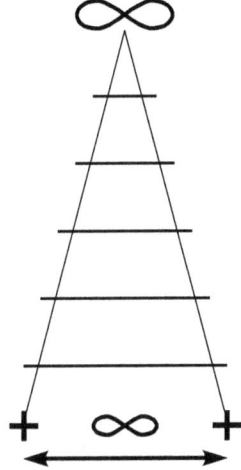

Bilaga: Tekniska ritningar

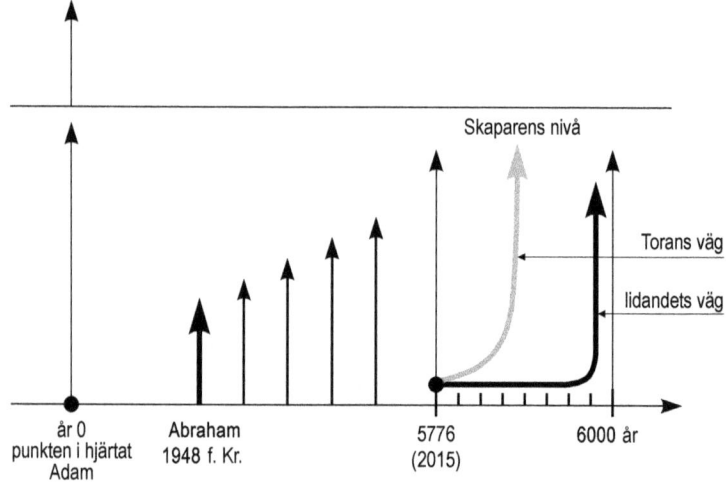

Bilaga: Tekniska ritningar

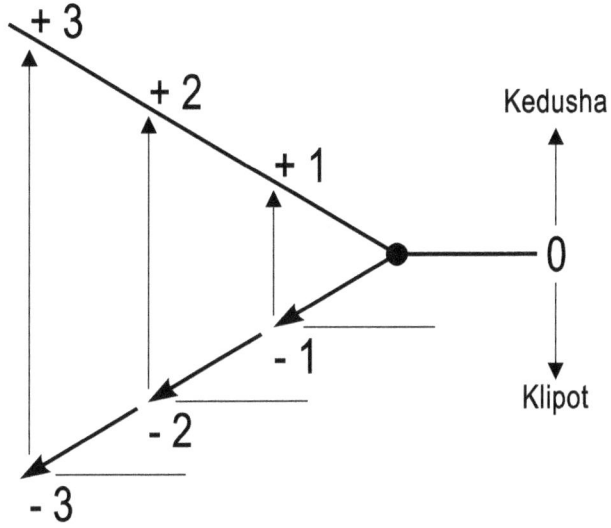

Bilaga: Tekniska ritningar

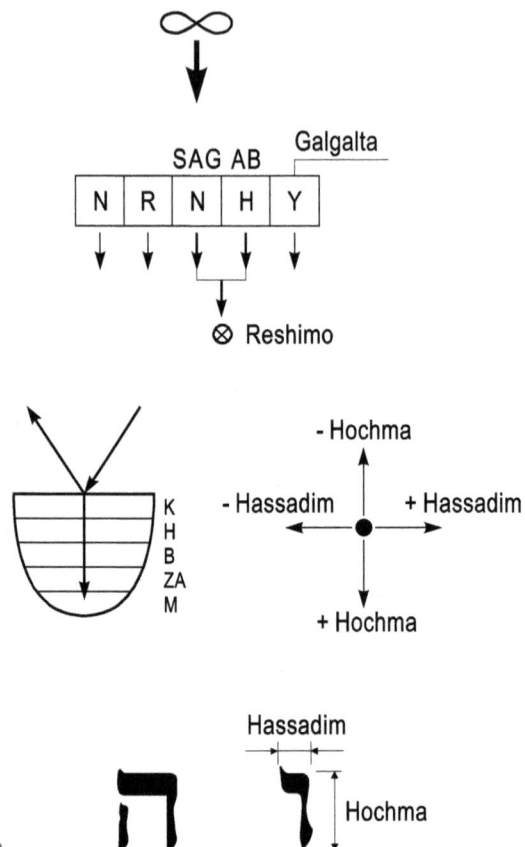

Bilaga: Tekniska ritningar

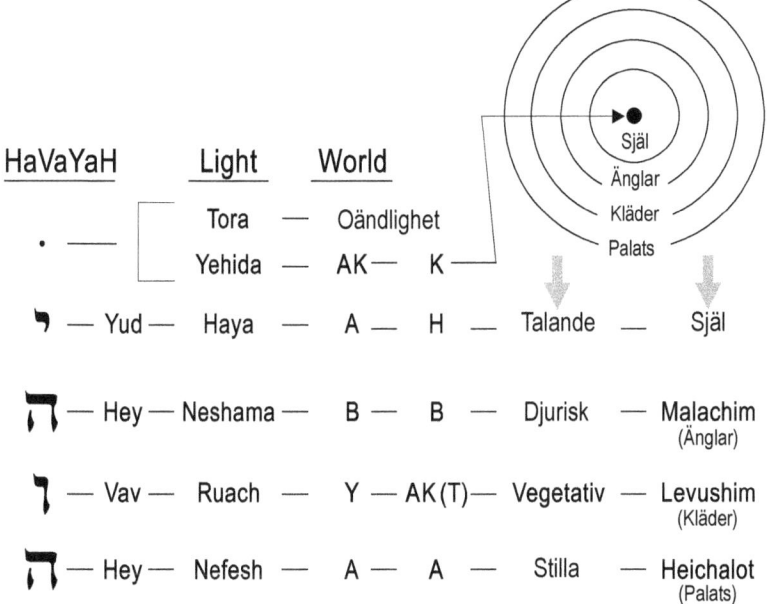

Bilaga: Tekniska ritningar

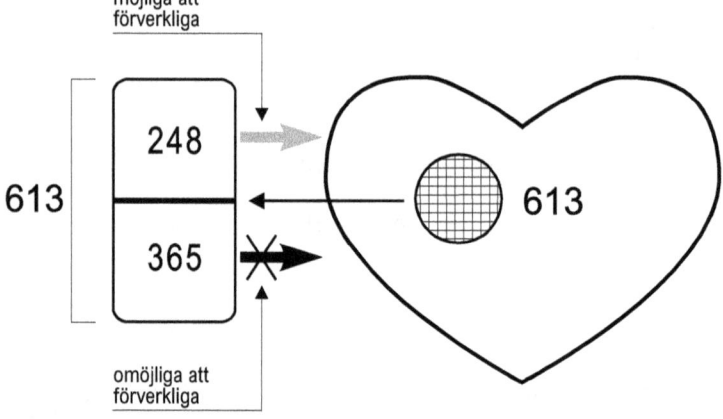

Bilaga: Tekniska ritningar

	Sfirot	HaVaYaH	steg
	K	׳	0 ↓
Vit	H	י	1
Röd	B	ה	2
Grön	ZA	ו	3
Svart	M	ה	4

Bilaga: Tekniska ritningar

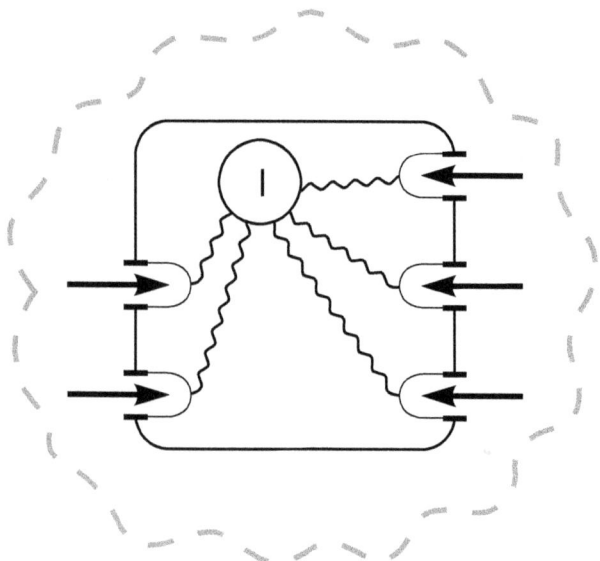

Bilaga: Tekniska ritningar

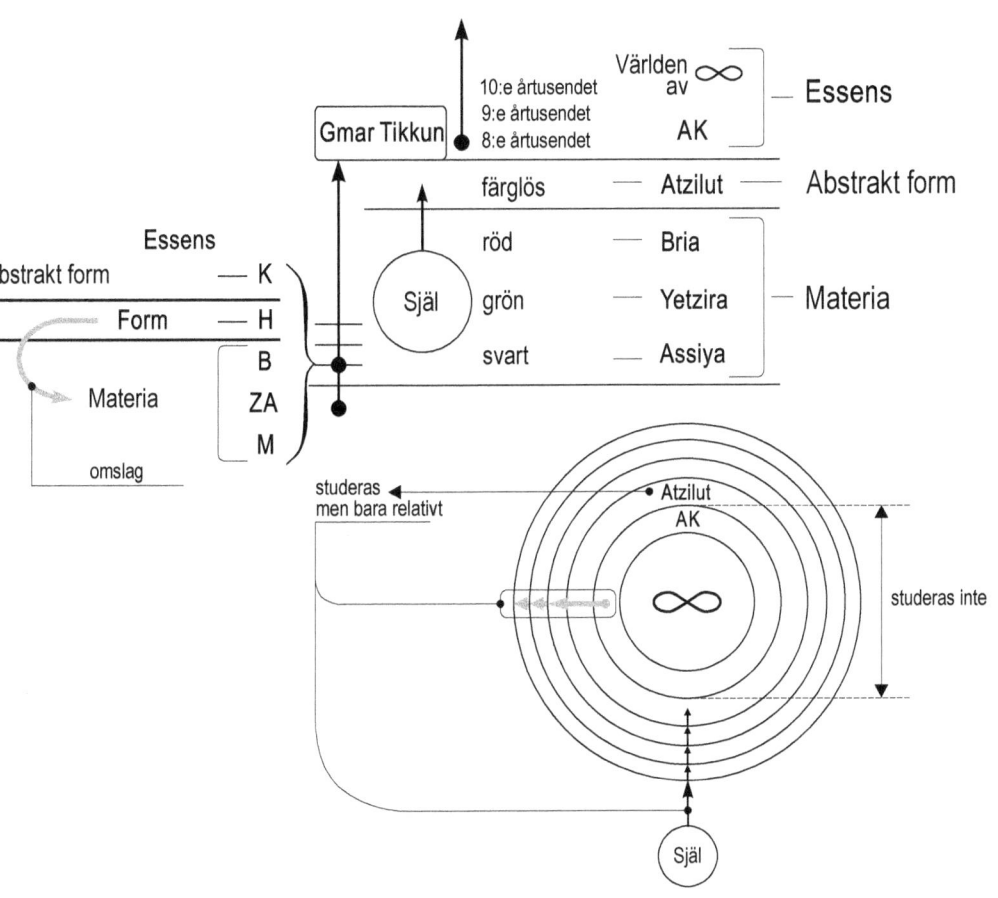

Bilaga: Tekniska ritningar

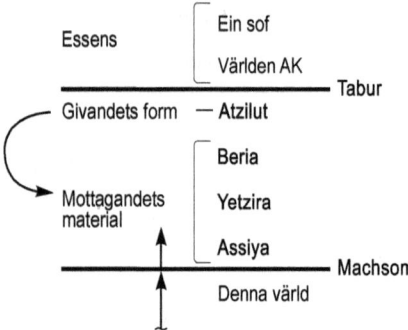